微课的原理与技术

孙杰远　温　雪◆著

中国轻工业出版社

图书在版编目（CIP）数据

微课的原理与技术 / 孙杰远，温雪著. -- 北京：
中国轻工业出版社，2016.8
ISBN 978-7-5184-1056-9

Ⅰ.①微… Ⅱ.①孙… ②温… Ⅲ.①多媒体课件—
制作 Ⅳ.①G434

中国版本图书馆CIP数据核字(2016)第186402号

责任编辑：张文佳　　责任终审：张乃柬　　封面设计：刘　珍
策划编辑：刘云辉　　责任监制：马金路

出版发行：中国轻工业出版社（北京东长安街6号，邮编：100740）
印　　刷：北京市宏泰印刷有限公司印刷
经　　销：各地新华书店
版　　次：2016 年 8 月第 1 版第 1 次印刷
开　　本：710 × 1000　1/16　　印张：15
字　　数：250千字
书　　号：ISBN 978-7-5184-1056-9　　定价：35.00 元
邮购电话：010-65241695　传真：65128352
发行电话：010-85119835　85119793　传真：85113293
网　　址：http://www.chlip.com.cn
Email：club@chlip.com.cn
如发现图书残缺请直接与我社邮购联系调换
160657Y1X101HBW

前　言

网络通信技术的日益更新带来了各种“微”事物，使得我们生活的方方面面都充满了“微”信息，进而步入一个新的时代，即“微时代”。

“微课”以微视频为主要载体，教师围绕某个知识点或教学环节进行精心的信息化教学设计，从而呈现短小精悍、目标明确且内容完整的教学资源或教学活动。“微课”虽“微”，但微而具体，以系统化的教学设计和资源架构，支持翻转课堂、自主学习、合作学习、混合学习、移动学习和碎片化学习等多种学习方式；辞“微”旨远，其出现和应用，是对传统教学以知识传递为重的教学方式的冲击，也是对学生自主学习能力和高阶思维能力培育提出的挑战；以“微”见著，由此导向创新型思维的形成和一种人才培育的方式，并在教师专业化发展、信息技术推动教育教学变革等层面体现微观中的潜在力量。

当技术介入教育领域，特别是以计算机和网络技术为代表的信息技术对教育带来的影响，使教育跨越式的发展成为可能时，技术在教育中将由辅助地位逐渐上升成为影响教育变革的核心因素。在技术对教育领域不断渗透这一不可逆转的历史潮流面前，对教育中技术运用的理论与实践进行更深的哲学反思，理解教育与技术的本质，才能获得对教育中技术价值的认同，正确有效地掌握技术在教育中应用的方式方法，发掘其教育应用的更大潜能。

微课不是获得知识和智慧的唯一教学形式，也不是信息技术与课程教学深度融合的唯一方式，信息技术融入课程教学可能有不同的产出。如果没有教师对课程与教学内容的深刻理解，没有针对教学对象实际学习需求的精心设计，微课资源只停留在浅层的信息聚合，大量的时间、精力、技术的投入将不能产生应有的教学价值；如果没有学习者对个人学习兴趣和学习需求的体察，以及对个人学习的评价与反思，只停留在与基于网络环境的微课简单机械的交互，或是社会网络空间中满足于与学习内容无关的娱乐和闲谈，而不是积极应对学习任务的挑战，再丰富的微课资源和学习活动也无法与学习者个人的理解和意义构建相关联，不会出现创造性的课程参与；如果微课资源没有在网络空间中传递、共享和交流，则由于没有受到足够的挑战，教师个人专业发展不能获得深层的支持。

基于此，我们试图在教育、课程、教学、学习和技术的背景下，研精阐“微”，深入理解微课的理论内涵和技术基础，把握微课研究的价值、现状与趋势。本书共有六章：第一章阐述微课产生的背景、概念、特点及类型，以及微课研究的理论基础；第二章从微课的教学目标、教学内容、教学实施、微课与教师、微课与教学、微课与学习几方面论述微课编制的原理；第三章论述了翻转课堂、慕课（MOOC）这两种以微课为主要载体的教与学的形式，并提出基于网络学习环境的文化内涵来考虑微课教学设计的要素及其教学过程设计；第四章阐述了微课开发与制作的思路和基本技术；第五章论述了微课的应用与评价，并选取学前教育、义务教育、普通高中、职业教育和高等教育等不同阶段的微课案例进行分析；第六章对微课的现状与问题、微课的价值、微课的未来与挑战等进行阐述，尝试从微课的理论研究、微课建设、教学应用等现状中，深入思考微课有什么价值、微课对谁有价值等问题，并从微型学习、微课的教学实践模式、微课评价、信息技术与教育深度融合等层面剖析微课研究的关键所在。

嘤其鸣矣，求其友声。我们希望从微课这一在教育信息化时代背景下产生的教育教学形态，从教学与信息技术深度融合的微观层面，体察教育发展与变革的一股力量，并期待引起更多信息技术与教育深度融合的研究探讨和实践验证。

是为序。

作者

2016 年 6 月

目　录
CONTENTS

第一章　微课概述

第一节　微课产生的背景 …… 003
第二节　微课的概念、特点及类型 …… 012
第三节　微课研究的理论基础 …… 025

第二章　微课编制的原理

第一节　微课的教学目标 …… 041
第二节　微课的教学内容 …… 048
第三节　微课的教学实施 …… 054
第四节　微课与教师 …… 060
第五节　微课与教学 …… 066
第六节　微课与学习 …… 072

第三章　微课的形式与设计

第一节　翻转课堂 …… 081
第二节　慕课（MOOC） …… 087
第三节　微课的教学设计 …… 092

第四章　微课的开发与制作

第一节　微课的开发 …… 115

第二节 微课制作软件 …… 128

第五章 微课的应用与评价

第一节 微课的应用 …… 143
第二节 微课的评价 …… 155
第三节 微课案例及分析 …… 167

第六章 微课的理论与研究

第一节 微课的现状与问题 …… 191
第二节 微课的价值 …… 202
第三节 微课的未来与挑战 …… 213

参考文献 …… 230

第一章

微课概述

第一节　微课产生的背景

一、微课的提出

任何新生事物都有其产生的缘由，“微课”也不例外。从宏观上讲，在科技领域，“微课”的产生离不开科学技术的进步。现代社会，信息技术的迅猛发展加快了人们的生活节奏，从根本上改变了人们的生活、工作和学习方式。与传统的生活方式相比，大部分人尤其是年轻人更加乐于接受现代的生活方式。例如，投影仪的使用，以图文、声像的方式全方位为我们呈现事物立体化的信息；智能移动终端设备的出现，把我们带入一个随时随地信息互联开放的时代。也可以说，网络通信技术的日新月异导致了各种“微”事物不断涌现，比如，微信、微博、微访谈、微学习、微媒体、微电影、微小说等，这使我们生活的方方面面都充满了“微”信息，进而步入一个新的时代即“微时代”。

从国家政策背景看，2012 年 9 月 29 日，国务院副总理刘延东在全国教育信息化工作电视电话会议中指出：“‘十二五’期间，要建设好‘三通两平台’，也就是说要实现‘宽带网络校校通、优质资源班班通、网络学习空间人人通’，建设好教育资源公共服务平台和教育管理公共服务平台。”而“微课”的产生则打通了“网络学习空间人人通”和“教育资源公共服务平台”两者之间的联系，推动了教育信息化的实现。

从微观上讲，在教育领域，根据国家新课改所提出的标准，教师的工作不再仅仅局限于教会学生一定的书本知识，更重要的是要教会学生如何面对生活中的不确定问题，让学生在受教育的过程中体会到学习的乐趣，进而激发并利用学生的好奇心来调动学生学习的积极性与主动性。在教会学生学习的过程中，师生之间的交流方式、手段，特别是教师在教学中所采用的教学方式至关重要，然而，教师工作量的加大，使得他们很难有大量的时间进行专门学习。面对此种情况，教师应该深思如何才能在课堂教学中吸引学生的注意力，如何把深奥的理论转化为容易理解的事例，让学生感觉到学习中真正的乐趣，如何利用琐碎的时间进行集中学习，完成自身的专业发展。对此，微课提供了一种新的思维和表达方式，例如，教师把教学中的重、难点以及相应的考点等精彩有趣的内容录制下来，之后把所录视频提供给学生，使他们能够更好地进行交流与学习；或是利用“微课”与“翻转课堂”相辅的形式，教师们事先做好有关教学内容的微视频，调动学生课前知识学习和课堂知识内化的积极性，并能辅助课后的复习和反馈。总之，不管是学生还是教师，当前缺乏的是一种高效的、便捷的学习方式，而“微课”正好满足了这种需求。因此，在信息发展、时代变迁和教育诉求的背景下，“微课”应运而生。

二、微课产生的意义

微课的出现和教学应用，是对传统教学以知识传递为主的教学方式的冲击，也是对学生自主学习能力和高阶思维能力培育提出的挑战，由此导向创新型思维的形成和一种人才培育的方式。因此，从教师专业发展、学生发展和对教育变革的推动几个层面看，微课都产生了一定的积极意义。

（一）教师专业发展

1.理论层面

（1）重塑教师专业意识。

教师专业意识是教师专业发展的重要内容，信息技术的发展促使教师不断更新专业意识，不以传统的思想观念束缚教师的专业发展。叶澜教授认为："教师没有真正属于自己的思想，就没有自己的真理，而没有自己的真理，也就没有在真理范围内的精神自由。"[①] 从中可以看出，教师自主发展的意识是教师发展的内在根基。

微课的出现使教师的主体性凸显，进而让教师获得了专业发展的内在动力。传统的教师培训把教师局限在统一的模式之中，不论教师个人的发展水平和专业发展需求如何，教师培训对培训层次性和针对性的忽视，使教师的主体性没有得以很好地突出，教师培训的效果没有深入实质。由此，重塑教师的专业意识显得尤为迫切。就目前教师的专业发展而言，微课在教师发展中的应用，使得教师又重新“活”了起来，由此可以根据自身专业发展的不同需求，体验多样化的教师培训。例如，微课短小精悍、主题突出的特点，要求教师既精熟于每个知识要点，又能精细地将知识体系进

① 叶澜，白益民，等．教师角色与教师发展新探［M］．北京：教育科学出版社，2001,10:3.

行划分，并且以全局的视角考虑每个知识要点、主题单元之间的相互联系，以便将其串联为连贯且生动的“微课程”，以最精练的语言和辅助媒体形式将要点呈现出来，帮助学生架构清晰的知识脉络。又如，微课的制作过程需要准备相应的视音频、动画、图片等多媒体素材，多样化的信息呈现方式是否能够促进教学，信息技术及其有效整合如何变革传统课堂教学，这需要教师深度思考个人对信息技术辅助教学的认识，高品质地完成教学工作。因此，思考、设计、制作与开发微课的过程，对于教师而言是个很大的挑战，教师必须主动思考：我们已有的资源是什么，我们可以获取并拓展的资源是什么，这些资源与有效的教学、学生积极的学习有什么关联，是否能够更大程度地满足学生不同的学习需求，我们常规的思维有何局限性，等等。这是教师教学理念、教学思维、教学风格、教学技能等教学综合能力的考验和体现。经历此过程，教师的专业意识将发生深刻的变化，水平将得以迅速提升。

（2）丰富教师专业知识，提高教师专业能力。

专业知识与能力是检验教师专业发展的硬性指标。当前，教育内部的变革，如内容与形式的变革，受到了信息技术发展的冲击，微课教学的出现，对教师的专业知识与能力提出了更高的要求。当然，微课内容精练、主题突出、资源多样，也成为教师教学观摩、评课和反思的优势。微课开阔了教师的视野，同一学科、不同学校、不同地域的教师，不再局限于传统课堂时间、空间的制约，可以通过微课的方式，直观地、情境地体验其他教师处理同一个教学知识点的方式，也可以录制自己的微课供同行们交流、评价、参考，共享宝贵的教学经验。共享和交流的载体可以是视频课例、教案、课件辅助资源等。教师也可以将其灵活地下载保存到个人移动终端设备，实现移动的观摩评课、“泛在学习”。由此，微课成为一种教师专业学习的新途径。

例如，北京吉利大学利用微课促进教师专业发展，在其“能力目标项目化”课程设计培训和教师教学能力测评中采用微课的形式，重点提升教师课堂教学技能，促进教师专业发展。具体做法为：

测评演示采用微课教学的形式展开，要求教师针对一门课进行20分钟的课程整体和单元设计讲解，5分钟课程整体设计说课，1分钟单元设计说课和14分钟的单元设计讲课（单元讲课一般为两个课时的内容）。同时，演示教师还需提交包含与该课程相关的教学整体和单元设计、演示课件等辅助性教学资源。评委专家针对教师20分钟的课程设计演示，从课程设计目标、内容、项目设计、教学过程、教学特色、教师风采等多方面点评探讨，以改进提升教师的教学能力。

以学院为单位，组织分批对教师进行微课录制，针对教师的微课视频展开讨论互评，肯定优点，指出缺点与不足，快速、有针对性、全面地提升教师课堂教学多方面的综合技能（包括课堂导入、提问、讲解、板书、教学语言、课堂观察、课堂变化、强化技能、课堂演示技能、沟通技能、技术技能等）。教学促进中心进行具体指导。①

微课突出的特点就在于其“微”，“微小”且“精悍”，表现出一种发展变化状态，其本身具有强大的动态生成性，能够使得教师检验自身知识的正确与否，假如有错误出现，教师可以很方便、快捷地进行改进与补充、优化知识结构。教师对其知识点进行自身的再次加工、整理、开发，无形之中，同行教学值得参考借鉴的地方就会转化成自己的认知和行动意愿。在此转变的过程中，教师只有不断地自我反思，通过对原有的知识结构进行充分优化，才能在一定程度上强化自身专业知识，特别是隐性的实践性的知识。

微课在教学中的运用意味着教师的专业知识、结构优化能够帮助教师解决大量的实际问题，进而提高专业能力。对于教师而言，微课不仅仅在于为其自身单独创建一个信息共享的平台，同时也为其与学生之间的沟通交流提供了一个交流平台。对于学生而言，微课的产生为其提供了学习平台，在学习过程中，学生可以借助教师提供的微视频进行学习，如果遇到不能解决的知识点，能够及时、有针对性地记录并反馈给教师。教师也可以对教学方案进行及时、微步的调整。同时，教师可以在师生互动过程中发现自身教学的优势和不足，从而促进其更加努力地探求、改进新的教学方法，提升教学能力。尽管微课资源的容量比较小，但是教师必须在该视频中对教学中的某个重要的知识点进行有效的解答，因此，微课的准备工作与制作过程相当复杂，需要教师花费大量的时间，具体工作包括选题、教学设计、撰写教案、准备素材、制作课件、实施视频拍摄、录制、对视频剪辑和配音、配套练习及教学反思等。以上环节对教师的教学能力提出了挑战，可以促进教师进一步提升自身的信息化教学水平。

---

① 教育部全国高校教师网络培训中心.中国高校微课研究报告[EB/OL].http://weike.enetedu.com/report/news/pdf_0070.html, 2015-03-04.

（3）教学科研的整合。

随着微课网络信息平台的建设，教师听课、评课形式更加具有针对性与实用性，不再仅仅局限于学校教师之间的内部评课，而是转变为所有互联网在线范围内的交流与评价，这将促进教师之间进行广泛的同行交流。

教师专业培训有多种路径，如听取学术讲座、研修学习、外出交流参观等，但短期的、需要大量资金投入的培训方式，其实际的培训效果并不能充分体现。例如，集体的教师培训很难关注到每位教师的实际需求，包括不同地域、不同阶段、不同学科、不同年级的教师。又如，以外力驱动的教师培训没能最大程度调动教师寻求自我发展的内在动力，难免使教师培训流于形式；或是培训的具体安排与教师日常教学工作发生了冲突，影响了教师参与培训或日常教学的效果，等等。因此，教师需要一种更为经济有效、针对性强、能充分调动教师自我发展的内在需求的培训方式，以贯穿于教学实践的较长的培训进程来逐步实现教师专业发展。以微课为载体的融教学、学习、研究为一体的学校活动即校本教研，是强化教师教学知识与能力并整合教学与科研的优化途径。

教学、学习与研究是三位一体的，教师要想持续提高自身的教学水平，就必须不断进行深入性的研究。这种深入性的研究就是把教师在日常教学活动中所洞察的问题或课题进行"以校为本"的、深入的研究。就目前一线教师的发展状况来看，他们并不像一些专门从事研究的人员那样具备丰富的或深奥的理论修养，因而不能做深入细致的理论研究，他们做的只是一种"接地气式"的研究，这与以微课为载体进行的"以校为本"的研究不谋而合。这种研究方式比理论性的研究更加符合广大一线教师的实际情况，他们能够获取最直接的教学经验，对教学中所产生的问题理解得比较深刻、透彻，因此，他们对于这种研究更加具备发言权，并且一线教师能够对其教学活动进行不断的反思与探索，在研究中不断学习与思考，以此激发科研创新，进而更加有利于教师科研能力的提升。这样一来，微课支持校本研究的作用也凸显出来，它既能够服务于教师的日常教学工作，提高教师教学技能，又能够通过制作微视频与科学研究相结合，最终在一定程度上强化教科研的整合。

2.实践层面

现代教育信息化的迅猛发展，把微课带进了教师专业发展领域，对其产生了重要的实践意义：一是微课引发了一场教师"微学习革命"，促进教师转向“微时代”学习。微课以一种新颖独特的方式呈现在教师眼前，它打破了以往的传授式学习方式，超越时空的界限，拓宽了教师发展的视域。在教师运用微课进行教学的过程中，以“微”为载体的教学内容、教学时间、教学容量等从不同方面推动教师的学习，以“微动力”促进教师学习方式的变革。二是“‘微课发布—多元主体微点评—教师微实践、微反思、微反馈—再次发布微课—再次接受微点评’的过程形成了一个动态交互螺旋式的‘微学习生态系统’，创生了教师‘微生态’成长模式，实现了教师专业知识、专业能力、专业情意、专业智慧的螺旋式动态发展”。[①] 这突出的四个方面是教师专业发展的具体内容，只有动态的发展，才是真正意义上的教师专业发展。三是微课塑造了一种新型的教师文化，即自由对话文化。每一个新名词的出现都有其特定的环境，微课的出现使教师处于一种自主、自觉的文化氛围之中，教师之间的民主、平等、开放，实现了一种真正意义上的“对话”，即每个教师都对自身的发展知根知底，同时对其他教师持一种开放的态度，在与其他教师对话的过程中共享教育教学经验。

微课的产生对教师专业发展的实践意义，深入具体的微课教学中表现在以下五个方面：第一，选取课题。清楚教学目标是什么，明晰教学内容有哪些，针对重点字、词进行教学，突破本节课的难点，选取其中的重要的一点进行教学设计，进一步加深教师对其所教知识点的理解。第二，设计教学内容。教师在备课时，充分考虑到每个学生的学情，做到以学生为中心进行内容的设计，同时要能够准确地把握好课堂教学的节奏，进度不能太快也不宜太慢。最重要的是教师要理解、领会现代教育技术的教学应用原则，掌握基本的计算机辅助教学的技术，因为微课的教学是以教学视频为主要呈现方式的基于网络环境的课程形式，对技术的理解和基本的应用能力是教学实践的基础。第三，讲解与总结教学知识点。教师在进行讲解的过程中所运用的教学语言一定是简明扼要、易于理解的，让学生更好地吸收，必要时要带有一定的感情色彩。第四，拓展知识点。为了加深对教学知识点的理解，为学生进行必要的拓展，教师就必须去查阅大量的资料以充实教学内容，只有这样，整个教学才不会空洞无味。拓展知识点不仅能够开拓学生的视野，还可以使教师获得丰富的教学资源，进而提升教师的教学水平，促进教师的专业发展。第五，教学反思。波斯纳曾提出“成长=经验+反思”的教师成长公式，可见只有丰富的实践经验不足以促进

① 李慧方，罗生全．论微课促进教师专业发展的实践机理［J］．教育理论与实践，2014:27-29.

教师的专业成长，必须要有对实践经验的反思才行。在教师的整个课堂教学过程中，必然会经历着“研究—实践—反思—再研究—再实践—再反思”的循序渐进的过程，这是教师成长路上必不可少的过程。

（二）学生的发展

微课适应了信息时代中学生对便捷学习途径的需求，改变了传统的信息呈现和获取方式，为学生学习提供了技术和资源素材，满足了学生碎片化学习及个性化学习需求。微型化、片段式的微课资源更好地迎合了现代人的学习习惯，增加了终身学习的机会，具体体现在两个方面。

一是微课的产生转变了学生的学习方式，提高了学生学习的效率。每节课的精华部分都是围绕其中某个知识点或教学点展开的，且一节课精彩的环节也是短暂的，大约有 10 分钟。而学生在一节课中视觉驻留时间普遍只有大约 20 分钟，假如注视时间过长，那么注意力就不能很好地缓解，这样一来就很难达到比较理想的学习效果。因此，一个有效的微课资源，应把教学的重、难点等精彩的片段呈现在 20 分钟以内、容量大小适当的微视频中，这种微视频的形式有助于学生通过网络下载，随时随地进行学习，进而提高学生的学习效率。

微课有针对性、情境化的呈现方式有利于学生掌握关键知识点。微课教学视频能够同时整合多种教学资源，能够使教学过程和形式更加具体、真实、情境化，把隐性的、抽象的知识点具体于微视频之中，进而达到良好的教学效果，提高学生学习的效率。例如，在进行理论知识的微课设计时，多种媒体丰富呈现的形式可为学生提供抽象到具体的理解通路。而在进行一些实践性较强，但又没有实践条件的内容教学时，微课可以以动态的、真实操作的演示将学习置于一个情境化的场景中，并辅以要点解说、正误操作演示、关键环节重复聚焦等，以图文、声像整合的形式，使所教内容具体化，通俗易懂，突破实践条件的局限，从而方便学生理解并掌握重要知识点，提高学习效率。有研究认为，“对于学生而言，微课能更好地满足学生对不同学科知识点的个性化学习，既可查缺补漏，又能巩固知识，是课堂学习的重要补充和资源拓展。通过微课视频的播放，学生能够清晰地明白其他人对某一知识点的看法与思考，从而拓展思维、提升能力”。①

二是微课产生有助于学生自主选择的、个性化的学习。随着网络通信

① 楼宽. 微课来袭，你用了吗［N］. 中国教师报 ,2015-6-17,（007）.

技术的发展和移动终端设备的普及，未来课堂或许会脱离于特定时空的教室进行，学生能更多地根据自己的个性化需求，有选择性地进行随时随地的“泛在学习”。

优质的微课以短小精悍的知识点片段，围绕重点、难点和教师具有特色的教学内容，媒体形式丰富多样，花费较少时间，学生就可以自主选择学习时间和地点，集中于一个知识片段中反复学习，根据个人学习基础和接受程度进行自我调整以达到对学习内容的理解。在完成了知识点的学习后，微课也可作为学生进行查漏补缺和强化巩固的资源。虽然微课的资源容量比较小，但辅助性资料较为完整，这有利于帮助学生灵活自主地、有选择性地进行课后强化。一方面，微课的主要载体是短小精悍的流媒体视频，其辅助性的资料主要是有关流媒体的相关教学设计及其教学课件，它的总的数据量一般只有数十兆，学生可以将资源下载于个人可移动终端，如笔记本电脑、平板电脑、智能手机等，随时随地地学习。另一方面，在展示辅助性资料的过程中，学生可以直接看到教师进行授课时的主要思路及重点内容，在完成知识接受学习后，进一步理解和把握教师的思路和思维方式。毋庸置疑的是，在移动设备普及的时代，更多的学生倾向于使用个人设备进行自主的学习。值得一提的是，对学生而言，微课的出现使学生可以超越课堂所学的知识，能够按照自身学习的需求获取拓展学习资源，基于课堂和拓展的学习，进行更深层次的思维方式的学习和个人知识体系的构建。

总之，在“微时代”，学生不仅能够自由地选择学习的时间，还可以根据自己所拥有的知识体系及兴趣点为自己制定个性化的学习方案，或是通过微课进行知识补充，或是从微课中反复强化和巩固已学知识。然而，微课的资源利用不会仅仅局限于课堂，在课前、课后对学生的学习也有很大助益。微课教学与传统教学的有机结合将会调动学生学习的自主性、引发深度思考的学习。

（三）教育变革推动

在“微时代”文化的引领下，开放式、主体式、碎片式的信息资源形态在教育领域不断凸显，同时，产生了移动设备支持的教育资源、微型化的教学设计、多样化的教学方法的微课模式。将微课与传统课堂教学相结合，是否会产生教学效果的优化呢？由于微课这一资源和教学模式的出现，在传统教学结构的组成要素，即教师、学生、教学资源三者间是否出现了新的结构关系？这是否给课堂教学进而给教育变革带来契机，又是何种契机？

《中国高校微课研究报告》调研总结得出，微课对高校课程改革有两种取向：一种取向是在传统课程教学基础上改良，可以应用在课前预习、案例展示等环节，优质的微课资源将教学重点、难点、考点、疑点等精彩片段录制下来提供给学生，教师就有可能在课堂上选择播放这些微课，以代替自己的讲解，自己则扮演穿针引线、补充说明、组织管理的辅助角色，更多地答疑解惑、组织讨论、强化练习，较好地满足师生的个性化教学和个性化学习需求；一种取向是在传统课程教学的基础上创新，结合“翻转课堂”等创新教学模式，完全颠覆传统教学流程，从形式和理念上都予以革新，甚至可以延伸到终身学习社会中的个性化自主学习。①

对学校的教育而言，微课既是教师与学生共享的教学资源，又是学校教育、教学模式改革的内在推动，无论是对教师的教学，还是对学生的学习，都有重大意义。由此产生的新型的教育模式必然要冲击固有的传统教育模式。微课的产生是教育系统变革的内在需求，而以信息技术发展为环境支撑的微课，为教育信息化带动教育变革提供了一种新的可能性。

三、微课的产生对教学的启示

从微课教学应用的层面看，如将微课作为一种教学资源，可应用于课前自学、课堂助学、课后反馈等环节；如将微课应用整合为一种新型的教学模式，可进行线上线下混合式学习、知识接受与知识内化环节颠倒、微步调学习等；或可将微课作为传统课堂教学的一种补充。对于教师的教学而言，微课的简洁形式能够使教师快速地对教学内容做出修订、更新教学知识，教师与学生可以重复利用微课进行教学与学习的优化。

胡铁生从四个方面指出了相应的误区，“一是相当多教师对微课的本质特征认识不够，仅认识到微课的‘外表’，即微、短、小，而没有掌握其‘本质’——一种支持学生自主个性高效学习的微型在线网络课程。部分老师开发的微课基本等同于‘课例片段’‘微型视频’‘微型讲座’，或者是‘浓缩课’。二是许多教师把更多重心放在微课制作技术上，而忽视了微课的教学设计和教学实施过程，注重课堂教学活动的视频拍摄，甚至把教师的讲解、师生活动全程的对话都打上字幕，而对微课的内容选题、教学设计、教学策略、教学活动的实施等核心环节却重视不足。三是现有微

① 教育部全国高校教师网络培训中心.中国高校微课研究报告[EB/OL].http://weike.enetedu.com/report/news/pdf_0070.html, 2015-05-04.

课的资源构成单一，仅提供了单个知识点教学的视频片段，不利于师生的学习、观摩和研究。四是缺乏系统规划和顶层设计，导致微课建设各自为政、重复建设现象严重，质量良莠不齐”。[①] 由此，我们需要辩证地看待微课的教学应用，从优化教学过程、提高学习效果的角度深层考虑信息技术环境中的教与学。

第二节　微课的概念、特点及类型

一、微课的概念

（一）微课的界定

微课是什么？怎样界定微课？这是本节最重要的问题之一。要真正理解微课的内涵，首先必须明确“课与课程”的概念及区别。Lesson 是“课”的英文表达形式，在《韦氏英汉双解词典》中解释为“a period of time in which a teacher teaches a person or group of people something”，意思是“（一节）课”，在《现代汉语词典》中的解释是“教学中的某个阶段，某个时间单位，教材中的某个段落”。进一步来讲，Lesson 复数形式 Lessons 译成汉语就是“课程”的意思，比如，《现代汉语词典》中提到的，“这学期共有五门课”。在英文表达中，“课”与“课程”是一种非常清晰的关系即课程是课的系列集合，也就是我们通常说的“课们”，而在汉语表达中，这个具有复数意义的“们”字，仅被用于代词或者是放在指人的名词之后使用，当名词前有表达数量的词时，后面则不用加“们”，“课”的表达就属于后者。这种习惯性的用法，有可能会成为“微课”与“微课程”之间的盲区。其实，课的概念相对于课程来说，是比较明确的，它有自身的时间限制，是一个有组织的教学过程中的一个单位，属于“教学论”的一个类文化。Curriculum 是“课程”的英文表达形式，起源于拉丁文字 currere，意指奔跑、跑马场。在《韦氏英汉双解词典》中的释译为：“the subjects that a school or college teaches。”subjects 内涵的表达非常丰富，并带有综合性。比如，

① 胡铁生．还原中小学微课本质［N］．中国教育报，2014-11-05，（006）．

“美国堪萨斯州小学课程指南（Kansas Curriculum Guide for Elementary School）揭示课程是：在学校由于教师的作为，而使学童所经历到的一切，包括学校所承负的责任，授予儿童的一切经验，是学校为达成目标而采取的规划方案”。[①]泰勒最先提出课程的定义即课程是教育内容、教育经验、学习进程、学习科目、教材以及教育活动。美国学者 T.A.C. 鲁尔博士在其博士论文《课程含义的哲学探讨》中指出课程作为术语的使用，到 1973 年大致有 119 种表述方式。钟启泉教授认为，“尽管对课程的定义纷繁复杂，但作为‘课程’的基础课题，无非是‘在学校里教什么、何时教与学、如何教与学’的问题”[②]，是指学校为实现培养目标所进行的对教育内容的选择。深入具体层次，有学者直接将课程归结为四个类项，即“课程计划（国家课程计划、地方课程计划、学校课程计划）；课程目标或标准（总体课程标准、各科课程标准、单元标准、课时标准）；教材（教科书、教学参考书、学程）；课程资源（教具、练习册、讲义、视听材料等）”。[③]由此而知，课与课程是两个不同属性的概念，前者属于教学论的范畴，后者则属于课程论的范畴，二者不能混为一谈。

在此基础之上，我们对微课的概念做了进一步分析与总结。“微课”是“微型视频网络课程”的简称，于 20 世纪末在世界范围内兴起，其产生的雏形是美国北爱荷华大学 LeRoy A.McGrew 教授所提出的“60 秒课程”以及英国纳皮尔大学 T.P.Kee 提出的“一分钟演讲”。美国新墨西哥州圣胡安学院高级教学设计师、学院在线服务经理 David Pen rose 最早将微课的概念应用到教学领域，他把微课程称为“知识脉冲”，教学目标与教学内容的密切结合是其核心理念。这种“知识脉冲”能够使学习者产生“更为聚焦的学习体验”。微课教学主要以在线学习或移动学习为主要目标，并突出重要概念，时间一般控制在 1 ~ 3 分钟，根据资源以建构自身的知识。从 20 世纪开始，新加坡开始进行“微课”研究，他们把微课界定为一种运用计算机通信技术以达到特定目标的微教学材料，其最具特色的一环就是将新兴高科技技术与传统的课堂教材相结合，突出关键点，创设一种轻松、快乐、有意义的学习环境。

在国内，胡铁生在分析现代教育资源利用率的基础之上，率先提出了微课的概念：“微课是根据新课程标准和课堂教学实际，以教学视频为主要

① 容梅 . 微型视频课例：相关概念辨析与应用思考［J］. 中国电化教育 ,2014,7:100–104.

② 钟启泉 . 课程概念与课程研究——与日本佐藤三郎教授的对话［J］. 全球教育展望，2002,6:3–6.

③ 但武刚 . 课程概念界定的五种视角评析［J］. 教育研究与实验 ,2011,4:27–32.

载体，记录教师在课堂教学中针对某个知识点或教学环节而开展的精彩教与学活动中所需各种教学资源的有机结合体。”① 随着对微课研究的逐步深化，学术界对微课概念的界定也越来越多。

教育部教育管理中心发布的文件中指出，“微课全称‘微型视频课程’，是以教学视频为主要呈现方式，围绕学科知识点、例题习题、疑难问题、实验操作等进行的教学过程及相关资源的有机结合体”。② 教育部全国高校教师网络培训中心出台的文件中指出，“微课是指以视频为主要载体记录教师围绕某个知识点或教学环节开展的简短、完整的教学活动”。③ 凤凰微课指出，“一种以5～10分钟甚至更短时长为单元的微型课程，它以视频为主要载体，具有时间短、内容精、模块化、情景化、半结构化等特点，特别适宜与智能手机、平板电脑等移动设备相结合，在移动互联网时代，为所有希望获取知识的人提供碎片化、移动化的学习新体验”。④2013年3月，胡铁生重新对微课做了界定，他认为，“‘微课’又名‘微课程’，是‘微型视频网络课程’的简称，它是以微型教学视频为主要载体，针对某个学科知识点（如重点、难点、疑点、考点等）或教学环节（如学习活动、主题、实验、任务等）而设计开发的一种情境化、支持多种学习方式的新型网络课程资源”。⑤ 国内其他学者则对微课做出了不同的界定，比如，焦建利认为，“微课是以阐释某一知识点为目标，以短小精悍的在线视频为表现形式，以学习或教学应用为目的的在线教学视频”。⑥ 黎加厚提出，“微课程是指时间在10分钟以内，有明确的教学目标，内容短小，集中说明一个问题的小课程”。⑦ 张一春则在此基础上指出，“微课是指为使学习者自主学习获得最佳效果，经过精心的信息化教学设计，以流媒体形式展示的围绕某个知识点或教学环节开展的简短、完整的教学活动”。⑧ 郑小军认为，“微课是为支持翻转学习、混合

① 胡铁生．“微课”：区域教育信息资源发展的新趋势［J］．电化教育研究，2011（10）:61-65.

② 教育部教育管理信息中心．教育部发布“微课”的参评项目及相关要求［EB/OL］.http://dasai.cnweike.cn/?c=main&a=newsdetail&id=4,2013-10-09.

③ 教育部全国高校教师网络培训中心．首届全国高校微课教学比赛方案［EB/OL］.http://weike.enetedu.com/bisai_fa.htm,2013-10-09.

④ 凤凰微课．凤凰微课体验版［EB/OL］.http://apps.microsoft.com/windows/zh-cn/app/fff63676-ff1c-4495-b54b-89d7b09b0983，2013-10-09.

⑤ 胡铁生，黄明燕，李民．我国微课发展的三个阶段及其启示［J］．远程教育杂志，2013（4）：36-42.

⑥ 焦建利．微课及其应用与影响［J］．中小学信息技术教育，2013，（4）：13-14.

⑦ 黎加厚．微课的含义与发展［J］．中小学信息技术教育，2013，（4）：10-12.

⑧ 张一春．微课是什么 我给出的定义［EB/OL］. http://blog.sina.com.cn/s/blog_8dfa9ca20101ouw0.html,2013-03-08.

学习、移动学习、碎片化学习等多种学习方式，以短小精悍的微型教学视频为主要载体，针对某个学科知识点或教学环节而精心设计开发的一种情境化、趣味性、可视化的数字化学习资源包”。[①] 吴秉健认为，“为满足个性化学习差异的需要，以分享知识和技能为目的，师生都可以通过录制增强学习实境、实现语义互联的简短视频或动画（可附相关的学习任务清单和小测验等）制作，它们又能成为被学习者定制和嵌入的 Wiki 资源分享内容”。[②]

上述学者所提出的微课概念都在某些方面达成了共识，为我们更加深入地理解微课提供了基础。第一，微课的主要载体是微视频，尽管微视频的形式比较多，如录音、动画、图片、PPT 等。第二，微课的设计制作都是围绕所教学科的知识点进行，如教学重难点、教学环节等。第三，视频时间短，一般控制在 10 分钟以内，但是它可以根据微课的不同内容进行弹性调整。第四，教学内容精，微课所录制的内容都是课堂教学的重要知识点，必须精选主题，精心设计。第五，多样化的自主学习方式，学习者可以根据自身情况，自由选择学习内容。总之，微课作为一种新型的教学资源，是传统教学资源的一种重要补充，我们要更好地加以利用，从而推动教育、教学发展。

（二）微课相关概念

1.微格教学

随着新的方法论的普遍应用，研究不断地深入，有“三论”之称的控制论、系统论、信息论也渐渐地应用于教育领域并得到广泛传播，加上现代信息的迅猛发展，教育教学中使用的现代技术手段越来越普遍。1963 年，美国斯坦福大学教育系首先倡导一种新的教师教育培训模式即新的训练——职前、职后教师教学技能、技巧的实践形式，这种新的实践形式就是一直在美国流行的“微格教学”。

微格教学法于 20 世纪 60 年代由美国弗吉尼亚州诺福克市的欧道明大学教授德怀特·艾伦博士创立，20 年后传入中国大陆。他认为，微格教学是教师或准教师在一个被浓缩了的、受控制的教学环境中，理解和掌握某一特定技巧或特定教学内容的一种新的教师培训方式。这种方法与以前传统的教师培训的方法大为不同，它主要是将有关课堂教学技能与内容切分为一个个小的片段，在一个相对封闭的场域之中，接受实际的操作训练，

① 郑小军.我对微课的界定[EB/OL].http://blog.sina.com.cn/s/blog_4711a0210102e6ge.html, 2013-03-04.

② 吴秉健.微课定义万花筒[EB/OL].http://blog.sina.com.cn/s/blog_5f1cdbc60101awyt.html, 2013-03-01.

"实训—反馈—再实训—再反馈"，一直到掌握熟练的应用程序为止，它最具特色的一点就是使得以前复杂多变的课堂教学技能得以简化，便于学习。信息论是微格教学的理论基础，在校的师范生可以通过反馈这一环节来进一步改进自身的教学技能、技巧，在教育、教学活动中及时并准确地运用"反馈"。

微格教学的对象一般是由 5 ～ 8 名学生组成的班级，即微型班级，这些学生有时候也可以由实习生或教师组成。在教室中放置录像机、摄像机等先进设备，试着让每位学生进行 5 ～ 10 分钟的教学，并对其教学进行实况录像。课后，在教师的指导与帮助下，学生以小组为单位进行研讨。在研讨过程中，每位学生都要根据自己和其他学生的教学技能、技巧做出评价，之后重复演练"上课—录像—评价"的过程，不断地通过反馈来调整、改进自己的教学行为，一直到掌握并能够很好地理解基本的教学技能、技巧为止。微格教学在 20 世纪 70 年代以后，被各大学的教育学院和师范学院普遍采用，并成为"以培养能力为基础的师范教育"的重要研究方法。

2.微型课程

"微型课程"简称为"微课程"，也被称为一个课程单元或者一个短期的培训课程。"微型课程"的三大要素可以概括为："一是短期（起码少于一个学期）的选修课程，这种课程建立在教师和学生的兴趣基础上，强调深度而不强调广度，教学内容上可以是学术性的也可以是非学术性的，教学管理上可以计学分也可以不计学分，在教学时间安排上可长可短。二是以训练师范生的基本教学技能为目标，训练教师与学生在教学环境中具有良好的沟通技巧与方法，借助视听工具反复见习、练习、对比分析，进行教学技能的专门训练。三是以部分学生而不是以全班学生为对象。"①

"微型课程的出现悄无声息，最早见诸文献是美国依阿华大学附属学校于 1960 年提出的，从 1967 年至 1971 年，博格及其同事在美国旧金山的西部教育研究与实验室研究开发出 20 多种短小精悍的自我指导微型课程。每种微型课程都采用系统的不断循环的方法。该方法由以下步骤组成：一是精确规范化的举止；二是根据明确的目的仔细安排培训程序；三是以举止规范化作为培训目的，衡量培训结果；四是观察对结果的反馈；五是将其重新输入培训程序；六是再次检查自己。微型课程的出现呼应了美国 20 世纪 60 ～ 70 年代兴起的一次教育教学改革，改革的重点是加强基层教育，

---

① 顾明远. 教育大辞典（增订合编本·下）[K]. 上海：上海教育出版社，1998：1603.

提高教学质量。”[①] 概言之，微型课程与微格教学是相互关联的，可以简单地说，在可以控制的实践教学中所使用的微格教学就是微型课程。微型课程的目的是让师范生在相对短的时间里集中精力专注学习掌握一项特定的教学技能、技巧。对师范生和一些在职的教师而言，其实就是训练课堂教学技能的一种方式。

3.微课堂

“微课堂”是由来自美国新墨西哥州圣胡安学院高级教学设计师、学院在线服务经理戴维·彭罗斯于2008年秋首创的。在教学实践中，彭罗斯发现可以采取五个环节来吸引学生学习的眼球，激发他们的兴趣点、兴奋点。第一，把最具核心的知识点列出来，让学生知道在课堂中学习的重点。第二，撰写一份本次课程的简介及课堂教学要点，不超过一分钟。第三，采用音视频设备，如麦克风或摄像机，录制包括以上内容的题材，并将其制作成适宜于多媒体教学播放的1 ~ 3分钟的音视频。第四，设置一些学生感兴趣的问题，便于学生课后进行相关的研究探讨。第五，将录制的教学微视频和课后探讨的问题保存到教学信息管理系统中，便于师生互动。

戴维·彭罗斯经过研究发现，传统课堂教学时间比较长，依据学生的心理特点，学生很难在整节课集中全部注意力，这对教学效果会产生消极影响。假如把课堂教学的内容浓缩成1 ~ 3分钟的像电脉冲一样短暂、强烈的音视频即“知识脉冲”，那么就会给学生留下非常深刻的印象，这样一来，学生学习效率将会大大提高。他指出，做好音视频的三个基本要素，一是时间一定要短；二是课程内容的开发一定要适用于在线学习或移动学习；三是在课程设计时一定要注意对其内在结构进行方法论的指导。至此，微课堂概念的提出打破了传统课堂教学一定发生在“教室里”，并有“教师”进行高度概括教学内容的陈旧的教学观念，运用建构主义思想观念构造一种新的学习方式，即在线学习或移动学习进行课堂教学。

根据微课堂的优势，也可以称其为“一分钟视频”，彭罗斯本人则被称为“一分钟教授”。之后，经过美国可汗学院的孟加拉裔美国人萨尔曼·可汗对微课堂的实践得以推广到全球，并引发了一场“微课堂”热潮，展现了微课堂的强大生命力和美好的发展前景。实际上，“一分钟演讲”和“60秒课程”是微课堂最早的雏形，前者是由英国纳皮尔大学的T.P.Kee在1995

① 江山野. 简明国际教育百科全书·课程［K］. 北京：教育科学出版社，1991：47.

年提出的，后者则是由美国北爱荷华大学教授 LeRoy A.McGrew 提出的，他的最初设想是利用一些非正式场合的短暂的时间，如排队时、等车时、坐地铁时等，为广大群体提供大量科普化学常识。2004 年 7 月，英国开启了教师电视频道，每个节目的视频长度为 15 分钟，此频道一经启动就得到广大教师的普遍认可。最后几年，由美国理查德 · 沃曼于 1984 年发起创办的 TED（技术、娱乐、设计）网络演讲视频获得了大量的点击率。自从 TED 网络演讲视频于 2006 年传到网上，到现在不到 10 年的时间就获得了广大群众的认可，主要是因为 TED 网络演讲视频中的观点清晰，时间控制在 18 分钟以内，开门见山并且没有繁杂的陈述，这些表征都与微课堂极为相似，并且有异曲同工之妙。

二、微课的特点

微课主要是针对传统教学资源的局限性提出的一种新的学习方式，其主要特点用八个字概括：精美、简洁、具体、生动。具体而言包括以下五个方面。

（一）主题明确

微课的作用主要是解决传统课堂教学中所出现的问题，比如，知识点复杂多样，重、难点层次不清，教学目标多样，等等。在微课的制作过程中，都是围绕教学内容中最重要的知识点或教学中关键的环节进行设计的，与传统的课堂教学相比，教学内容更加精简，教学目标更加明确，教学主题更加突出，这是微课教学最重要的特点。明确主题选取的教学内容非常具有代表性，只有教学主题突出了，整个教学才能真正地吸引学生的注意力，让学生更加容易地理解与学习。

（二）多元真实

多元主要是指微课资源的多样化，它不仅有微课视频，而且还有微教案、微课件、微点评、微练习等其他形式的资源，相对于传统的课堂教学视频而言，微课资源的多样化使得整个教学更加丰富多彩。在利用丰富的微课资源时，师生将同时从中受益，一方面学生可以利用微视频进行学习，以微练习进行相应的复习巩固，以微反馈的形式进行综合评价，使得学生的思维能力进一步提高，并且能够提升学生学习的兴趣。另一方面教师利用微课资源的多样化去实现教学观念、技能等方面的提升与深化，进而提高课堂教学效率，促进教师专业成长。

真实主要是指现场情境的真实性。微课的设计都会具体到一个真实的而不是虚假的场景之中，进而形成一个与具体的教学内容有机结合的微课堂。这种真实性的场景与现实生活紧密结合，比如，生物教学中的微课场景一般要选在实验室或实习、实训基地，体育教学中的微课场景一般要选在体育馆或运动场，并且在选择着装、教具时应与教学活动主题相一致，这样才能呈现出微课堂的情境性。

（三）弹性便捷

传统的课堂教学对教学的时间有着严格的规定，而微课在时间安排上却有其明显的优势，即微视频的时间比较短，一般在 5 ~ 8 分钟，最长时也不应超过 10 分钟，这比较符合中小学生的认知特点，“有学者对可汗学院、TED、佛山微课三个比较有影响和知名度的项目中的微课进行调查统计，结果显示，微课的时长以 0 ~ 10 分钟为主，在调查的微课中，小于 10 分钟的约占 83.3%。”[①] 从中可以看出，学习者学习的时间相比于以前，是非常短的。微课资源的容量不会超过百兆，易于存储、便于携带，使微型学习成为可能。因此，学习者在完成微课的学习时所花费的时间和精力不会太大，这样更有利于学习者弹性安排个人时间，非常便捷，并更加人性化。

（四）共享交流

共享是网络资源的核心理念。就微课目前的发展来讲，其不仅具有网络资源丰富、交往、便捷、互动等优势，而且打破了利用资源在时空上的限制，实现了教学资源的共享。除此之外，微课还为学习者提供了一个网络学习与信息交流的平台，教师在微课教学后会把微视频上传到信息技术资源管理中心的网站上，供同行借鉴学习，还可以充分利用同行的经验不断地挖掘自身发展的潜力，加强交流与沟通、分析评价、强化教学反思。实际上，这就是我们现在所提倡的教师学习共同体的一个方面，它由教师群体构成，以网络式的虚拟场景为基础，以便教师进行交流与学习，从而实现教师个体的专业发展。

（五）实践生动

前四个方面的特点使得微课受到社会各界人士的好评，对于一线教师来说更是如此。由于微课开发的主体是广大一线教师，加之微课开发的本身就是以学校的教学资源、教师的教学与学生的学习为基础的，因此，越

---

① 王建军 . 个别差异与课程发展中的通用设计［J］. 课程 · 教材 · 教法，2004，11：22–27 .

来越多的学校通过微课这种新的学习方式进行探索研究，挖掘本校的微课建设，本身就具有很强的实践性。在实践的过程中，需要注意微课的表达方式，生动活泼不仅体现在精美的画面、动听的音乐以及明确的主题上，还体现在精心设计的流程及其相应的互动方式上。

三、微课的类型

在已有的研究中，我国学者依据现代教育、教学理论和微课的研究进展，以及微课在学校教育实践中的实际应用，总结出几种常见的微课分类方式，例如，按照课堂教学方法来分类和按照课堂教学主要环节（进程）来分类①，以及从微课制作方式和文件格式角度进行分类②等，具有理论参考意义和实践指导价值。

（一）按照课堂教学方法来分类③

教学方法是指在课堂教学中，教师和学生为了实现共同的教学目标，完成共同的教学任务所采用的手段与方式的总称。胡铁生根据李秉德教授对我国中小学教学活动中常用的教学方法的分类总结，以及为了使一线教师更加容易理解微课的分类方法，初步将“微课”划分为11类，即讲授类、问答类、启发类、讨论类、演示类、练习类、实验类、表演类、自主学习类、合作学习类、探究学习类（表1–1）。

表1-1 “微课”的分类及适用范围

分类依据	常用教学方法	“微课”类型	适用范围
以语言传递信息为主的方法	讲授法	讲授类	适用于教师运用口头语言向学生传授知识（如描绘情境、叙述事实、解释概念、论证原理和阐明规律）。这是中小学最常见、最主要的一种“微课”类型

① 胡铁生．“微课”：区域教育信息资源发展的新趋势［J］．电化教育研究，2011（10）:61–65.

② 林雪涛，韩鹏．“技术—艺术”：微课制作的融合与突破［J］．教学与管理，2014（12）:136–138.

③ 胡铁生．“微课”：区域教育信息资源发展的新趋势［J］．电化教育研究，2011（10）:61–65.

续表

分类依据	常用教学方法	“微课”类型	适用范围
以直接感知为主的方法	谈话法（问答法）	问答类	适用于教师按一定的教学要求向学生提出问题，要求学生回答，并通过问答的形式来引导学生获取或巩固检查知识
	启发法	启发类	适用于教师在教学过程中根据教学任务和学习的客观规律，从学生的实际出发，采用多种方式，以启发学生的思维为核心，调动学生的学习主动性和积极性，促使他们生动活泼地学习
	讨论法	讨论类	适用于在教师指导下，由全班或小组围绕某一中心问题通过发表各自的意见和看法，共同研讨，相互启发，集思广益地进行学习
	演示法	演示类	适用于教师在课堂教学时，把实物或直观教具展示给学生看，或者做示范性的实验，或通过现代教学手段，通过实际观察获得感性知识以说明和印证所传授的知识
以实际训练为主的方法	练习法	练习类	适用于学生在教师的指导下，依靠自觉的控制和校正，反复地完成一定动作或活动方式，借以形成技能、技巧或行为习惯。尤其适合工具性学科（如语文、外语、数学等）和技能性学科（如体育、音乐、美术等）
	实验法	实验类	适用于学生在教师的指导下，使用一定的设备和材料，通过控制条件的操作过程，引起实验对象的某些变化，从观察这些现象的变化中获取新知识或验证知识。在物理、化学、生物、地理和自然常识等学科的教学中，实验类“微课”较为常见

续表

分类依据	常用教学方法	“微课”类型	适用范围
以欣赏活动为主的教学方法	表演法	表演类	适用于在教师的引导下，组织学生对教学内容进行戏剧化的模仿表演和再现，以达到学习交流和娱乐的目的，促进审美感受和提高学习兴趣。一般分为教师的示范表演和学生的自我表演两种
以引导探究为主的方法	自主学习法	自主学习类	自主学习是与传统的接受学习相对应的一种现代化学习方式。学生作为学习的主体，通过独立的分析、探索、实践、质疑、创造等方法来实现学习目标
	合作学习法	合作学习类	合作学习（Collaborative Learning）是通过小组或团队的形式组织学生进行学习的一种策略
	探究学习法	探究学习类	适用于学生在主动参与的前提下，根据自己的猜想或假设，运用科学的方法对问题进行研究，在研究过程中获得创新实践能力和思维发展，自主构建知识体系的一种学习方式

研究者提出，在此分类中，值得注意的是，一节微课作品可以对应某一种微课类型，也可以同时对应两种或两种以上的微课组合，比如，提问讲授类与合作探究类，其分类不是唯一的，应保留一定的开放性。同时，微课的类型也随着教育教学理论的发展和教学方法、手段的创新而变化，需要教师在教育实践中发展、完善。

（二）按课堂教学主要环节（进程）来分类[①]

按此分类法，微课的类型可以划分为课前复习类、新课导入类、知识理解类、练习巩固类、小结拓展类。其他与教育教学活动相关的微课类型，还包括说课类、班会课类、实践课类、活动类等。

① 胡铁生．“微课”：区域教育信息资源发展的新趋势［J］．电化教育研究，2011（10）：61-65.

（三）以制作方式和文件格式角度分类

林雪涛、韩鹏按照微课的制作方法和文件类型，将微课分为拍摄型、录屏型、动画型、改良型和幻灯片型等几种类型①，并对各种类型微课的特点和适用范围进行了阐述。

1.拍摄型微课

拍摄型微课是指微课制作者在一定的教学环境之中，利用摄像设备，对教师所讲的知识点或者是学生学习的过程进行记录并制作而成的微视频课程。它的最大特点是教师出镜授课。虽然微视频中的师生之间没有真正地进行直接的交流，但教师的神态、表情、动作等仍然会对学生的学习产生影响。因此，教师的出镜将有助于形成师生互动的良好氛围。拍摄型微课一般会让教师与教学课件同时出现在屏幕上，从中进行教师图像与教学课件图像的置换，既有静态的也有动态的。拍摄型微课较多地应用于语言类和操作类课程之中。比如，小学语文中的识字教学与中学英语中的单词教学，二者都属于突出字词的发音教学。一方面教师在教授学生识字、读单词的过程中，既要为学生示范标准的读音，又要给学生演示正确的口型。另一方面由于发音教学自身的局限性，如课程内容枯燥乏味，教师的出镜则会使学生的学习过程更加人性化。

2.录屏型微课

录屏型微课是指微课制作者在计算机中安装录屏软件，录制教师通过教学课件，如基于PPT、Word、绘图软件、手写板输入软件等形式制作的课件，直接用教学课件呈现教学过程，并同步录制教师的授课声音以及屏幕操作行为生成的微视频。在录屏型微课中将不会出现教师、实物教具以及现实的环境，仅仅显示的是电脑屏幕上的文字、图片、流媒体等内容。此种类型的微课适合于需呈现较长篇幅文本的课程以及具有严密逻辑关系的课程。例如，语文阅读教学过程中，教师需要为学生呈现出大篇幅的文章、文本；数学例题教学过程中，教师需要一步一步地演示解题步骤等。

3.动画型微课

动画型微课主要是利用相应技术，如flash动画技术和绘画艺术制作而成的微视频，其最突出的特点就是浓厚的趣味性与可操作性。动画型微课主要有两大类常见格式：视频格式（如AVI、MP4、WMV），只能够观看，不能操作；动画格式（如SWF、Flash），既能观看，又能操作。其最主要的

① 林雪涛，韩鹏．“技术—艺术”：微课制作的融合与突破[J]．教学与管理，2014(12):136-138.

功能就是有效地帮助学生在学习的过程中理解一些需要进行空间想象的抽象的图形及其运动变化的过程。例如，动画型微课教学比较适合小学语文写字课的笔顺教学、中学数学的几何课以及中学地理的演示课，学生在观看此微课的同时，能够对一些现象进行观察、实验操作模拟、动作训练模仿等。

4.改良型微课

改良型微课的内容“主要来源于中小学常规课的教学内容，部分微课是课堂实录小片段。”① 在微课这种形式出现之前，这类影像素材通常被制作成完整的课堂教学视频或者直接作为资料并存档；微课产生并兴起之后，这类影像素材便有了新的用武之地。改良型微课是指在常规课堂教学录像基础之上加工而成的一种微视频。改良意味着它必须按照微课的要求，在原视频素材的基础上，为达到课堂教学的目的而进行加工制作。其制作方法主要包括几种情况：一是将原来比较长的视频剪辑成为一个或多个短视频；二是在新的视频加工过程中删除与教学知识点关联性不强的部分，如课堂互动、学生的作业布置等；三是加工制作成清晰明了的、突出重点的教学课件并显示效果；四是加工设计教师授课时的画面与课件画面的镜头导播切换；五是增加或重新制作片头片尾，体现微课的基本信息。

5.幻灯片型微课

由于持续播放连续运动的画面是影像视频最为本质性的特征，因此，幻灯片型微课可以看成是一种广义的影像视频。因为这种微课不属于严格意义上的视频格式，所以就不需要微课制作者使用视频制作软件，只要在PPT等演示幻灯片的软件中制作就能够实现流媒体效果，这种微课非常适合普通教师进行操作。运用PPT制作并动态播放幻灯片型的微课，以文字、图片、音乐等媒体形式的恰当配合，其动态有声的形式也可以很好地体现微课的优势和功能。这类微课比较适用于具有情节性、故事性、思考性的教学内容。

① 张一川，钱扬义．国内外“微课”资源建设与应用进展．远程教育杂志，2013（6）:26－33.

第三节　微课研究的理论基础

胡铁生将我国微课的发展划分为三个主要阶段，即从最初的“一种新的资源构成方式”（微型资源构成）拓展到“一个简短的教与学活动过程”（微型教学活动），最后提升到“一种以微视频为主要表现方式的在线网络学习课程”（微型网络课程），体现了对微课认识的不断深化和完善。第三阶段的微课程概念是微课发展的高级阶段和表现形式。[①] 网络与信息技术的飞速变革给社会生活带来了巨大的变化，在教育实践领域，显而易见的是，网络与信息技术带动了促使教育领域变革的实践应用并受到热烈追捧，微课以微视频形式出现的在线网络学习课程的趋势，也体现在网络与信息技术在微课资源建设、微课教学活动展开、微课学习支持设计等各个环节中，给传统的教学带来了新的变革。

然而，网络与信息技术给教育带来的影响是否足够深刻，如何在一番热闹恢复平静后，让传统的教育、教学方式在技术力量的牵动下发生深层的变革？这促使我们在技术与教育中寻求更深层次的融合。技术是把“双刃剑”。深层次的教育与技术融合，技术的合理应用，将成为触动教育变革的利器。网络与信息技术环境所支持的微课发展趋势，面向学习者而言，将彻底改变现有的信息沟通、个人或群体知识管理、资源利用与整合，乃至思维与行动的方式。

针对微课资源设计、学习支持设计、教学展开与知识共享等，网络环境将以信息共享的便捷性，改善资源分布不均的现状，降低教育资源成本；信息获取的便利性，将延展学习者思维与行动的界限；学习者终端设备的简单化，让学习工具更易于掌控；学习方式协作与开放性，拓展了个人与集体智慧的深度与广度。要使得技术的力量在教育中得以充分发挥，需从哲学、心理学、传播学等层面，探究利用技术的可能性与必要性，深层次分析网络环境中微课研究的理论基础。

① 胡铁生，黄明燕，李民．我国微课发展的三个阶段及其启示［J］．远程教育杂志，2013（4）：36-42.

一、教育哲学的视角

以经验为中心的实用主义哲学观，形成了以行动为核心的知识观，“即把学生的实际经验与课程联系在一起，关注学生自己的行动”。① “教育为实现其目的，必须从经验即始终是个人实际的生活经验出发。” ② 学生带着原有文化的概念理解和身份认同参与到课程，这些个体经验成为新的经验生成和更新的来源。如果没有与学生原有经验相呼应的意义的联结，新的课程文化对于学生来说，只能成为对外部世界生硬的讲述，与自我意义的构建没有产生关联，课程因没有适应经验的需要而失去教育意义。同样，如果学生的个人经验与课程无法适应，那么思维和行动的改变就更无从谈及。

“经验的连续性和交互作用积极的相互结合，就提供了衡量经验的教育意义和价值的标准。” ③ 微课的教学设计，以碎片化的知识呈现，应考虑到经验的连续性和交互作用。学生原有的经验将传递或迁移到新的情境中，并倾向于在未来的情境中用原有的经验处理新的问题；而在一定的客观条件下，教育者通过调整可以与学生既有能力和需要发生教育的环境因素，如学习环境、工具、信息、活动方式、交互策略等，为学生创造新的有价值的经验。

课程与受教育者经验的不断整合，逐渐构建受教育者的经验世界。因此，课程活动的展开与学生经验的发展，二者始终在进行适应与调整。“课程作为过程，意味着进程、运动和变化。” ④ 从这个意义上来说，微课的教学活动应是由教师和学生共同构建的，课程不是为了达到某个外在目标的工具，而是在师生经验交互与修正中变化的进程。

经验的处理需要适当的技术方式的支持。对于正在生长中的经验的可能性的发展方向，需要保持一种回顾与反思的记录方式。这种经验可能是个体的经验或集体的经验，因此，记录方式应便于个体的整合，也便于群体的共享，而个体或群体经验记录的过程，就是进行着经验的理智分析和组织，并为个体或群体提供处理未来经验的方式。

---

① 施良方．课程理论——课程的基础、原理与问题［M］．北京：教育科学出版社，1996：65.

② 赵祥麟，王承绪编译．杜威教育名篇［M］．北京：教育科学出版社，2006：269.

③ 赵祥麟，王承绪编译．杜威教育名篇［M］．北京：教育科学出版社，2006：259.

④ 金生鈜．理解与教育——走向哲学解释学的教育哲学导论［M］．北京：教育科学出版社，1997：151.

二、心理学的视角

人本主义心理学是20世纪五六十年代在美国兴起的一种心理学思潮，其重要哲学基础是存在主义和现象学。

“存在主义的中心主题就是人的自由、选择和价值”“人本主义心理学家强调心理学应把独特的个人及其尊严和成长作为自己的研究对象，以及强调个人的主体体验、自由选择、创造与责任等”。[①] 人本主义心理学派重要代表人物之一罗杰斯（C.R.Rogers，1902—1987年）提出了人格的“自我理论”，即人在发展过程中认为真实的“自我”，与对自己经验和体验的知觉及认识的“自我概念”，“自我对经验或体验适应程度越高，‘自我概念’与‘自我’越趋向于一致和协调，相应的个体心理就是健康的，就能达到自我实现”。[②] 此外，人本主义心理学也摒弃人与人之间机械虚无的对立和竞争，强调重建人际沟通的议题，建立对话并形成共识。“只有在相互遭遇中，即每个人在整个与自己面对的人或物相逢时，人才实现了自己的存在”。[③]

人本主义心理学对学校课程的关照，既是将课程视为学生参与自由的主体选择与体验，进行解放和创造的过程，也是在充分的人际沟通中寻找知识的意义。一些人本主义者提倡的“合成课程”[④]，为微课设计提供了借鉴：师生共同参与课程并承担责任；强调对课程的情感与行动的整合，并由此形成相应思维的塑造；课程文化内容的呈现与学生实际生活体验相联结；课程学习的最终成果，是形成有正确理解、认知和行为方式的完整的人。

三、课程理论的视角

英国学者杨（M.Young）从知识社会学的视角指出教育知识的非中立性，“不同的学生接受不同层次的教育知识，学校教育过程成了教育知识分配的过程”。[⑤] 在传统的学校教育和课程体系内，学生接受既定的课程内容和课程组织形式，一种隐含在课程“知识”背后的偏见或利益造成不平等的教育知识分配。而在学校教育之外，信息传递的大量膨胀，充斥着各种价值导向，除了由信息环境“推送”而来的各种对话环境，人们有一种身份认同模糊

① 车文博，黄冬梅．美国人本主义心理学哲学基础解析［J］．自然辩证法研究，2001,2：1–5.

② 唐淑云，吴永胜．罗杰斯人本主义心理学述介［J］．哲学动态，2000,9：31–34.

③ 车文博．后现代主义思潮与人本心理学［J］．心理与行为研究，2003,1（2）：86－88.

④ ［美］约翰·D. 麦克尼尔．课程导论［M］．施良方等译．沈阳：辽宁教育出版社，1990：9–10.

⑤ 鲁洁主编．教育社会学［M］．北京：人民教育出版社，1990：652.

的倾向。因为，在多元价值对话的语境中，如果“没有向一个圈子的融入，也没有不可或缺的、相对他人的自我确认”。[①]

将课程的重点从教材转向个人，重视学生通过活动获得的经验和真实意义的构建，关注学生的情感、态度和信念而非认知本身，这是人本主义课程论者趋向的观点。杜威以学生为中心的课程思想，也倾向于将学生的需要、兴趣、变化和发展放在中心位置。这种课程观点给传统课程以教材和教程为中心的机械式传授带来新的冲击，但在实际教学中却产生一定困难：教师在课程中扮演何种角色？如何让学生内隐的情感和态度真实呈现出来？课程如何对众多学生不同的兴趣和需要加以关照？课程的设计如何能适应众多学生的不同变化和发展？信息技术的发展是否能为以上问题提供方案？

微课应用现代信息技术环境协同、共享、便捷的优势，师生共同参与课程资源的协同构建，对学程进展和观念转变随时记录、分享、修正，这是一种可能的尝试。

四、传播学的视角

网络信息技术的逐渐发展和成熟，凸显了其在信息传播和双向互动的人际沟通中的优势。它以更为共享、开放、互动、个性化的特性，为学习者提供了更强大的信息载入和自主发现的学习平台。在此基础上，学习方式产生了一系列新的变革，如学习过程中角色的转换、隐性知识的管理和互通、共建互促的学习共同体的形成等。

首先，学习过程中的角色转换。基于网络环境的学习是一个交互、循环的传播过程。基于施拉姆的循环模式，学习者在网络环境中的角色是随不同阶段而转换的：在获取学习信息的某一阶段，学习者作为受众而存在；而通过与他人的信息互动，参与到学习活动并输出信息时，学习者又作为传播者而存在。由分布式理论可知，知识正是存在于这种互动的环境中——既存在于环境中的人与制品中，又存在人与人、人与制品交互的过程中，交流则是分布式认知的必要条件。因此，网络环境中学习方式的变革之一就在于，它为学习者提供了循环互动的信息传播环境，使其在学习过程中能通过角色的交互转换获取更多的信息。

---

① [法]阿尔弗雷德·格罗塞.身份认同的困境[M].王鲲译.北京：社会科学文献出版社，2010：57.

循环传播模式将传播双方作为主体，关注双方角色主体地位的形成与转换。网络环境实现了学习者参与信息交流的个性化。例如，学习者可以在微课进程中记录个人学习笔记与反思；可以查看他人对同一学习内容的学习笔记，也可以加入某个相关信息或领域的“分组”或论坛，去品味他人的文字和思想。在此过程中，网络环境以其参与性、共享性和去中心化的特征，使学习者围绕自身关注的学习信息，在传播者与受众的角色之间进行转换，体现了传播主体的地位，促进了知识的获取。这种角色的转换在单向传播模式中是不能实现的。

其次，隐性知识的管理。由学习者的价值观、能力、态度、方法、情感等取向或经验性沉淀所构成的隐性知识，通常不能直接被观察、传递或形成量化的评价标准，但它们对学习者的发展来说又是至关重要的，同时也是人际交互学习过程中的宝贵资源。在循环传播模式的学习交互过程中，同样存在大量有价值的信息资源，而网络环境中所提供的技术手段则促进了对隐性知识的有效管理。

网络环境中基于微内容的传播，记录了参与者的点滴反思与进步，参与者能与他人分享细微的感悟，或是看似微小的思想火花。每个参与者都在传播或是接受着大量类似的内容，而许多隐性知识则蕴含于其中。例如，学习者利用 BLOG 进行知识的整理和分类时，对知识的呈现、回顾体现了其运用一种工具管理知识、进行持续学习的意识和能力；学习者利用 TAG 添加某个标签，加入某个相关的知识分类组，或是对某一主题的跟踪关注，体现了学习者自我学习议程的设置和规划，这些记录可以为他人所共享；Wiki 站点中显示的相关主题内容的更新修改信息，展现出学习者对某一问题的认识思路，培养创新发展的意识；关注某个信息的多人评价，体会他人中肯的评价方式；在一个学习共同体中发表见解，找到群体归属感并体现自我价值，体验自信、愉快的学习经历。学习者获取这些微小信息的同时，也在利用工具对隐性知识加以管理，而这一自我教育和自我管理的经验又将在循环的传播过程中进一步产生价值。由此，信息循环交互的传播模式弱化了原有的信息中心，可同时作为传受双方的个体可以积极地参与信息的发布、获取。网络的去中心化的特征，使学习者能分享到信息环境中丰富的资源，而这些资源，也正是由众多参与者所共建、共享的。

再次，学习共同体的形成。互动传播的过程中的各个因素不是独立存在的，而是相互连接，相互影响的。网络环境由人、理念与技术环境、人与人的互动、人与环境的互动构成了一个分布式系统，这一系统中的要素必须相互依赖以完成任务。在学习活动中，作为传播主体的学习者需依赖于与环境的互动来建构知识。例如，学习者利用SNS建立自己的人际交往圈；在个人 BLOG 中建立好友 BLOG 的链接；利用 RSS 制定所关注的其他学习者的学习主题更新情况；在 Wiki 中多人共同建立并完善某个内容体系。这就在学习活动所建立的传播系统中形成了多个学习共同体，学习者参与互促互动的学习，并将学习成果继续加以循环增值。

五、技术何为

现代信息技术向教育领域的迅速扩展，为教育改革带来了强大的动力。信息技术在教育中的应用已成为促进教育改革发展的核心因素。然而，由于技术在教育中应用的一些误区，使得技术力量没有得到充分发挥，教育效果也不尽如人意。由此，引发了对教育领域中技术本质的反思和技术价值的追问，而这种反思与追问必然要以教育本质和教育目的为指向。在教育与技术的深层内涵中寻求一种关联，这是使教育中技术力量走向人本回归的关键。

（一）技术范畴的界定

1.技术的含义

广义的技术是指人类在改造自然、改造社会和改造人自身的全部活动中所应用的一切手段、方法、知识等活动方式的总和。① 在人类历史的进程中，技术手段的应用越来越广泛，从对非生命物质的改造到对与人的生命活动直接相关的领域的改造，技术内涵在不断丰富，其结构体系也在不断扩大并完善。《科学学辞典》和《科技词典》将技术的含义解释为，是为社会生产和人类物质文化生活需要服务的，供人类利用和改造自然的物质手段、智能手段和信息手段的总和。② 我国《哲学大辞典》中对技术的解释是："技术一般指人类为满足自己的物质生产、精神生产以及其他非生产活动的需要，运用自然和社会规律所创造的一切物质手段及方法的总和。" ③《自然辩证法百科全书》把技术定义为："人类为了满足社会需要依靠自然规律和

① 许良．技术哲学［M］．上海：复旦大学出版社，2004：47.

② 尹俊华，庄榕霞，戴正南．教育技术学导论［M］．北京：高等教育出版社，2002：65.

③ 桑新民．技术—教育—人的发展——现代教育技术的哲学基础初探［J］．电化教育研究，1999（2，3）：3-7，30-32.

自然界的物质、能量和信息来创造、控制、应用和改进人工自然系统的手段和方法。”①

从对技术的各种不同解释可见，对技术含义的理解应包括以下几个层次：其一，人的劳动实践所创造的物质工具、设备，即物态的技术；其二，运用工具的知识、方法、规则；其三，人运用工具开展的创造性智能活动，是人创造力的体现；其四，人为某一特定目的所进行的改造客观世界的实践活动，是技术的外在表现形态。

2.技术的范围

技术是一个历史范畴。将技术置于历史的发展变化过程中加以理解，才能反映技术本质属性及其演化中的概念之间的联系。如尼采所说，只有无历史的东西才是可以定义的。随着技术的不断发展，人们对技术范围的理解也处于不断的变化中。从技术发展的历史来看，技术既包括有形的技术（物化形态），又包括无形的技术（智能形态）；既包括传统技术手段，又包括现代技术手段。教育领域中广义的技术范围，同样包括了物化的和智能的、传统的和现代的各种技术。

3.技术的二重属性

德国技术哲学家F.拉普认为，任何技术的产生都必须以合规律性和合目的性的统一为前提。人们在发明、创造、应用技术的过程中，不可能在客观自然以外去开展技术活动，而是以客观存在为基础，在其所提供的客观条件上去体现人的本质力量，这体现了技术的自然属性。然而，客观存在也不可能自然地演化成人们所需要的各种工具、设备、手段或是方法，它必须经过人的主观发现和创造，从而体现人们活动的价值追求，实现人们特定的活动目的，这体现了技术的社会属性。因此，技术的二重属性是其自然属性和社会属性的统一。教育中的技术应用也遵循技术的发展规律、教育教学规律、人的认知和身心发展规律的前提，依据一定的教育目的选择恰当的技术方式方法，不能生搬硬套，否则必然适得其反。

4.技术的价值负荷

技术的价值负荷说认为，技术由于具有自然属性和社会属性，它不仅包括了各种物化的工具、设备，还包括知识、方法、规则等非物化形态，技术的发明者或使用者的价值观、意志、习惯等必然渗透到技术发明和使用的一系列环节中，因此，技术价值是非中立的，它承载了特定的价值内容，

---

① 许良．技术哲学［M］．上海：复旦大学出版社，2004：51．

体现着丰富多样的价值观。技术不是孤立存在的，它是历史的、社会的技术。

教育中的技术应用，应是人们在一定的历史条件下，依据特定的教育价值观、个人与社会的教育需求，选择出符合规律符合目的的技术形式，适当、创造性地运用到教育活动中。由此可见，技术的教育应用体现着人的教育价值的追求和对技术的价值赋予，以此来满足人们对更合理、更有效、更有意义的教育的需求。与此同时，新的技术形态和方法又在人们的教育价值追求中应运而生。人们新的需求激发的技术的广泛发明和应用，有可能将其他领域中已有的技术吸收到教育领域中，也有可能发明出新的技术。

技术的价值负荷给教育中的技术应用以两个重要的启示：其一，教育的价值导向始终是技术在教育中应用的深厚基础，没有偏离教育目的的技术应用，否则，技术将是无内容无意义的；其二，现代信息技术的飞速发展处处渗透着多元的文化背景下人们不同的价值观和利益诉求，深刻认识特定的文化传统和教育需求，是人们在教育领域批判吸纳新技术的关键。

（二）教育中技术力量的发挥

在人类历史发展进程中，技术从工业、农业、畜牧业到与人的生命活动直接相关的领域逐步渗透，并且发挥着越来越重要的作用。当技术涉及教育领域，原本被认为技术含量不高的教育领域由于新技术的介入，特别是以计算机和网络技术为代表的信息技术的影响，使教育跨越式的发展成为可能，技术在教育中由辅助地位逐渐上升成为影响教育变革的核心因素。在技术对教育领域不断渗透这一不可逆转的历史潮流面前，对教育中技术运用的理论与实践进行更深、更广的哲学反思，即以教育哲学为基本，吸收技术哲学的成果，理解教育与技术的本质，才能获得对教育中技术价值的认同，正确、有效地掌握技术在教育中应用的方式方法，发掘其在教育应用中的更大潜能。

1.教育与技术的本质

（1）教育的本质。

教育是培养人的活动，而人作为教育活动的主体，既是自然的个体，又是社会的个体，具有自然实体和社会实体的双重属性。首先，人具有主观能动性，能通过教育活动不断地创造和完善自身。康德把教育解释为人变成人的过程，“人必须通过他自己的自愿努力，创造他自己；他必须使自己成为一个真正有道德、合理的和自由的人”。[①] 其次，个人生活在共同的社

① ［美］约翰·杜威．民主主义与教育［M］．王承绪译．北京：人民教育出版社，1990：101．

会环境中，具有彼此互通的情感、意识和信仰。在所形成的社会共同体中，个体之间需要通过各种方式进行信息的传递、沟通，从而巩固这一共同体成员间相互理解的基础。杜威认为，对行动的手段和目的的共同理解，乃是社会控制的本质所在，“教育的任务就在于通过兴趣和理解的认同达到这种内在的控制”。①

由于教育主体的复杂性，教育活动本身也呈现出相应的复杂性。教育的本质特征，即是根据一定的社会政治、经济、文化需求，遵循人的身心发展规律和对教育的需求，进行系统的培养人的活动。其一，教育与社会物质生活条件和各种社会意识形态存在着广泛的联系。教育的目的、形式、内容、评价方式均受到客观物质条件的制约和政治、经济关系的影响，受到已有文化形态的深刻熏染，同时，教育活动的开展反过来又对社会客观条件、政治、经济的发展、变革及文化的传递产生反作用。其二，教育要遵循人的身心发展规律，尊重人的认知发展规律和个体差异，由掌握知识进而形成智慧，提高个体的精神和心灵的质量，促使其不断实现自我的完善。

（2）技术的本质。

马克思与海德格尔都提倡从人与人、人与物这一深层次的关系来考察技术的本质问题。因为，无处不在的技术实质是体现了人与人、人与环境的某种关系，如果只从技术的现象着手，则无法洞悉技术最本质的内涵，不能触及技术中真正存在的活的东西。马克思认为技术的本质与人的本质具有内在的一致性，而“人的本质并不是单个人所固有的抽象物，实际上它是一切社会关系的总和”。②以此，按照马克思的观点，对技术本质的剖析，只有从人与人之间的社会关系的维度才能获得其深刻的理论意义。

马克思认为，作为人的创造物，技术的本质不过是人的本质力量的对象化。正如人的本质体现了人与人之间的社会关系，技术一方面展示了人对自然改造的能动性，体现了人与自然界之间相互作用的过程，另一方面，它也体现了在社会生产活动过程中形成、发展的人与人之间的社会关系。

2.教育哲学对技术哲学的吸收

由于教育中技术的应用，其起始点与落脚点都在教育领域之中，因为教育中技术的应用不仅要遵循技术发展的规律，更要遵循教育发展的规律，技术的应用必须适应教育领域中特有对象的特殊性。因此，必然以教育哲

---

① ［美］约翰·杜威．民主主义与教育［M］．王承绪，译．北京：人民教育出版社，1990：44.

② 马克思恩格斯选集（第一卷）［M］．北京：人民出版社，1972：18.

学为基础，吸纳技术哲学中的相关内容，从而对教育中的技术应用起到引导作用。

教育哲学为人们提供对教育价值的认同，它通过理性的思辨和丰富的创造，改变人们的教育思想，理清教育价值及人与教育的关系，指导人们开展理性的和有价值的教育活动。教育是理性的，但这绝不意味着教育的冷漠，更不意味着技术力量对教育的介入而把原本应该鲜活生动的教育活动变为技术程序的生硬操作。反之，教育应深入到对人的精神培养层面，以生活为根基，融入对生命的深层关怀，成为融入生活的生命化的教育，而技术作为外化了的人的本质力量，其各个层面则应顺应这种生命化的关怀而展开。最终，教育引导人追寻生活的道德和智慧，摆脱现实生活的功利性和束缚力，走向一种可能生活。我国学者赵汀阳将可能生活解释为每个人所想要实现的生活，尽可能去实现各种可能生活是幸福生活的一个最基本条件。“假如一个人的某个行动本身是自成目的的，并且这一行动所试图达到的结果也是一个具有自足价值的事情，那么，这一行动必定使他获得幸福。这种行动在操作上是创造性的，在效果上是给予性的。”①

诚然，随着科学技术的发展，特别是日新月异的信息技术在教育中的应用，教育向科学世界的偏倚使人们认识到科学世界的神奇、变幻和规律。技术力量的真正发挥，应该是为教育提供一种自由的伸展，为教育对象的教育体验提供更多亲历性、实践性、生动性和有效性，而不是成为教育主体的束缚，更不应与教育的本质产生疏离。因此，教育的哲学反思更需要敏锐地洞察这种转变，从对人的生存关怀出发，努力追求人生存的意义，使技术以适当的形态、适当的方式充分承载教育的价值，实现教育中技术应用的价值最大化。

因此，将技术哲学的相关内容纳入教育哲学中，是为了在把握教育与技术的本质的基础上，以对教育价值和技术价值的认同为出发点，以教育价值为核心，理解技术的基本形态、基本属性和价值负荷功能，实现教育中技术力量的有效发挥。

（三）教育中技术的异化

技术在教育中的应用，特别是现代信息技术的应用，其最终效果曾受到人们的质疑，例如，教育教学活动耗费了大量的时间、财力和精力，而

① 赵汀阳．论可能生活——一种关于幸福和公正的理论［M］．北京：中国人民大学出版社，2004：161.

其教育成果却不尽如人意等。究其原因，是技术在教育中产生了异化所致，其中包括技术本身的异化、教育主体与教育内容的异化以及教育主体之间的异化。

首先，随着技术力量对教育越来越多的参与，人们把对教育成果的期待逐渐转移到对技术工具、设备的层次要求上。由此，教育主体的价值观、思维活动、对教育的选择与判断逐渐从教育活动中脱离出来，人只是站在技术程序之外，甚至站在教育活动之外，以旁观者的身份看待教育，而不是主动参与教育，没有成为教育活动中最积极活跃的因素。随之而来的是教育中的技术逐渐成为与教育主体相对立的力量，反过来束缚人的教育活动的展开，人的主体地位削弱了，仅仅成了技术程序的操作者。技术力量的异化带来了教育的价值、目标、模式、评价等方面与人的疏离。技术成了教育活动中孤立的存在物，没有从对人生命化教育的意义层面去承担教育的价值。

其次，由于运用技术力量可以将教育内容更加丰富、更加生动地呈现出来，使人们忙于接受各种各样的信息，却无暇顾及其中的教育内涵和深层意义。因而，造成了教育主体不能更好地理解教育内容的意义，不能适当地选择、利用所获得的教育信息，更不可能对其进行创造性的整合及价值提升。也就是说，教育主体更多地知道如何去操作物质形态的技术，而没有真正地从教育活动中吸取养分，虽然获得了大量的知识和技能，却不知道如何去平衡、如何处事、如何善待自己和他人、如何与自己的心灵进行坦诚的对话，不知道自己追求的“可能生活”的过程和状态，也就是说，没有获得幸福生活的能力。

最后，教育活动中的师生、生生之间由于技术的介入，主体间若一味依赖技术力量为中介进行沟通，而忽视人与人之间直接的情感交流，人们彼此间缺乏内在的联系，则产生了教育主体关系的异化。人需要在环境的互动过程中，利用环境所提供的条件和带来的挑战历练自我、表达自我、丰富自我，同时也是在丰富多样的社会关系中寻求生存和发展的意义所在。技术带来的人与人之间关系的异化则使人与人之间失去了相互理解、相互关联、相互承担责任的纽带，取而代之的是冷漠的技术工具。

技术在教育中的异化所导致的矛盾还表现在，一方面，技术使教与学的开展更为便捷，信息传递的容量极大丰富，人们的选择更加自由，等等；另一方面，技术又迫使人们面对更多的压力。正如海德格尔所认为的“现代技术作为一种展现方式……它迫使自然和人都进入非自然、非本真的状态。这种挑战的特征在于‘限定’和‘强求’。”[①] 人们在教育中使用技术，其应用和评价方式都受到技术特性的制约，同样地，若将技术应用到不适当的教育内容或教育对象中，则导致对教育内容的干扰或是教育对象对技术呈现的不理解。

（四）存在主义对技术力量人本回归的启示

在对技术含义的几个层次及技术不同范围的理解，对技术的自然属性和社会属性的把握，以及从技术价值负荷得到的启示，并对教育中技术异化现象的分析的基础上，可以对技术的本质有更深刻的把握，其最终目的是逐渐消除教育中技术的异化现象，使得教育领域中的技术力量走向人本的回归，实现教育的真正价值。要达到这一目的，必须对教育中的技术应用进行哲学反思，不仅不能盲目地排斥技术力量在教育领域中的应用，也不能简单地用工具理性去解释技术在教育中的应用方式，而应该在教育与技术之间寻求关联，用教育本质去把握技术在教育领域应用的深刻价值，用技术本质丰富社会、文化内涵，充分发挥其教育应用的深度和广度。

教育是人们传递生产、生活技能的必要途径，使人们能够不断满足和优化物质生活；而人们在获得了一定的物质生活条件的基础上，教育使人们能够寻求心灵的安顿和精神的充实。物质生活和精神生活的满足，构成了人生存的基础。人生存之意义是教育的永恒追求。存在主义哲学对人之生存这个永恒问题的思考，以及对人的自由体验、人的自我创造的关注，为教育中技术异化的消除带来了启示，为教育与技术的连接提供了哲学基础。存在主义提倡个体真实地表现自己，真诚地融入社会，不在虚假的面目后或是环境的压制中丧失自我，积极争取自由和个性的解放。然而，教育中技术的异化、教育内容与教育主体的异化以及教育主体之间的异化所造成的主客体之间的疏离，正是遮蔽了人对自由、对自我独立性、对创造性的认识。

美国学者托宾·哈特建构了一种为了意识进展的教育，即“从意识的进展的角度来寻求关联以对抗自我分离的现代教育。”[②] 他将教育中意识的进展构建成从信息到知识、从知识到智力、从智力到理解、从理解到智慧的转化这样几个层面的递进。这种意识进展的教育同样也是个体认知的进展，

---

① 许良. 技术哲学［M］. 上海：复旦大学出版社，2004：62.

② ［美］托宾·哈特. 从信息到转化：为了意识进展的教育［M］. 彭正梅译. 上海：华东师范大学出版社，2007：18.

是个体存在的逐渐舒展。技术应为个体意识进展的教育提供支持力量，而这种支持必然是以教育主体明确的教育价值追求和清晰的自我意识为基础，才能在物化的技术和智能化的技术共同提供的大量信息面前合理选择，最终完成信息到智慧的转化。

马赛尔和雅斯贝尔斯认为，真正的自由和真实的存在导致热烈参与他人的各种活动。①当教育主体体会到技术是人的本质力量外化这一实质，而以清晰的自我发展、自我创造的意识，自由地面对技术力量对教育活动所产生的影响，并依据明确的教育需求将技术力量向积极的方向引导，也就把自身放到了教育主体的位置上，如此，才能积极活跃地参与到有意义的教育活动中，也才能实现教育中技术力量的人本回归。

网络信息时代提供的技术优势，使学习者能在信息化学习环境中更便捷地掌控终端设备，获取信息的数量与质量大大提高，获取有效信息，延展了学习者思维与行动的界限。然而，技术的变革在扩大我们信息获取的便利性和数量时，它并不成为技术应用的最终目的，简单的信息获取、存储并不能扩展我们知识、情感、态度和价值观的意义关联。“教育不仅能提供机会去收集和管理信息，也要解压信息，破译密码，进入知识层面、智力层面、理解层面和智慧层面。显然，这是一个转化的过程。”②

“信息是一种媒介，一种通货，它激活了学生内在世界和外在世界的对话，而对话则是深度学习的开始。”③对于课程而言，文化的对话、共享也正是文化理解的开始。网络环境提供了更优化的信息交流与共享的环境。云计算的信息无限存储容量，使得在课程中各种来源于学生自身的创造性的学习成果有充分展示的空间，并不局限于给定的学习素材，诸多过程性、个别化的学习材料得以呈现。空间的无限存储可能，为信息化环境中学习者交流共享提供条件，成为深度对话的开始。

微课的设计与实践，需要一个开放、协同、有对话张力的共同体。例如，云计算技术的优势之一则在于，它提供了更容易的群组协作的空间。学习者可以在不同的物理环境、相同或不同的时间点，对同一个学习资源与不同成员对话，与其他成员分享个人即时的思维成果，这些课程活动通过云

① 黄济．教育哲学［M］．北京：北京师范大学出版社，1985：291.

② ［美］托宾·哈特．从信息到转化：为了意识进展的教育［M］．彭正梅译．上海：华东师范大学出版社，2007：17.

③ ［美］托宾·哈特．从信息到转化：为了意识进展的教育［M］．彭正梅译．上海：华东师范大学出版社，2007：19.

计算协作平台的项目管理、日程共享、在线会议、任务协同、云笔记记录等功能就可实现。云计算环境中构建的学习共同体，让学习者处于一种与世界对话的状态中，跳出了传统课堂个体的经验和智慧的时空局限，个体和集体的经验和智慧获得最大扩展的可能。值得一提的是，网络课程资源的“沉思型”应用，也让一些在传统课堂中不善于及时发言的学习者，能在支持非实时对话的平台中参与群体对话，更充分地表达自己深思熟虑后的观点。作为承载微型网络课程的技术环境，网络环境能够为其向未来课程“学程”转化提供一定的支持：不以既定的学科逻辑的制约，关照学生的学习需要、兴趣和已获得的经验；课程资源既有个别化的创造，又在共同体的协作中兼顾普遍的认同。

第二章 

微课编制的原理

第一节　微课的教学目标

一、教学目标的概念

在长期的教育理论与实践研究过程中，由于人们依据的哲学、教育学、心理学等理论基础，采用的研究方法以及对教学目标阐释的角度不同，人们对教学目标的解释自然形成了多种不同形式的观点和看法。在西方，众多教育家倾向于将教学目标理解为教学的预期结果，或者将其等同于教学在学生身上所引起的行为变化。例如，美国教育家拉尔夫·泰勒认为，“形形色色的行为方式的变化，就是教学目标”。[①] 美国著名心理学家、教育家布卢姆认为，“目标就是预期的结果”。[②] 苏联教育家班巴斯基则把教学目标理解为教学任务、提出教养和发展三个方面。在我国，有学者认为，“所谓教学目标是指教学活动主体预先确定的、在具体教学活动中所要达到的、利用现代技术手段可以测度的教学结果”。[③] 当然也有学者直接指出，教学目标就是学生通过教学活动后所达到的预期结果。

通过对国内外学者对教学目标的解释，可以认为，教学目标即教师立足于学生当下的基础，它以具体的教学内容、教学活动为依托，指向学生未来发展的一种结果。

首先，教学目标的行为主体由教师和学生共同组成，缺一不可。一方面，教学是发生在教师与学生之间的一种活动，在这种活动中，教师和学生均以对方的存在为前提，只有这样，教师才可称为教师，学生才可称为学生。另一方面，教学目标是直接指向教学活动的，因此，教师和学生作为教学活动的行为主体有其必然性。可以说，教学目标不仅仅是教师要达到的预期结果，同时也是学生所要达成预期学习效果的一种潜在规定。从这层意思上看，教学目标是学生学习的目标与教师教授的目标的辩证统一。

其次，教学目标指向学生未来的发展。教学目标是对教师教学效果的一

① 裴娣娜．教学论［M］．北京：教育科学出版社，2007:97.

② 同上。.

③ 同上。

种潜在规定，但是这种规定并不是主观臆断，而是建立于教师对自我、对学生现有发展水平以及教学内容深入分析的基础上的。如果脱离对这三种情况充分的思考而谈教学目标，无异于臆想在沙滩上建立高楼大厦，非但不可能，反而会很危险。可见，教学目标是一种对学生和教师的过去、现在以及未来的联结。

再次，教学目标的实现须以教学活动为依托。无论教学目标设计的多么完美多么科学，教学目标只有落实到教学活动中才能发挥其自身固有的激励、导向和评价功能。同时，教学活动也是教学目标具体化并不断生成新的教学目标的过程。可以说，教学目标的实现离不开教学活动的支撑。

最后，相对于教育目的、教学目的等上位概念，教学目标是一种更加准确、更加具体的概念，具有一定的可操作性。因此，教师可以据此编制与教学目标相应的练习题目，对教学目标的达成程度进行定量、定性检测，评价教学效果。

二、微课教学目标的特点

教学活动起始于教学目标，落实于教学目标。更确切地说，教学活动实质上也就是在制定教学目标、实施教学目标、评价教学目标三者间的循环往复过程。微课教学作为一种教学活动形式，在兼具普通教学目标特点的基础上，形成了自身的一些特点。

（一）预设性

通过以上对教学目标的分析可知，教学目标是指向学生未来发展的一种结果，因此，教学目标的预设性就潜在地内涵于这一概念之中，它使教师能够在整个微课教学过程中围绕教学目标选择教学内容、规范教学行为、组织教学形式、合理地利用教学媒介，保证预期的教学效果。其次，微课自身“微视频、微课件、微主题、微时间”的特征要求微课教学必须围绕鲜明的主题在 10 分钟左右的时间内完成，这潜在地规定了教学目标重预设轻生成的特点。再次，微课教学与课堂教学相比，微课教学缺少课堂教学生成的相应性条件。在课堂教学中，教师面对丰富性、微妙性、多样化的学生个体，不可避免地会随时遇到学生提出的意想不到的问题，这些不确定性的客观因素的客观存在为课堂教学目标的生成提供了前提性条件。而在微课教学中，此类教学因素相对匮乏，甚至缺失。

（二）整体性

在课堂教学中，无论是国内还是国外，诸多教育学者们在研究教学目标时，无不把教学目标作为一个整体或者微系统进行研究。例如，美国著名心理学家、教育家布卢姆把教学目标划分为认知、情感和动作技能三个领域，并在此基础上再各自细化出了5～6个二级指标；教育学家加涅则把教学目标分解为认知策略、言语信息、智力技能和动作技能以及态度五个主要方面。在我国，新课程改革（第八次课程改革）后，我国将教学目标分为知识与技能、过程与方法、情感态度和价值观三个维度，要求教师在教学过程中应考虑到这三个方面。可见，无论学者们以怎样的方式来研究分析教学目标，教学目标作为一种整体均是不言而明的事实。对于微课教学来说，微课虽小，但也“五脏俱全”。微课教学目标的设计也应该是完整化、浑然一体的，既要有知识与技能、过程与方法方面的，也要有情感、态度和价值观方面的。

（三）可行性

可行性特点是指微课教学目标的设计要考虑到制约目标实现的各种条件，考虑到其实现的可能性。例如，微课“微时间”的特点决定了微课教学不能围绕大的主题展开，又如，微课教学目标的设计不能超越学生的“最近发展区”，不能不考虑学生的现有发展水平和学生间的个体差异。因此，微课教学目标的设计要得当，既能保证普适性教学目标全体学生都能达标，又能保证发展性的教学目标优等生能够“吃饱”。

（四）可操作性与可测量性

如前所述，教学目标是教学活动的起点，也是教学活动的终点。微课教学目标同样以教师、教学内容、班级或个别学生的实际情况为依据而确定，可以通过教学活动的实施来实现，具有高度的可操作性和可测量性。例如，在通常情况下，教育学者或者教师在表述教学目标的过程中，往往喜欢借助于各类行为动词来表述，并且在多数情况下教学目标的达成与否可通过某些可测量的行为来观察测量。比如说，有教师将微课教学目标确定为“学生能够在10分钟内掌握并熟练运用光的折射原理”，这类教学目标是完全可以通过一定的方式来测量的。因此，在这种情况下，微课教学目标的可操作性和可测量性得以凸显。但是有必要指出的是，并非所有微课的教学目标都必须以可操作和可测量的方法来检测，因为学生外显的可测量的行为变化未必就一定是学生内在真实的所思所想和所学，这一点在普通课堂教学中也同样适用。

三、微课教学目标的功能

不可否认，微课教学目标的确立可以为教学方法、教学内容的选择提供一个方向，同时，也可以为教学实施、教学评价等提供一定的依据。一般来说，微课的教学目标具有以下功能。

（一）导向功能

导向功能是指微课的教学目标针对整个教学过程的定向、指引功能。由于教学目标是对预期教学结果的展望，因此，微课教学目标的确定必然会在某种程度上影响微课教学设计的安排、指引教学活动的组织程序，使教师能够在教学过程中紧跟教学目标的定位而不再思考无关因素的干扰，把学生的注意力和学生的探究热情都保持在相关的问题上。故而教学目标对整个教学活动都具有导向功能，所以，教师在制定教学目标时一定要慎重、科学。

（二）激励功能

激励功能是指微课教学目标的制定能够激发师生教与学两个过程的主动性和积极性。教师和学生一旦心中有了各自的目标，这种目标就会形成一种巨大的推动力量，激励自我奋发图强，为实现目标而努力。微课的教学目标使教师教的活动有了追求的方向，同时也为学生学习目标的确立提供了参考性条件，为学生的学习提供了向上的动力。但是，需要指出的是，并非所有的微课教学目标均能发挥这种激励作用。苏联教育家维果斯基提出的“最近发展区理论”认为，当教学目标高于学生现有水平，并且在教师或指导者的帮助下，学生能够获得所需知识或者技能时，教学目标才是切实可行的。因此，微课的教学目标只有当教师与学生能够真正理解，并达到学生的“最近发展区”时，该教学目标才会发挥激励功能。

（三）评价功能

评价功能是指微课的教学目标是衡量教学效果的标准和尺度。微课的教学目标是整个教学活动的起点也是终点，因此，教学活动的实际效果须以确立的教学目标的达成度为标准来检测，特别是在深受泰勒课程目标原理影响深远的地区，教学目标的评价功能更是凸显至致。需要指出的是，假如微课的教学目标本身存在某种程度上的问题，那么以微课的教学目标作为评价标准必然会影响微课教学评价的信效度，而使教学评价丧失真正的评价功能。因此，在微课教学实践过程前要首先加强对微课教学目标合理性的分析。

（四）聚合功能

聚合功能是指微课教学目标对整个教学系统内的各要素具有整合、组织、优化、协调的作用，它能使整个微课教学发挥最大的效果。微课教学活动的各要素，无论是教师、学生、教学方法、教学内容还是教学手段、教学环境等，无不是为整个教学的最佳效果服务的。可以说，微课的教学目标是整个教学系统的核心因素。故而，教学目标聚合整个微课教学系统内的各要素而发挥整体力量。

四、微课教学目标的分类

（一）教学目标的分类

针对教学目标的分类研究，在教育学界不乏论者。在这里主要简要介绍美国教育学家布卢姆的教学目标分类理论和我国第八次课程改革所提出的课程目标。

1.布卢姆的教学目标分类理论

布卢姆长期从事课程教学目标研究工作，他将教学目标划分为认知领域、情感领域以及动作技能领域。布卢姆教学目标分类理论的思想可以概括为，复杂的活动可以分解为简单的活动，整体化的教学目标可以以可见的行为来表示，因此，通过清晰的、可操作、可测量的指标可以有效地把握教学目标的达成程度。

在认知领域，布卢姆将教学目标由低级到高级，由简单到复杂，分为知识、理解、应用、分析、综合和评价六种指标。布卢姆认为知识是最基本、最低级的层次，而评价则是前面五种目标的综合，属于最高层级。

在情感领域，布卢姆从学生价值内化的程度由低到高将其划分为接受 / 注意、反应、价值评价、价值观的组织以及价值或价值体系的性格化5个层次。

在动作技能领域，依次为知觉、准备、有指导的反应、机械动作、复杂的外显反应、适应和创作7个层次。

2.新课程改革的课程目标

课程标准（教学大纲）是衡量国家教育质量的基本依据，而课程目标则是最为基本、最为核心的因素。过去我国的教学大纲更多地关注于对学生知识与技能的要求，而忽视了学生多方位的发展。现行的新课程改革则以促进学生的全面发展为根本宗旨，确立了知识与技能、过程与方法、情感态度与价值观三位一体的教学目标，具有清晰的可操作性。

（二）微课教学应用目标的分类

就我国现阶段而言，微课教学目标多以教学阶段为划分，一般来说，可概括为以下三类。

1.课前：新知学习为主

教师就某个或几个知识点进行针对性的讲解与排疑，或者是在学生学习新课程内容之前以微课的方式进行导学。前者是为部分学生掌握新的知识点提供个性化的支持，后者是为全体学生在预习新课时引发深层次的问题和产生更多的思考。

2.课中：重难点处理为主

教师依据个人的教学经验，针对课程标准的要求，就教学内容中的经典例题、学生学习过程中重复出现的错误、某些具有一定难度的前导性知识点，或者是在教学过程中需要教师重复示范的过程性内容（如中学化学中滴管的使用）制作微课用于教学。

3.课后：巩固拓展为主

学生群体的学习差异性是显著存在的，对于学习程度稍差的学生主要通过难题的分析讲解，或是部分试题的分析讲评及时解决学生学习过程中的困难；对于学习程度较好的学生则以知识的拓展学习为目的，进一步强化教学的发展性目标。

五、微课教学目标设计的步骤

（一）细化教学目标

由于微课教学目标是多维、层次化的系统，每一层次的教学目标都是上一层次教学目标的细化和具体化，因此，对于广大一线教师而言，关键是将完整的微课目标分解为更为细化的单元教学目标，具体操作如下：

首先，教师应当全面了解学生的基础、需要与学习能力等实际情况和微课教学目标之间的现实差距。由于学生的实际情况差异性很大，所以教师有必要对此做出充分的了解和分析。

其次，确立相关的教学内容，以达成微课教学目标。在具体的微课教学中，由于学生自身以及微课教学固有的特点，单元教学目标的适切性还有待进一步分析，因此，教师应根据教学的实际来确定教学内容的选择。

再次，在做好以上两项内容的基础上，教师要考虑到如何将学习内容合理有效地组织起来。在组织教学内容的时候，教师既应考虑到微课教学内容所固有的逻辑体系，又应考虑到学生个体的身心发展特点，要将两者协调统一起来考虑。

最后，要以规范的形式陈述单元教学目标。单元教学目标同样也是学生学习后应该要达到的水平，因此单元教学目标的编写应当更具体、更详细一些，便于教学效果的检测。

（二）确定教学任务

分析、确定教学任务以细化和具体化教学目标为基础。在单元教学目标的导引下，教师要对学生达成目标所需要的相应知识、技能、情感、态度、价值观等进行分析，确立切实可行的教学任务。这属于一种微观层次上的分析，与具体的教学内容联系紧密。一般情况下，教师通常采用的做法是“扒皮法”，即根据已有教学目标来确立达成此次目标所需要的上一级的知识与技能，这属于一次“扒皮”；然后，再以此知识和技能作为目标，追溯达成该目标所需的知识与技能，这又是一次“扒皮”；以此类推，通过层层分析确定微课教学活动的起点。

（三）寻求教学起点

教学是一种培养人的活动，根本目的是学生的发展。学生在教学活动中的主体地位是不容忽视的，当前基础教育课程改革也提出了为了中华民族的复兴，为了每一位学生发展的口号。因此，在分析微课教学活动的起点时，也应回归到对学生主体的分析。

首先，对学生社会特征的分析，即对学生的心智发展水平、成熟程度、学习方法、学习习惯以及学习态度应有所了解。这些因素对微课教学目标的设计有不同程度的影响，有的影响较大，有的影响较小；有的经常起作用，有的随教学内容、时间的变化而变化，这些均需要教师根据具体的微课教学目标做出分析。

其次，对学生已有知识与技能的分析，即一方面了解学生是否掌握了完成教学目标所需的相关知识与技能；另一方面教师还应了解学生是否部分掌握了新的教学内容，掌握的程度。如果学生已经达到了部分教学目标，那么教师就应当舍弃这一部分的教学内容。对学生已有知识与技能的分析，有助于教师在确定微课教学目标和教学内容时做到重点突出，详略得当。

第二节　微课的教学内容

一、教学内容的概念

教学内容是教师实施教学活动的重要依据，是学生掌握知识、获得技能的主要对象，主要表现为各学科体系中的概念、观点、事实、问题与原理等。教学内容的主要形态为书本知识，是国家依据社会发展的需求、学生的年龄特点从人类长期的社会实践成果中精选的知识系统。就组织形态而言，教学内容是一个横向沟通、纵向深入的知识体系，各内容间既相对独立又相互联系。

教学内容有广义和狭义之分。广义的教学内容即指人类长期以来形成的社会经验；而狭义的教学内容则指学生学习的内容。

教学内容又有理想的教学内容和体验的教学内容之分。理想的教学内容是指课程标准、课程计划或教科书中所指定的内容；而体验的教学内容则指学生在教学过程中真正体验到、收获到的内容。学生体验到的教学内容既可能宽于理想的教学内容也可能窄于理想的教学内容。

二、微课教学内容的特点

（一）预成性

如前所述，教学内容是从人类长期的社会实践中选择出来的精华，它并不是根据教师自己的爱好、兴趣或者愿望决定的，而是由国家根据社会发展的需求以及学生自身发展的需要两方面事先确定的。可以说，在教师开展教学活动之前，教学内容就已经存在，具体表现为“政府部门指定或政府部门所设专门的审定机构认可的教育文本（如教科书）”。[①] 从实现教育目的的角度看，这种教学内容属于“法定知识”，具有预成性的特征。

微课教学作为教学的一种特殊形式，其教学内容也同时具有以上预成性的特点。其次，由于当前我国微课教学的应用目标主要表现为三种形式：课前以新知学习为主，课中以重难点的处理为主，课后以巩固拓展为主（以上三种形式在上一节已介绍过，在此不再赘述），这三种形式无不表现出一种共同的特点，即目的性凸显。可以说，整个微课教学内容的选择都是教师围绕事先准备好的主题而确定的，微课教学内容的选择同时具有预成性的特点。

（二）与学生的相关性

正是由于教学内容是预成性的，是由国家政府部门制定的，因此，教学内容的选择必须考虑教学素材的适宜性特征。教师究竟应当选择什么样的教学内容还应归结于学生自身的发展现状。既应考虑学生当前的知识储备情况，还要考虑学生的认知特点。在我国教育史上，无论是传统教学所强调的“因材施教”“循序渐进”，还是苏联教育家主张的“高难度教学”，其教学内容的选择首先考虑的就是学生的现实水平。对于微课的教学内容而言，学生在学习过程中也大多依据自身的标准和价值取向有选择地选取那些能够满足自身特性的教学内容，因此，微课教学内容的选择也应当建立于学生自身的现状，考虑到学生自身的能力所能承受的范围和程度。

（三）基础性

义务教育阶段的基本任务之一在于使学生掌握满足自身发展的基本知识和基本能力，同时也包括学生后续学习所必需的基本技能。因此，自人类发展以来所获得的全部实践经验不可能都成为课堂教学的主要内容，只有那些具有基础性的或被改造过的知识和技能才能成为教学内容。所谓的基础性“从一方面讲，它具有普遍性或共同性，无论是事实知识或原理知识，都是客观上大量存在的事物和基本规律的反映，因而适用于广大的空间、较长的时间和众多的事物，成为学生学习和从事各种职业都用得着的工具。从另一方面讲，它具有发生性、起始性。后来学习其他知识，必须以它为准备条件，或者都不过是它的发展：或者是它的扩充，或者是它的加深，

① 吴康宁．意义的生成与变型：“课程授受”的社会学释义[J].教育发展研究，2001(4):51-53.

或者是改造，或者是这几种情况兼而有之。"[①] 其次，在知识经济迅猛发展的时代，教学内容的选取也不可能紧逼时代的步伐。如果教学内容的选取紧随时代科技的发展，一味地添加"新的"教学内容，不仅教学时间不允许，而且还会变相地加重学生的学习负担。对于微课而言，现阶段微课教学多是作为课堂教学的一种补充，因此，微课教学所选择的内容也不应该超过这个界限。

（四）代表性

所谓代表性，是指微课教学内容的选择应当根据微课的应用目标选取典型性的知识点或教学案例。现阶段微课教学不可能，也没必要简简单单地将课堂教学中涉及的所有知识点或者所有习题都做成微课的形式。微课教学作为课堂教学的一种补充，其存在的根本目的还在于服务学生的自主学习。因此，微课教学内容的选择应以自身的应用目标为准绳，以课堂教学的实际为参考，以学生的学习需要为出发点，选择恰当的、具有广泛代表性的教学内容。

三、微课教学内容选择的原则

（一）知识性原则

微课以某个或几个知识点的讲解与巩固为旨归，知识性是其内在固有属性，同时也是评价微课教学质量的标准之一。微课教学的知识性原则要求教师注意选题标准和意义，并非任何的知识点都适合作为微课的主题，只有当学科中的重点、难点、易错点或者经典习题、案例等才适合。例如，课堂教学中涉及的某些概念、简单原理或者常规习题的讲解，在现今，知识触手可及的网络时代，学生可通过网络获得，因此以这类主题制作成微课往往价值偏低。其次，知识性原则要求教师的微课教学内容设计要有系统的逻辑结构，以时间为序，微课的教学内容应由引题、内容讲解、课后小结以及练习安排等组成。其中引题是为调动学生学习的积极性，为引入主题学习做铺垫；内容讲解是微课教学的核心；课后小结以及习题安排是为强化、巩固学生所学的知识。这几个环节缺一不可。

（二）兴趣性原则

微课教学的根本目的在于服务于学生个体的自主学习，但在开放的、多

---

① 王策三．教学论稿［M］．北京：人民教育出版社，1985:216.

元化的网络环境下，学生在学习过程中不可避免地会受到多种无关因素的干扰，如网上娱乐、消遣式的聊天、网络游戏等。微课教学要使学生专心于相应的主题学习，就需要竭力抵抗或极力排除外在的干扰因素，调动学生的学习兴趣。因此，从微课主题的选择到微课的内容呈现形式，教师都应该思考学生学习的兴趣性原则。在微课内容的呈现形式上，教师应首先从学生的视角出发，考虑到学生身心发展的特点，采用多样化的呈现形式。国外较成功的微课教学大多注意到了这一点。以 TED 课程资源为例，它的微课教学除了生动的真人讲解演示外，还采用了卡通动画、电子黑板等辅助材料，呈现的界面丰富多彩，非常符合受众的心理发展水平。其次，微课主题要实用、具体并富有吸引力，最好能够用精练、幽默、点睛式的语言呈现出来。如“十句话谈空气”“×× 题目的独特解答”“曹冲如何以一艘小船称大象”等都是较好的微课题目。

（三）微型化原则

到目前为止，不管学者或者一线教师将微课教学理解为一种资源类型，还是将其理解为一种教学活动，微课教学与其他类型的教学资源相比最核心的区别就在于一个“微”字，微研究、微问题、微内容、微故事，一事一课、一事一议，内容直接指向具体问题，因此，微课的教学内容必须突出“微”的特点。而内容的“微”主要表现在所选的主题微小而具体，内容设计呈现小单元模块化。以微课主题的选择为例，“初中化学使用滴管的注意事项”“信息技术课 PPT 字体的修改”“英语课某个或几个单词的知识点或用法”“初中数学某个工程问题的另类他解”等小而具体的主题都比较适合作为微课的教学内容。但相对于一些需要深入学习的课程、需要长时间进行课堂讨论的教学内容，或者是一些比较复杂的知识则不应该成为微课的教学内容。需要指出的是，我们强调微课教学内容的“微”并不是简单的知识点少，而是指微课教学内容的精简和凝练。

四、微课教学内容的选择与优化

当前微课教学中，教师授课的主要依据还是课程标准编制的教材——教科书。但新课程改革后，教学标准的开放性也为教师自主选择和组织微课教学内容提供了更为广阔的空间和平台，同时，也为学生的多元发展提供了可能，因此，当我们在组织微课教学时应着重考虑教学内容的选择和优化，使教学内容更符合学生的学习特点和需求。

（一）正确认识教材

教材是教学内容的物化形态，是教师借以传授知识经验的中介和载体。赫尔巴特曾将教材看成是系统化的静态知识，而杜威则认为教材具有动态性的特点。杜威在《民主主义与教育》中指出，“教材，就是一个目的的情境在发展过程中所观察的、回忆的、阅读的和谈论的种种事实以及所提出的种种观念。”① 因此，我们应当采用静态与动态相结合的视角来理解教材。当前学界对教材的分析主要存在三种不同的认识：第一，将教材界定为一种知识体系，包含了概念、原理、法则、事实等；第二，将教材理解为知识背后的一种能力体系，即通过各种作业或教学活动可以促进学生能力的发展；第三，认为教材还包括了知识与技能体系背后的道德观、价值观和世界观。可以说，这三种层面是相互联系、不可分割的。

教材的最大特点在于它的基础性，即教材融合了奠定学生获得知识与认知发展以及获得情感提升所不可或缺的“给养”，因此其重要作用是不言而喻的。有学者曾指出现代教材的三大功能：“第一，教材的信息源功能，也就是为学生选择和传递有价值的真实信息和知识的功能；第二，教材的结构化功能，现代教材的信息组织不是‘散落式’或‘百科全书式’的，而是体现一定基本思路的结构化体系，以帮助学生建构和梳理自身的知识结构体系；第三，教材的指导性功能，即教材在学习方法上的指导和引领功能。”② 可以说，这三个指标性要素是教师在处理和优化微课教学内容的过程中必须遵循的。

（二）优化与重组教材

1.立足教材

（1）理清两种顺序。

一是教师首先要理清教材本身的顺序。事物是普遍联系存在的，教材中的各类知识点也是一个统一的整体，它们之间具有一定的连贯性和逻辑性。因此，微课教学中教师首先要理清教学内容间的连续性。例如，有关统计的内容在小学各阶段都有所涉及，各个教学阶段教授的内容有哪些，应该达到何种程度，教师都应做到心中有数，以便学生在之后的学习中能上下联系知识，不至于重复学习。

---

① 赵雪霞．高校教学组织的优化策略［M］．重庆：西南师范大学出版社，2013:44、45.

② 骆铮，闫露，谢倩，等．立足教材 优化教材——记第二届有效教学的理论与实践研讨会［J］．全球教育展望，2007（12）:90–93.

二是要熟悉学生的认知顺序。人类学习任何知识都是存在一定顺序的，都是由简到繁、由未知到已知的过程。任何事物的学习都是以前一事物为基础，循序渐进进行的。

（2）正确把握教材的“三点”。

一是教材的起点。教师正确把握教学内容的起点可以避免学生的重复性学习或者知识断层。因为起点过低，必然会造成学生知识的重复性学习，浪费宝贵的学习时间；如果起点过高，学生没有相应的知识储备，必然会感到很吃力，以致教学受阻。

二是教材的重点。新课程标准或教学大纲都对教学重点给予了规定，这是学生必须要掌握的知识点，因此教师应给予足够的重视。

三是教学的难点。这是微课教学中教师应当着重考虑的，以难点作为微课教学的重点，可以使教师合理地分配课堂教学时间，保证课堂教学的高效性，同时，也可以为学生的重复性学习提供一定的选择。

2.优化教材

（1）合理取舍教材内容。

根据课程标准的要求，教师可以依据自身的教学经验以及教学的实际情况适当取舍教材的内容。在深度上要有度，使课堂教学内容难易适中，能适合学生群体的实际需要；在广度上，要尽量做到博和精的适度结合。

（2）适度增补教材内容。

增补教材内容是指选取与教学主题相关，把有利于教学活动展开的内容增补进来。它可以是关于某一节课的内容，也可以是与某个主题有关的内容。例如，初中语文《背影》一课，教师可以搜集与亲情有关的资料；再如初中物理对质量的认识，教师可以搜集常见的物体让学生了解质量的概念。

（3）重新组合教材内容。

重新组合教材内容即按照教学的需求对教材内容的适度调整。包括重新组合一节的知识点与能力点、重新组合一个教学模块、重新安排教学顺序等。因此，教师在教学过程中必须实现教材的适度转化，即将侧重于教的“教材”转化为这种利于学生学的“学材”。这是教师重新组合教材内容所必须遵从的基本原则。

第三节 微课的教学实施

微课的实施从广义层面看，即教师合理地组织教学程序，顺利完成微课教学目标的过程，在时间顺序上可表示为从微课教学活动开始到微课教学活动结束的整个流程。从狭义的层面理解，微课的实施即师生在一定的教学环境中，在教师深入地了解学生特点和授课内容的基础上，按照设计好的教学方案，合理地选择教学媒介、组织教学内容、调控教学程序，进而使教学目标逐步实现的过程。

一、教学实施的基本流程

由于研究视角的不同，自古以来，人们对教学实施的认识也形成了多种不同的理解。例如，教育史上赫尔巴特学派的“五步教学法”、加涅的“九段教学法”等都曾对以后的教学产生了深远的影响，这里我们简要介绍美国教育家、心理学家加涅提出的“九段教学法”。

“九段教学法”是加涅依据学习者的认知特点，为教师的教学过程提供的一种指导性策略。加涅认为，“教学活动是一种旨在影响学习者内部心理过程的外部刺激，因此，教学程序应当与学习活动中学习者的内部心理过程相吻合”。①

依据这种观点，加涅把学习者的学习过程划分为九个阶段，相对应的也产生了教学实施过程的九个阶段。具体表现为以下三个层次，九个阶段。

（一）准备阶段

1.引起注意

利用有意、无意注意的特点，采取不同的方式，引起学生的注意。可采取的方式有多种：① 调动学生的兴趣，如教师抛出一个令学生感兴趣的问题；② 改变呈现的刺激，如突然改变音量、声调，采取多媒体刺激等；③ 利用体态语、手势、动作等；④ 利用指令性语言，如请注意、仔细听讲等。

2.表述教学目标

教师应当在教学活动之前，向学生呈现本节课的教学目标，使学生能够形成自己的学习期望，以便在学习过程中及时监控和调整自己的学习活动。

① 何克抗，林君芬，张文兰．教学系统设计［M］．北京：高等教育出版社，2006:85.

3.刺激回忆之前的学习

在进行新的学习活动之前，教师应当指出本节课学习中学生需具备的先决知识和技能，以刺激学生强化新、旧知识之间的联系，为新的学习做好准备。

（二）知识获得和作业表现

1.呈现刺激材料

教师通过呈现新的知识资料，向学生传递本节课的教学内容，引发学生思考。

2.提供学习指导

教师依据学生对知识的领会和掌握程度，帮助学生同化新知识，以形成新的认知。

3.诱发学习行为

教师通过有效的途径促使学生参与教学活动，并使学生对所学知识做出真实的反应，可方便教师对学生的学习效果做出真实的判断。

4.提供反馈

教师针对学生的表现性行为做出反馈，一方面可使学生从教师的反馈中明确自己对知识的掌握程度，以便对自己的学习做出及时的调整；另一方面，学生可从教师的反馈中获得鼓励，建立学习的自信心，提高学习的积极性。

（三）保持与迁移

1.评价表现

教师通过不同形式的练习或测试，促使学生进一步地理解和掌握知识，并对学生的学习效果做出判断，为下一步学习做好铺垫。

2.强化迁移

教师通过间隔提问、复习的策略，强化学生对习得知识的保持，并帮助学生把这些新获得的知识贯穿到以后的学习活动中；或者举一反三，将新知识迁移到不同的情境中，强化学生对同类知识的理解，使学生更加牢固地掌握新知。

二、微课实施的类型

微课作为一种新型的教学形式，它具有主题突出、指向明确的特点，可以让学生在最短的时间内学到所需要的知识。按照教学实施的流程，微课可大致分为课前备课型、课堂教学型以及课后反思型三类。

（一）课前备课型

教师依据教学计划，由学生自主选择、独立完成微课视频的学习，并在此阶段发现各自的疑难所在，为下一步学习做好铺垫。在这一类型中，微视频的作用可以替代学生现有的课前预习计划，同时也可以解决学生上网查资料的问题。

（二）课堂教学型

课堂教学是微课实施的重要组成部分之一，它可以依据教师授课的内容，在课堂教学中起到重难点讲解、新技能强化、随堂检测、评价反馈的功能，使课堂教学更加立体、丰满，具有鲜明的可视性。

（三）课后反思型

在课后反思环节，微课教学可以对本节课的知识点或重、难点进行再次的讲解与分析，或者就本节课的教学内容做出深一层次的指导与拓展，使学生对所学知识达到进一步的归纳和整理。这个过程即是学生查缺补漏、温故而知新的过程。

三、微课实施的原则

（一）需要性原则

微课的实施以提高教学效率和教学质量为基本原则，微视频作为一种辅助性的教学资源，也应当服务于这一原则。因此，假如教学过程中教师仅用文字或图片就可以把整个问题阐述清楚，那么课堂教学就不需要微视频的形式；当图片或者文字不足以清楚描述某个知识点，或者教师在短时间内无法全面详细地解释某种原理，只有借助微视频方能高效地完成教学任务时，微课教学才能体现出需要性原则。从总体上看微课实施的需要性可概括为以下几点：① 是否有利于教学的顺利开展；② 是否有利于学生思维能力的培养；③ 是否有利于教学质量的提高。

（二）有效性原则

微课实施的有效性原则即学生在观看完微视频之后是否能够有所收获，是否能够对教学目标的达成度起到预期的效果。或者说，在使用微课教学之后，学生是否出现了良好的发展状态。这些指标可具体地从微课教学在学生群体中的受欢迎程度、学生成绩的变化曲线等方面来检测。另外，课堂实况、课堂反馈和课后反思等教学环节也都能反映出微课教学实施的有效性特点。

（三）适切性原则

教师不但要系统思考整个教学过程，合理把握教学内容自身逻辑性的基础，同时还要做好微课实施对学生的适切性分析。在课堂教学中，如果微课所含的内容只有部分与所要突出或者讲解的教学内容、知识点相契合，必然会给学生造成一种单薄不充实的感觉，因此，教师在选择或制作微课的过程中，应多花点时间做好微视频的适切性分析，尽量简短教学流程，提高课堂教学效率。微视频的适切性分析应思考以下几个问题：第一，要适量。课堂教学投入的视频短片数应根据实际的教学内容来考虑，数量不宜过多，时间不宜过长，否则会积压课堂的教学内容。第二，要适时。在教学过程中，在何种情况、何种时间插入视频，就需要教师准确地把握学生的学习情况和实际的教学需求，选择合适的教学时机。第三，要适当。教师应选择与教学内容相适当的微课资源配合课堂教学的实施。总之，微课教学实施得当，会为课堂教学锦上添花、画龙点睛。

（四）与学习者的相关性

微课教学的实施应做到以学习者为中心，关注他们的学习需要和学习体验，并在此基础上组织教学内容、合理安排各项资源；在组织教学内容时，教师应全面了解学生的需要；在组织学生活动时，教师应当注意学生的主体性地位，充分发挥他们的主观能动性。

四、微课实施的组织形式

为了完成微课的教学任务，达到预期的教学目标，教师除了要思考所需的教学内容、采用的教学手段和教学方法以外，还必须灵活地采用适当的课堂教学组织形式。因为任何一种教学活动的实施都是由教师和学生在一定的时间和空间环境之中进行的，要想使微课教学达到预期的效果，就必然要涉及教学在时间和空间上的组织形式问题。所谓的教学组织形式“是指为完成特定的教学任务，教师和学生按照一定制度和程序相互作用的结构形式，或者说，是师生的共同活动在人员、程序、时空关系上的组合形式”。[①] 概括来讲，近代以来主要形成了三种课堂教学组织形式，分别为集中授课、小组合作学习以及个别化学习。

（一）集中授课

集中授课又称为“集体教学”，是教师根据各学科课程标准规定的教学内容和固定的教学时间组织进行的教学形式，是整个班级的学生在教师的直接指导下一起进行的学习。

1. 集中授课的特点

（1）教师的要求、话语以及指示性动作是指导学生活动的直接手段，学习的内容、教学中的演示等为指导学生的间接手段。

（2）在集中授课过程中学生拥有共同的目标、共同的学习内容、共同的学习活动，因此学生间也就形成了紧密、恒定的同学关系。

现实表明，目前教学形式发展的趋势是适当减少教师集体授课的时间，利用充足的时间由学生自主学习、相互讨论，使学生能够积极地参与到教学活动中来。

2. 集中授课的适用情境

通常情况下，集中授课制在任何情况下都是可以实行的，但相对来说，在以下情况中，集中授课更易于发挥教师的作用。

（1）教师导入新课的目标和要求时，可为学生的学习指明方向。

（2）教师系统地介绍某一课题的背景性知识或必需的预备技能、新课程内容所涉及的原理性知识与观点以及相关领域的发展现状时，集中授课可满足所有学生的需求，避免时间的浪费。

（3）教师进行某一习题的讲解或单元内容的复习和小结时，学生共同复习和巩固。

（4）学校邀请相关专家演讲或者播放电影、教学录像时，这些资源不可能由学生个人或小组独自使用，客观地规定了集体教学。

（二）小组合作学习

小组合作学习即是教师根据不同教学情况的需要，将学生分为若干个小组，以组内合作、组间交流进行的自主性学习。教师则起到指引和辅助的作用。小组合作学习具有以下特点和要求：

---

① 裴娣娜 . 教学论［M］. 北京：教育科学出版社，2007:223.

（1）通过小组合作学习，学生可以形成团结、集体发展的意识，而且团结与合作已成为小组合作学习的基础，发展则成为集体成员共同、自主地从事学习活动的能力。

（2）在小组合作学习中，学生的学习态度是积极的，尤其是对于某一阶学习感到困难的学生，通过同伴请教、询问等方式，以提升自己的学习水平，同时，这也有力地减少了集中授课中常见的两极分化现象。

（3）小组合作学习是学生群体合作探究、共同解决疑难问题的学习方式，借此学生可提升自主学习、解决问题的能力。

（三）个别化学习

学习是学生的认知图式在同化与顺应之间、平衡与不平衡之间相互协调的过程，这一过程必须由学生自己完成。而“个别化学习”即是指学生之间不交换信息，由学生自主进行的学习活动。在这个学习过程中，教师可适当地加以辅导。通过个别化学习，学生可以自由调控自己的学习进度，积极主动地完成预定的学习任务。这种学习方式通常适用于新课程内容的预习以及课后的巩固练习。这种组织形式通常是在自习课或家庭学习中进行的。

可以说，三种教学组织形式并不是各自为要，互不相融的，教师须在它们之间各取所需，扬长避短保持某种程度的平衡。另外，当前学校的教学组织形式过分地偏重了集中授课而忽视了小组合作学习与个别化学习的作用，因此，学校要强化学生小组合作学习的意识，并努力创造适合于个别化学习的环境和资源，为学生提供充分的学习活动，在适当的环境选用适当的教学组织形式展开教学。

五、微课实施的具体步骤

（一）课前准备，掌握基础

上课之前，教师根据本节课的教学计划，给学生下发“微课学习任务单”，布置预习任务，并把微课程视频资源上传到云空间或者是班级的QQ共享文件夹，由学生自行下载学习资源并通过自主学习独立完成“微课学习任务单”中规定的学习任务。第二天上课之前，任课教师提前收齐学生的“微课学习反馈单”，根据学生的自学情况，了解学生对知识的掌握程度，及时针对学生的学习困惑和误区制定指导策略，增强上课的针对性和有效性。

（二）课中合作探究、排疑解难

教师在把握了学生的学习情况之后，就不应再重复讲授学生已经领会的知识点，而应侧重学生内心的疑难困惑。通常情况下，教师可将全班学生合理地划分为几个学习小组，要求组间同质、组内异质。在课中学习阶段，学生首先就学习过程中遇到的困难在组内进行研讨解惑，这时，教师要在各个小组间来回走动，适时点拨指导，并就学生遇到的难题适时补充和拓展知识点，提高学生讨论的兴趣，引发学生思维的碰撞。由于学生经过前期的学习之后，在认知程度上已经达到了各自的“最近发展区”，所以课堂教学能够激起学生的学习欲望，不至于“蜻蜓点水”“走马观花”。

（三）课后巩固拓展，扫除盲点

经过学生的自主学习和合作探究两个环节之后，学生基本能够理解和把握本节课的教学重点和难点，达到预期的教学效果。当然，不可否认的是学生之间存在生理特点、智力因素、家庭和社会环境等方面的差异，对于个别尚存疑惑的学生，可以利用空余时间多次观看微课教学视频，或者在课间寻找老师进行一对一辅导，扫除障碍。可以说，微课教学的出现已经打破了传统课堂教学模式的时空局限，为学生的自主学习创造了极为有利的条件。

第四节　微课与教师

一、微课对教师专业发展的价值

（一）重塑专业情感意识

对教师主体而言，微课的出现丰富了其切身体验，成为其专业发展的一项动力。传统的教师专业发展途径种类繁多，但总体而言，都不能突破诸如“统一性”“标准化”这样的培训理念，缺乏根据教师个体差异而设定的具有针对性、层次性等特点的培训模式。然而，伴随“微时代”来临的微课，将一改过去“千篇一律”的教师专业培训，完全根据教师自身的知识结构、能力水平、发展需求等进行更为有效、专业的培训。相比于传统的教师培训而言，微课最大的特点是能够将系统的课程模块化，将冗长的知识碎片化，教师在面对日常教学中遇到的种种问题，可通过简短、精练、便捷的微课程学习来寻求答案，提高学习效率的同时也加强了教师的自我效能感，解决问题的同时也丰富了教师的真实体验，是一种颇受欢迎的新型教师专业培训模式。

（二）提升综合实践水平

微课作为一种新型的教师专业培训模式，为教师提供了一种将理论知识运用于实践操作的模拟平台。它的直观性、实用性能帮助教师独立解决常见的教学问题，而它的开放性、便捷性又能帮助教师彼此分享宝贵的教学经验，不论自主学习抑或相互分享，都是教师专业成长的必经之路。教师首先根据其遇到的具体问题在平台中寻找相应的微课程进行观摩学习，在内化知识、解决问题的同时，还需用批判的眼光对微课的制作技术、涵盖内容、教学手段等进行考量与反思，并结合自身的教学经验对其展开加工与优化后再次分享于公众平台。教师正是在这样一种“摄取”“加工”“释放”的动态循环的过程中提升自我的专业知识与技术水平。此外，教师通过与微课学习者关于微课内容的网络在线交流，也有助于教师能力的提高和微课视频的完善。

（三）整合教学科研能力

传统的教师专业发展途径一般有集中培训、进修研习、专题议会等等，而其中大多数的教师专业发展侧重点均为对其知识结构、技能水平等的改善与提升，忽略了对教师作为一线教育工作者，对普遍的教育现象、教育问题具有更加深刻、透彻的研究潜能的探索与开发。微课，作为一种简便、快捷的教学、研究载体，能够允许广大的一线教师在不具备专业乃至精准研究素养的情况下，开展以自身教学经验为基础的“草根式”研究。即从实际的课堂情境中挖掘有价值、有意义的“微课题”，依照教师的切身体悟与探究总结，将整个过程从问题的发现、材料的论证、结论的得出等环节进行详细的阐述与视频录制。这样一来，微课既督促了教师对日常教学活动的深入反思，又使教师形成了通过微课程来记录研究活动的良好习惯，在一定程度上整合了教师的教学与科研能力。

二、微课推动教师专业发展的方式

（一）转变教学思维

传统的教学是在特定的时段内，将教师、学生集中于固定的场所，教授统一内容的一种教学方式。这种面对面式的班级授课法实现了教育普及化的同时却忽略了个体差异对教学效果的必然影响。然而，微课的出现弥补了传统教学的这一弊端，学生的学习不再受限于固定的时间、地点、内容和形式，只要通过电脑、手机或其他电子设备终端连接到互联网，便可根据自身需求随时随地自主学习，真正做到因材施教。此外，微课还可以让学习者积极主动地参与到教学活动中来，将其在学习时产生的困惑、疑难等通过在线交流的形式及时反馈给授课教师，并在第一时间获得解答。教师在这一互动环节中，可以了解到学生学习的基本情况和微课视频的基本效果，并据此做出进一步的修改与扩充。由此可见，微课不论对于教师抑或对于学生而言，都是一种全新的思维模式。这种以学生主体为核心的教学组织形式，让学生的学习变得更愉快、更高效，教师的教学也变得更轻松、更便捷。

（二）提升信息素养

教师专业发展，一般是指教师个体在其职业生涯中通过连续不断地学习，来获取专业知识、提升专业技能、形成专业情感、态度、价值观的过程。过去，我们在进行教师培训时，往往将教师知识储备得多与寡、教学手段的优与劣作为衡量一名教师是否合格的主要指标。随着数字时代的来临，提高教师的信息技术水平也被逐渐纳入教师培训的日程中来。微课，同样作为教师培养、提高其信息素养的载体，有不可小觑的地位。因为微课主要是围绕某一个知识点（一般为重点、难点、疑点等）而展开的短时教学，故教师在微课制作过程中，从教授内容的圈定、教授方法的选择、微课视频的录制及后期修改等每一个步骤都必须做到一丝不苟、精益求精，力图在有限的时间内，展示出饱和的需求量。这无疑是对教师从认知教学能力到信息技术水平进行全面考核与锻炼的一个有效途径。

（三）促进教育研究

教师若想在专业成长的道路上取得长足久远的发展，势必离不开以“科研引领、自我反思”为理念的培育路径。任何学段、任何学科的教师在其行教过程中都会遇到各式各类的教育问题，而这些问题又往往是教育中最亟待解决的关键问题。一味地等待专家学者来发现、评判它们只会造成问题去除的延滞乃至当前局面的恶化。因此，这就对我们广大的一线教师提出了新的要求：通过微课来记录、分享、交流最直接、最真实的教研体验，即教师的“微研究”。教师经由“发现问题——梳理问题——寻找策略——解决问题”等一系列的实战演练后，在向社会各界群体反馈教育现状的同时也提升了自我的科学研究水平。这种研究形式无须占用教师大量的课余时间来撰写调查报告或学术论文，易操作的微视频录制就是教师呈现研究结果的重要渠道。

三、微课对于教师专业发展的优劣分析

（一）微课对于教师专业发展的优势分析

微课最主要的特点是短小精悍，它能够在较短的时间内呈现最多元、精彩、准确的知识内容。这对于教师的专业发展颇有优势，具体体现在以下几点：

第一，便捷性。微课的便捷性主要体现在它操作程序的简单化以及操作时空的任意化。即不论教师主体的教育背景、工作环境如何，只要你拥有一台能够接入互联网的电子终端，点击进入微课学习的网站平台，就可以开启自己的微学习之旅。整个过程“多快好省”，多——资源多、选择多，快——查找快、反馈快，好——效果好、评价好，省——时间省、精力省。它满足了教师们足不出户就能学得技能的美好心愿。

第二，广泛性。微课的广泛性主要体现在它涵盖内容的全面化以及牵涉对象的多样化。即教师可以不再受年级组、备课组、教研组以及其他专业或区域等客观条件的限制，任意选择资源库中自己所需了解的内容进行观看学习，交流讨论。在同期学习的成员当中，大家的各项能力水平参差不齐，这也是一个很好的相互切磋、共同反思的平台，为广大的教育工作者提供了良好的合作学习的契机。

第三，深入性。微课的深入性主要体现在视频播放的灵活化以及参与成员的匿名化。即教师可以根据自身的具体情况自由播放微课视频，对熟悉的部分快进跳跃、对生疏的部分细看推敲，可在线同其他学员就自己的疑难、困惑展开激烈探讨，也可将自己的所思、所想、所感匿名于留言板供他人参阅。这都会促进每一位学员对所学习的内容进行深入的思考与

研究。此外，匿名的微课评价也保证了市场的公平性，真正优秀的精品视频会得到全体的一致好评。

第四，个体性。微课的个体性主要体现在微课学习的针对化以及微课制作的独特化。即教师的专业发展不再局限于传统培训的系统与繁杂，它能够根据教师自身的特定需求提供与之匹配的专业课程，达到了繁而化简、有的放矢的目的。此外，由于不同阶段的教师有其自身的专业习惯和专业优势，故制作出来的微课形式也不尽相同，风格各异。如青年教师重硬件技术，制作的微课视觉感官甚好，而知识内容可能欠佳；中年教师重软件能力，制作的微课教授过程完美，技术依托却不足；老年教师重情感态度，制作的微课形式、内容看似简单，却有很强的参考价值。

（二）微课对于教师专业发展的劣势分析

微课，这个时下热门的教育名词，为教师的专业发展带来了新的契机，但是，我们也必须清醒地认识到新兴产物所具备的双面特性。微课教学固然备受追捧，而它却并不能解决所有的教学问题。随着时间的推移而出现的种种问题也是值得我们不断关注和研究的。

第一，微课的管理维护。微课的最大特色就是“短小”“迅速”“便捷”，而正是这样的特点造成了现今网络微课资源的迅速增长，但对于微课平台的管理人员来说，要想精准地将其进行归类划分，是非常耗时、耗力的一个过程。此外，有部分教师只是出于对新鲜事物的好奇心理而制作上传的微课视频，很难确保其高品质效果，这也于无形中增加了微课管理的难度。

第二，微课的共享平台。为教师、学生搭建一个能够彼此对话、交流、合作的平台，不论对于学习主体（一般指教师、学生、社会其他学习群体）还是学习客体（一般指上传至网络的微课资源库）而言，都十分必要。然而，就目前情况来看，微课的共享平台还较为零散，有通过 QQ 群、微信群的，也有通过论坛、贴吧的，虽然也发挥了微课学习的效果，但组织形式还不够规范。

第三，微课的研究状况。微课的研究领域目前还处在一个待开发的状态，关于微课的各项研究也尚未形成系统性，不论是利用微课推动教师专业发展，还是利用微课促进课堂有效教学，仍有待系统、科学的回应。这与时下的“微课热”形成了鲜明对比，也是值得我们所有教育工作者冷静思考的地方。

四、微课视域下的教师新角色

（一）学习者

随着数字时代的来临，越来越多的人加入了泛在学习的队伍。所谓的泛在学习，是指任何人在任何时间、任何地点都可以进行任意内容学习的一种新型学习方式。它实现了随心所欲、无处不在的学习，让学习真正地融入了教学主体的日常活动当中。微课主要是以 5 ~ 10 分钟的微视频为载体，有时甚至更短，整块时间的集中学习就变成了利用零散时间学习。学习者任何零碎的时间被得到了有效利用，“微学习”逐步走进了每一个人的生活当中。当然，这种学习模式发生的前提是具备一定的客观条件，如拥有智能手机、iPad 等，这些都加速了“微学习”的步伐，促使教师不断地进行着自我提升。另外，微课也将终身学习的理念带入了教师的职业思维中，这种开放的网络在线课堂，随时更新的教育、教学资源，都为教师发展提供了源泉。“一劳永逸”式的学习已不再可能，知识随时随地都在更新、淘汰与被发现，每一个人都需要进行持续不断的学习。

（二）主导者

教师在微课中自主性被充分激发，主体意识被逐渐唤醒。微课这种新型的教学模式促进了教师自主、自觉的发展。每一位教师都可以根据自身喜好与特长，对微课进行选择。这避免了过去集体授课的困境，即身不由已地去听自己毫无兴趣的内容，毫无收获又浪费时间。微课使教师能够更有针对性地进行学习，提高了学习的效率，节省了学习的时间。此外，传统的教学，教师都是被动地教授指定内容，即便是对其有所想法，也不能有所改变。但是微课的出现，帮助教师成了生动课堂真正的设计者。课程内容自己设计，教授方式自己选择，授课进度自己衡量。微课中的素材也都是自己身边的所闻所见，使课程教授起来更加得心应手。教师还可以根据学生的在线反馈来进行适度的调整，增加课程的吸引性与趣味性，等等，教师最终成为教学过程的主导者。

（三）合作者

微课这种新型的教学资源，在方便学生学习的同时也促进了教师间的交流与合作。通过“微课作品大赛”等形式或作品展示平台，同一地区的教师聚集在一起，共同观摩、学习和评价不同学科、不同学段教师的微课作品。

每一位教师都可以针对其中任何一项作品发表见解、提出建议。在同其他教师进行民主交流、平等对话的同时，一个良好的微课学习共同体由此产生。教师在这一平台之下，教学水平、技术能力将得到全面提升，专业知识将极大丰富。教师群体在这种合作活动中，也实现了优势互补，这些都为教师良好的专业发展奠定了基础。平台之上的“微评价”“微反思”“微反馈”都是传统课堂可望而不可即的地方，也正是这一系列的“微活动”促成了教师身为合作者这个新角色的诞生。

（四）研究者

微课由于它的授课时间短、教学内容少等特点，使得教师摆脱了对传统教学资源烦琐的二次开发与研究设计等环节，这些工作不但实施困难，且容易让教师产生困难情绪，继而影响今后的教学工作的顺利进行。微课使类似的教学工作变得趣味化与简单化，极大地减轻了教师们的工作压力。教师完全可以依据自己的教学经验、自己对教学现象的细微观察来设计更具操作性与时效性的课程开发，这不仅增加了教师研究问题意识与研究意识，也使教师从外控、被动的环境中跳出来，真正投身于自己乐于做、感兴趣的教育问题中去。在研究过程中遇到的困难，也可以通过“微学习”“微讨论”来进行解决，这样，教师不但具备了丰富的实践经验，也逐步积累了重要的理论基础，为今后的教育研究道路打下坚实的基础。

第五节　微课与教学

一、微课在教学上的应用

（一）微课在国外教学上的应用

戴维·彭罗斯在2008年提出了“微课”这一概念后，胡安学院率先对其加以应用。起初的教授领域为职业安全和兽类医学等课程。这种新兴的教学形式主要是让学生通过电脑、手机等电子终端对微课视频进行反复地观看、研磨，从而自主地理解基本概念以及相应要点，再根据学习进展来完成课后练习以及模拟实验等。教师则以学生的作业反馈为参照，进行微课的完善与修改。微课教学给了学生更多自主学习的空间，也给了教师更多突破常规教学的机会。学生的学习效率大幅度提升，教师的自我效能感也得以实现。如今，越来越多的国外中小学开始接受这种微课的教学形式，有关微课资源的网站也是层出不穷，几乎所有对微课有所了解的教师都对其跃跃欲试。

（二）微课在国内教学上的应用

1.在教师发展上的应用

我国广东省佛山市教育局研究人员胡铁生在整理了中小学教师对不同教学资源类型的需求后，结合自身区域资源建设的实践与思考，于2010年率先提出微课概念并对中小学优质微课区域资源的开发付诸实践。2010年，佛山市成功举办了首届“中小学教师优秀微课作品”大赛，主要面向中小学一线教师，并获得了积极响应，共征集1700多件优质规范的微课参赛作品，作品类型包括讲授类、探究类、导入类、合作类、问答类、实验类、练习类、说课类等，其中以讲授类及探究类微课作品数量居多，各达23.7%和22.3%。佛山市在2012年又举办了第二届“中小学教师优秀微课作品”征集评选活动。江西省、浙江省等地区也相继开展了中小学优秀微课作品征集活动。江西省所开展的优秀微课评选活动主要面向全省中小学（幼儿园）全员远程培训参训教师，该活动也提供了相应的评选平台，供教师上传作品、大众评论投票等。2012 ~ 2013年，我国教育部教育管理信息中心举办了面向全国中小学教师的首届“中国微课大赛”。教育部大赛组委会也通过在全国一些省市展开微课的宣传与培训活动，引导教师积极参与，使微课走进学校、走进学习、走进生活。目前，大赛已征集全国31个省市上万件参赛作品。除了在中小学阶段进行微课开发应用外，高校也开展了微课的建设和评选活动。2012 ~ 2013年，我国教育部全国高校教师网络培训中心主办了首届“全国高校微课教学比赛”，大赛面向全国高校各学科教师，并分为文史、理工及高职高专三类，涉及哲学、经济学、理学、医学等12门学科。①

2.在网络教学上的应用

目前，国内微课在日常课堂教学中的应用较少，但在一些课外的网络课堂上有所应用。如2010年，天津市普通高中选修课程“空中课堂”项目实现了向小学扩展，其中由天津市电化教育馆摄制开发的《习字与书法》网络微课，让学生通过网络平台进行个性化的学习。《习字与书法》网络微

① 张一川，钱扬义．国内外“微课”资源建设与应用进展［J］．远程教育杂志，2013（6）：30-31.

课共有160课时，每课时授课时长为15分钟。其结构大致包括回顾旧知、巩固所学；导入新课、明确目标；教授新知、突出重点；小结要点、布置作业四个部分。这种网络微课较好地解决了天津市书法课师资紧缺的难题，不仅让更多的学生喜欢书法艺术，还提高了家长对书法的重视程度与鉴赏能力，形成了家校教育合力，同时也激发了广大教师挖掘特色课程的意识，为更好地推进书法艺术教育，发挥出该课程的作用。天津市教委于2012年5月至9月，成功举办了首届“博学乐园”硬笔书法网络大赛，共收到来自全市各区县146所小学的5959件硬笔书法作品，他们希望通过比赛达到“以赛促用、以用促建”的目的，让更多的学生能够享受到优质的教育资源。2012年12月，由凤凰卫视集团、华南师范大学、各大出版社集团及电视台协同创办的“凤凰微课”正式启动。目前，在凤凰微课网（体验版）所发布的课程主要分为八大板块，即凤凰教育、公开课、教师培训、职业教育、网络学院、心理学、家庭教育及特殊教育。每门课程分为若干个专题与知识模块，采用小学分、按模块计算，可累积、可分别选修，为此，还构建了面向终身学习的“学分银行”系统，初步实现了职前教育与职后教育相衔接，学历教育与非学历培训相沟通。①

二、微课教学应用的基本原则

（一）简洁易懂

微课，重在一个“微”字，一般而言，微课的视频时长为5～10分钟，要想在如此短的时间内呈现出最精致的教学内容，就要求教师在微课的制作过程中力求既“精”又“简”。由于微课的内容是针对某一个重要知识点而展开的具体介绍，那么讲解者应紧密围绕核心内容来进行剖析，最好能做到开门见山、直入主题。能用一句话概括的内容，绝不进行连篇累牍的详述，能用最通俗易懂的案例，绝不进行牵强附会的拓展。要利用精辟简洁的文字激发学生开放发散的思考，真正帮助学生实现自主性学习。

（二）观感舒适

一个设计优秀的微课主要取胜于三个方面，简洁的文字、精美的画面以及和谐的音乐。首先，文字简洁，微课的播放要具备适当的字幕提醒，不同时段的讲述重点要通过最简短、准确的文字呈现给观众，但是文字简洁

① 张一川，钱扬义．国内外“微课”资源建设与应用进展［J］．远程教育杂志，2013（6）：30–31.

要以内容传递的准确性和前后关联的逻辑性为前提。其次，画面精美，教师在微课制作前应对所教授的内容从宏观到微观都能做到主次分明、心中有数，只有这样，才能通过课件将其中内容的层次以独特的画面语言告诉学习者。最后，音乐和谐。不是所有的微课都需要添加动听的音乐，但是为了取得更加完美的教学效果，可以适当地添加能够起到舒缓学生情绪，维持学生注意力作用的乐曲。值得注意的是，不论文字、画面还是音乐，对于微课教学而言，都不是制作人最应该投放精力的地方，微课的关键还是在于内容的选取和讲授，切忌出现舍本求末、喧宾夺主的情况。

（三）内容完整

微课，虽然“形”微，但“神”不微。微课的授课时间虽短，但时间的压缩并不意味着质量的低劣，每一个微课的内容都是经由制作人严格筛选而来的最具有价值的知识点，短短 5 分钟的视频所囊括的内容不仅主题清晰、结构完整，并且要点突出、结论明显。所枚举的案例也都往往跟学生的日常生活紧密相关，方便理解。学生虽然只是通过屏幕进行学习，却也能够真正收到同课堂教学一样的学习效果。

三、微课教学应用的主要类型

不同于传统的课堂教学，由于微课在内容、时长、环境等方面都具有较大的自由度，因此，它可以根据不同的教学需求设计出有针对性的微课程。如课前复习型微课、新课导入型微课、知识理解型微课、练习巩固型微课、总结拓展型微课，等等。

（一）课前复习型

众所周知，传统课堂教学所采用的教材往往都具有很强的前后连贯性，教师为了获得更好的教学效果，有义务在新课开始前帮助学生回忆并复习上节课所学习的内容。而纯粹的口述不仅于教师而言是一种能量的耗损，复习效果也大都不尽如人意。课前复习型微课是教师通过对已授内容的重、难点进行严格筛选后，再结合学生的具体掌握情况，制作出的辅助新课教学的微视频，它能够有效帮助学生巩固和消化已学过的知识点，既省时、省力，又简单明了。

（二）新课导入型

一堂完整的课通常由“序曲”“高潮”“尾声”三个部分构成。而“序曲”

的作用就是帮助学生尽快地融入此次的教学活动中来，不论新、老教师，都非常重视这一环节的教学效果，也会不遗余力地将其发挥至极致。新课导入型微课就是为教师提供了一种将影视材料、动画实验、文字解说、背景音乐等糅合为一体的新型教学形式，它能够弥补以往教师因客观条件限制而无法向学生展示实物的缺陷，大大方便了教师们的课堂教学。

（三）知识理解型

相比于课前复习型微课所强调的概括性与新课导入型微课所重视的吸引性来说，知识理解型微课，是要求教师在授新课前就能够甄别出哪些知识对学生而言不易理解，哪些知识对学生而言难于消化，继而针对这些重、难知识点来设计的微视频课程。一般而言，此类知识要么需要经过烦琐的论证过程，要么需要经过危险的现场实验，学生才能真正理解其中的基本原理与本质规律，微课能够很好地辅助教师完成此项工作，使课堂教学得以顺利进行。

（四）练习巩固型

顾名思义，练习巩固型微课是帮助教师来检测学生对知识内容掌握程度的一个重要途径。一般的课堂练习往往因为时间的限制就草草了事，或是直接将课本上的作业习题拿来使用，这不仅不能达到匹配训练的目的，还可能出现学生对其中习题早已完成的情况。教师应根据学生的情况选择合适类型的微课，如典型习题类微课、经典错误类微课、综合疑难类微课等，使学生通过专题式的练习将所学的知识做到真正的融会贯通、举一反三。

（五）总结拓展型微课

总结拓展型微课最大的特色是能够帮助学生对前期已掌握的相关内容进行排查梳理、对比总结，传统的教学方式在这一环节往往是由教师亲自绘制表格或结构关系图来讲解，收效有一定局限性。而总结拓展型微课大大方便了教师的总结过程，并可以将与之相关信息材料搜集起来后一并展示给学生。

四、微课教学应用的基本策略

（一）按上课要求设计和组织教学

提到微课教学，有部分教师就会将其和“说课”混为一谈，其实不然。所谓的说课，是要求教师将自己关于本堂课的教学设计、教学目标、教学内容、教学方法、教学过程等内容向观众一一诉说，它不能体现课程的知识性，偏重的是课程的结构性。而微课，主要是将教学内容加以浓缩后，以简短的微课视频呈现于学习者面前，它时间短、内容精、容量小、反馈快，整个过程没有学生参与、主要是对教师教学水平的检测。因而，教师们绝不能把微课作为说课来对待，而是应该用准备正常课堂教学的态度来准备。

（二）精心取舍教学内容，突出重点

微课的教学宗旨是见微知著，在小课堂中进行大教学。故它不能如同大课堂那样储存过大容量的教学内容，必须是在十分简短的时间内完成教学目标，这要求微课所教授的内容必须是极为经典与重要的问题。如果主题的切入很小，但十分具体，比如“影响摩擦力的因素”，上课时就只需按照课标的要求分析探讨即可。如果主题是一篇文学选段，如《林教头风雪山神庙》，那就必须对教学内容进行精选取舍，不能将作者背景、文体结构、写作手法、字词篇章、中心思想等面面俱到，不但时间上不允许，教学效果也难以保障。如果教师只抓住读写，扫清语言障碍，分析文章是怎样具体进行人物描写的，就可以在规定的时间内完成教学，突出重、难点的同时，提高了学生的学习效果。

（三）选用恰当、合理的教学方法

微课教学时间短，且全程没有师生间的语言交互，但并不就意味着教师在教学过程中一味地灌输到底。依据微课自身的特点，教学方式上不会有太大的改变，一般多为讲授法。但是讲授有很多种技巧，有热情生动的讲授、有层层深入的讲授、有平铺直叙的讲授，也有启迪心灵的讲授……况且，除了讲授之外，还可以添加朗诵，以激发学生的情感共鸣，设计疑问，以调动学生的思维细胞，等等。总而言之，微课教学是对教师个人综合水平的检测，是从内容选择到授课方式的全面考察。

（四）建构完整的课堂结构

微课的时间虽然简短、知识容量也极其有限，但也需注意课堂的教学结构。既不能只围绕主要问题进行讲解，也不能主次不分地遍地撒网。一般而言，在微课堂里，教师要避免繁复冗长的开场表白，最好能开门见山，三言两语就直奔主题，不能借题发挥得无边无际，致使整个教学的重点不突出。在切入主题之后，就要将全部心思用于授课的主题上，或详细讲解，或巧妙引导，尽量在有限的时间内向学生传递最重要的知识点，顺利完成

教学任务。最后，要做一个课堂小结，用一两分钟对全部的内容加以概括归纳，对重中之重的知识点加以强调，使整体教学结构完整化。

（五）强化亮点，清晰演示

微课本身是针对某一专题化、具体化的知识所展开的教学活动，如果一直采用平铺直叙的教学手法，则不能够突出教学亮点。所以，教师在授课当中，要结合自己的优势与习惯将重点内容以细致剖析，或是演示推理，或是进行引导探究等方式展示在学生面前。此外，虽然网络教学有幻灯片代替知识点的呈现，但有时板书也是让学生真实感受教学魅力必不可少的环节。

第六节　微课与学习

一、微型学习

信息化环境的发展，信息资源数量的迅猛递增，使得人们越来越难以快速系统地把握信息的全貌，因而碎片化的信息获取和利用成为当前常见的信息处理方式。各种以“微”为表达的信息呈现方式为人们广泛接受，如微博、微电影、微信等，其中也带来了新的认知方式的创生。

微型学习（Micro-Learning，M-Learning or ML）是以特定的学习目标为依据，具有时间短（一般在 10 分钟左右或更短）、内容精练（一般只涉及一个知识点或一个具体问题）等特点，在信息化环境（网络环境或移动学习环境）下，充分发挥学习者主体作用的一种学习活动。[①] 微型学习可以有多种形式或渠道，基于微课的微型学习可以是课堂教学的一个环节，也可以是课外自主探究的形式，既可以出现在正式学习情境中，也可以辅助非正式学习，其中都体现了微型学习的聚焦性、独立性、情境性和独立性。

（一）聚焦性

微型学习时间短、容量小，学习目标明确，聚焦于某一问题的解决。认知负荷理论（Cognitive Load Theory）认为，学习材料的组织呈现方式、材料

① 李龙．全国教育科学“十二五”规划国家课题《信息技术促进区域教育均衡发展的实证研究》开题报告［R］．深圳：中国教育技术协会年会，2011-12-03.

的复杂程度和学习者个体的先前认知经验是影响认知负荷的基本因素。学习过程中，通过设计精确的认知负荷水平的学习材料可以帮助学习者更好地完成意义的建构。因此，在信息化学习环境中，尽可能地排除冗余信息，避免认知干扰，将学习聚焦于核心问题，可以达成最佳的认知负荷水平。

基于微课的微型学习的聚焦性，即学习信息的短小精悍、针对性强的特点，能够帮助学习者减少冗余的认知负荷，聚焦于与个人原有经验相关的特定问题的解决，使认知负荷水平在工作记忆加工容量的范围内，增强学习效果，保证学习的有效性。

（二）独立性

由于每个微课单元知识点都经过精细的切割，教学内容相对单一，学习内容精练，因而基于微课的微型学习具有相对独立性。学习者可以依据学习兴趣或学习需求，基于已有的学习经验，选择相应的独立单元进行学习。由于单元知识点的精确划分和学习步调的微小，每个独立的学习单元之间不会出现跨度过大的跳跃，利于学习者控制学习进程。值得提出的是，微型学习的独立性并未摒弃知识学习的系统性，而是将系统化的知识体系依据认知的先后序列划分单元，每个独立单元之间存在有机的关联，即“碎片化”的学习不影响学习的完整性和系统性。

（三）情境性

基于微课的微型学习的情境性，它与班级授课的情境性存在紧密联系，但又有本质的区别。其联系在于，两者都是以促进学生身心的全面发展为核心目标的，而区别在于采取的路径与效果却又大不相同。在传统的班级授课中，学生的角色较为被动，教师掌握着教学的安排和进程，学生自主选择学习时间、内容、地点的范围非常有限，并且教师在整个教学过程中不可能顾及班内的每一位学生，这就对学生的自律性提出了很高的要求，要求学生能自觉地跟随教学进程。而由于微课给学习者营造一种“老师对我说”的学习体验，学习可视为围绕学习者一个人展开的，有关课程内容的选择、进度的快慢等都是在其可控区域内，这使学习者能够随时都沉浸在真切的学习情境中，感受到真实的自我情感与诉求，也可以自由地思考和表达。因此，基于微课的微型学习也可被视为是一种情境性的学习。

（四）主体性

微型学习较之传统学习最大的优势，就在于对学习者主体地位的突出，在学习方式、学习内容、学习节奏、学习环境和学习评价等方面，关注学习者主体性作用的发挥。微型学习的出发点是力求在最大程度上还学习者以自由，尊重其自主学习意愿，满足其真实的学习需求。因而，微型学习以新的学习环境引发了学习时间的重新分配，导向了学习主体性的回归。

微型学习在信息化环境支持下进行，基于网络和移动终端设备，具备大量的学习资源和辅助信息，以及多样化的人际交互渠道，学习者可以不限时间、地点地进行学习。这种学习方式和学习内容的极大丰富，有助于学生的自我定位、自我引导、自我监控和自我超越。传统的课堂教学采用的是类似“集中化生产”的模式，学生按照统一的学习节奏参与学习进程，其潜在的假设是每一个学生都可以按照同样的步调完成同样内容的学习，学生对于个人学习的选择和把握范围极为有限。微型学习关注以学习者为中心的学习情境、资源和活动的创设，以每个微小学习单元为载体，在较短的学习时间内完成某一知识点的学习，留给学习者信息存取、记忆和加工的空间。在微型学习的评价环节，学习者可以时刻审视与追问自己的学习状况——“我已经掌握了哪些知识点？”“我对哪些内容还心存疑惑？”“接下来我需要补充哪方面的知识？”等等，就是在这样反复地自我认知、自我反思、自我测量、自我评价中来调整自己的学习方向与目标。

著名教育家福禄贝尔曾言：“人的教育就是激发和教导作为一种自我觉醒中的、具有思想和理智的生物的人有意识地、自觉地、完美无缺地表现内在的法则，并指明达到这一目的的途径和手段。”[①] 传统的教育手段更多的是注重对学生进行生产与生活经验的传递，忽略对学生本体自我的开发。微型学习通过“点”化知识拓宽了学习的广度，学习者在一次次的点击、播放、聆听、分析、回顾、反思过程中，与微型学习的情境展开心灵的对话，将凝结在课程学习背后的文化力量逐渐内化为自己的精神财富，不断地完善自我人格、寻找自我价值、追求自我信念，从而获取更加积极的人生体验和人生态度。

二、微课对学习的影响

微课作为微型学习的一种载体，对学习者的学习习惯、学习心态、人际交互和学习能力都会带来一定影响。

---

① 蔡澄. 基础教育学［M］. 南京：江苏人民出版社，2006:29.

（一）学习习惯

首先，微课的学习时间分配形式培养了学习者的时间观念。一般而言，微课的设计都是针对某一领域的特定问题而展开，主题明确、目标单一，不论在形式上还是时长上都尽量做到“短小精悍”，符合信息时代学习者的认知特点和学习规律，故学习者需要集中注意力在短短的几分钟内就理解知识点。这锻炼了学习者快速理解的能力，在短时间内集中精力高效地学习，也培养了一定时间内完成学习任务和解决问题的学习习惯，提高了学习效率。但是，如果将微课知识点过于微小地分割，一定程度上会让学习者失去对问题长时间、深入思考的习惯，不利于学习者进行高阶思维方式的训练。

其次，学习者有更多自我监督和自我管理的空间。微课可以看作是对某些知识内容的细微分析，具有各个击破的特点。这种细微的内容划分，能够帮助学习者更有效地监督自己的学习行为、分配自己的学习时间、管理自己的学习进程。例如，认真研究某一堂微课，甚至展开对同类型微课的对比研究，于学习者而言是一种有效集中学习精力的方式之一。避免在学习过程中出现“东一榔头西一棒子”，样样都接触，却没有一个精准掌握的知识点的现象。

再次，学习者可以获得更多实践学习的情境化体验。在传统教学当中，由于客观条件的限制教师可能放弃了一些必要的演示实验。但是在微课学习中，教师可以一步一步地教授学生如何进行此类实验，从材料的准备、实验的设计到现象的成因、结果的分析等逐一做出详细讲解。通过微视频的播放，学习者可以清晰地观察实验操作和问题解决的过程和方法，也可以跟随教师的节奏，进行实践操作的观察、思考、模仿。由于视频可以无限次播放，学习者可以进行多次实践练习，由此突破了客观条件的限制，激发学习者进行积极的实践与反思，提高解决问题的能力，内化问题研究的思维方法。但是，微课的情境化学习也有一定局限性，即运用微课进行实践技能的教学能让学习者便于多次观察、分析，但并不能代替学习者的实际操作体验。

（二）人际交互

微课形成的开放性的知识体系，成为教师和学生之间、学生和学生之间、教师和教师之间交互的载体。在这个积极互动过程中，人际交流机会增加，教师能够更深入地了解学生的实际需求，师生教学交互更为深入，教师之间的教学互动也更加具体有效。

首先，微课突出的知识主题便于学习者组建学习协作小组，进行基于主题的探究学习，促进对于某一知识点的深度学习。例如，对于一堂课中的学习难点，学习者通过在线微课程平台可以延续课堂学习的理解与反思，针对具体知识点继续进行深度交互，进行主题的合作探究，从而产生更加新颖的思考角度，增强学习的效果，培养创新思维能力。

其次，师生交流的程度更为深入。课堂教学中由于授课内容多、教学时间有限，学生对所学的知识进行充分的课堂讨论、逐一发表自己的看法的机会非常有限，教师也不能及时、全面掌握每个学生的学习情况。微课给予学生以教师在面对面讲授的感受，便于学生在课堂之外获得个别化教学的体验，促进学生个性化的发展。

再次，教师的教学反思也通过多种渠道得以拓展。教师在微课资源开发、学生教学指导的过程中，从学生的学习过程、学习成果中得到教学优化的反馈意见；同时，在课程开发和教学完成之后，微课和教师利用微课的教学过程，以及教师与学生互动中的反思，也成为教师之间交流观摩的宝贵资源，可促进教师共同体的整体专业水平提升。

（三）学习环境

1.自主学习空间的创造和延伸

自主学习能力是学习者通过独立地分析、探索、思考、实践、质疑和创造等形式来实现学习目标的一种能力。传统课堂教学中对自主学习空间的局限性，对学习者独立思考和探究思维的发展设置了一定的障碍。基于微型学习理念的微课，便于学习者随时随地、利用便捷的移动终端设备进行学习，解放了学习者的学习和思维的时空局限，教师有针对性地制作重点、难点、疑点等问题的微课，作为传统课堂学习的一种重要补充和资源拓展，学习者随时点播进行巩固强化或查漏补缺，便于其更加主动地规划和反思个人学习、提升学习能力。

2.个性化需求的适应和满足

传统的课堂教学模式一般追求的是学习者学习效果达到同样的标准尺度，学习者主体性和个性化需求被隐匿。基于网络的微课平台可以作为传统课堂教学资源、较为单一的教学方式的一种补充，弥补课堂教学的不足。微课平台提供的课程资源数量大，形式丰富，教师设计的思路和特点各异。学习者可根据自己的学习基础对自己的学习主题和学习进程进行个性化设置，选择一个学习主题、一个知识点、一个学科，或其中一个教学单元进行学习，也可以调节微视频播放进度和次数，成为自己学习的主人，在课堂学习情境之外获得个性发展的空间。此外，传统课堂学习环境中的学习者，可能会由于对于同样的学习进程、学习难度和评价标准的不适应，产生学习焦虑的情绪，过度的焦虑带来的消极影响限制了学习积极性和个人效能感。微课中学习者自定步调的学习，给予学习者宽松的自主选择机会，可以缓解学习焦虑，让学习者按照个人学习风格、习惯和进度投入学习，学习过程相对放松，有利于学习绩效的提升。

3.思维训练的加强和拓展

微课的教学时间短，如将其作为课堂教学的补充，可将在课堂中无法实现的教学内容，或是非教学重点、难点但却是重要背景信息的内容，以微课的形式精练地体现出来。教师在授课前需要对课程内容进行大量严谨的课前准备，以便能够在讲授过程中做到言简意赅、字字珠玑，将教学内容的难易进行妥善的序列安排。而正是这种经过加工、凝练后高纯度知识对于学习者的思维提出了更高的要求，每一个环节都紧紧相扣。学习者依据教师的教学设计参与到微课学习的过程，也是在体验教师的思维轨迹，即进行一种知识体系的思维训练。但是，对于一些比较艰深的问题的探究性的学习，比较难做到让教师的思维过程在短时间的微课中精练地呈现并让学习者完全理解，因此，此时辅以教师的讲解和指导还是很有必要的。

4.学习效率的改善和提升

此外，作为课堂教学的补充形式，微课可以有机地融入教学或学习的某些阶段，例如，学习者可以通过微课来进行课前预习，了解所学内容的基本背景，也可以通过微课来进行课后练习、复习或者拓展，提升学习深度和广度的同时，提高学习效率，优化学习效果，使学习者能够有针对性地进行深度的查漏或补缺，避免了重复低效的学习。但值得注意的是针对微课知识呈现的“碎片化”的特点，学习者须有意识地将知识点进行有机的联系，构建知识的意义关联，而非一味追求学习的效率，忽略了对知识体系的完整结构的认知。

第三章

微课的形式与设计

第一节　翻转课堂

一、翻转课堂的发展与内涵

传统课堂教学最为常见的模式，即是老师课前设计授课教案，在课堂上进行知识点的讲授并布置学生课后作业，学生在课后进行知识点回顾练习，最后通过知识点掌握情况检测等手段评估教学成效。显而易见，传统教学效果依赖的主要条件是教师的教案设计、讲授技巧、学生对于知识点记忆与理解的程度，以及对学生知识点记忆与理解程度的评价与反馈。在日益丰富的信息技术的支持环境中，传统课堂教学模式是否有可能得以突破？教师的教学实践是否能够借助技术的力量实现质的跨越？学生的学习能否突破浅层的记忆和理解，实现更深度的学习和更高阶思维的训练？为了实现更有效的教与学，教育者们展开了丰富的实践和理论探究，翻转课堂的发展历程即教育者们的努力和尝试的过程。

在高等教育领域，美国迈阿密大学的 J. L. Maureen 和 J. P. Glenn 在 2000 年发表的文章 *Inverting the Classroom: A Gateway to Creating An Inclusive Learning Environment*（翻转课堂：创建包容性学习环境的途径）中，介绍了其“经济学入门”课程的翻转课堂实践。研究发现，教学方式与学习方式的不匹配，导致了学生对学习内容的兴趣减弱且停留在浅层学习。但是，如果要教师在有限的时间内设计多样化的教学形式，例如，学习者合作或协作学习、个别化学习或支持有经验的学习，这将让教师多花费几倍的教学准备时间。在教学实践中 Maureen 和 Glenn 发现，翻转课堂的教学模式可以在不大量增加教学准备时间的基础上，实现多种教与学形式的整合，并让多样化的学习需求得以满足。[①]

2007 年，美国林地高中的两位化学老师乔纳森·伯尔曼和亚伦·萨姆在其著作 *Flip your classroom：reach every student in every class every day* 中讲述了其多年翻转课堂的教学实践，致力聚焦于每一个需要帮助的学生，让

① J. L. Maureen，J. P. Glenn. *Inverting the Classroom a Gateway to Creating an Inclusive Learning Environment*[J]. Journal of Economic Instruction，2000，(1)：30-43.

能力各异的学生变得更加优秀，并建立起一个积极互动的学习氛围，最大限度地利用信息技术来满足教师和学生的需求，使真正的差异化教学成为可能。翻转课堂的理念和教学实践逐渐清晰，并在美国的基础教育中得到广泛传播应用。2014 年 12 月，致力于为教育者提供实施翻转课堂的知识、技能和资源的非营利性组织 Flipped Learning Network 将“翻转学习”(Flipped Learning) 定义为，翻转学习是一种将群体学习空间转换到个人学习空间中的教学方法，由此产生更为动态、互动的学习空间，在此学习空间中，学生在教师的指导下可以运用概念和创造性地参与学习。同时提出，翻转学习的四大支柱是，灵活的学习环境、学习的文化、有意义的学习内容和专业的教师。[①]

2011年，可汗学院(Khan Academy)发起人萨尔曼·可汗在TED(Technology Entertainment Design) 上的题为“用视频重塑教育”(*Let's use video to reinvent education*) 的演讲，引起了国内外教育者对翻转课堂教学模式的极大关注。可汗将自己录制的教学视频上传到网站 You tube 上供学习者免费共享，并在一些学校进行了教学实验，收到了很好的教学效果。由此，这一无意中的尝试，引发了诸多学校教师教学方式的变革——老师们让学生在家里观看教学视频，获得对知识的理解，课堂上则进行教师答疑、同伴交流和练习反馈。这种“颠倒”了传统教学模式的“翻转课堂”日渐为学校教学所采用。

当前，国内众多教师和学者也在进行翻转课堂的本土化实践与研究。例如，有学者通过对六所学校翻转课堂实践案例的分析，总结当前我国基础教育阶段翻转课堂实践呈现出的不同模式[②]；有学者对翻转课堂背后的教学法进行了中国本土化行动的研究[③]，以及中国化实践与理论的创新[④]；有在短期内利用翻转课堂教学实验模式实现信息技术与教学深度整合的学校实践[⑤]，以及教师们应用翻转课堂开展的丰富的教学实践探索[⑥]；有学者开

---

① Definition of Flipped Learning [EB/OL] . http://flippedlearning.org/domain/46, 2014-03-12/2015-04-20.

② 祝智庭，管珏琪，邱慧娴. 翻转课堂国内应用实践与反思 [J]. 电化教育研究, 2015 (6) : 66-72.

③ 黎加厚. 微课程教学法与翻转课堂的中国本土化行动[J]. 中国教育信息化,2014(7):7-8.

④ 金陵. 翻转课堂中国化的实践与理论创新 [J]. 中国教育信息化，2014 (7) : 9-11.

⑤ 董晶，郭桂真. 用翻转课堂撬动教学改革 开启ICT深度融合新篇章——山东省昌乐一中创新教学模式改革纪实 [J]. 中国教育信息化，2014 (7) : 3-6.

⑥ 张福涛. 基于学生自主发展的“翻转课堂” 探索与实践，变枯燥单调为丰富多彩——谈对高中语文阅读翻转课堂的认识 [J]. 中国教育信息化，2014 (7) : 12-14.

设了"翻转课堂教学法"的慕课，让广大教师，特别是一线教师系统掌握翻转课堂教学法的知识与技能，并结合实际教学，设计、组织、实施和评价适合进行翻转课堂的一份教学方案。目前进行的几轮课程的学习、交流，参与教师已达八万多人。①

有研究者从心理学的角度分析，认为翻转课堂教学模式本质上是降低了认知负荷，使学习者的认知资源得到更合理的分配，从而获得更好的学习效果。②由于翻转课堂是将知识传递和知识内化的顺序颠倒，学习者课前使用教师提供的学习材料获取知识的传递，接受了课前训练的环节，使得学习者在翻转课堂模式的知识内化阶段里，课前训练的作用得以最大化，第二次知识传递的时候就为学习元素组块和管理信息的复杂性留下了空间。当翻转课堂作为探究性学习周期一部分的时候，课前训练的效果会被放大。

也有研究者认为翻转课堂的价值体现在它试图跨越课堂教学低效的障碍，而借助信息技术实现对传统课堂教学知识传递和知识内化在时间和空间上的颠倒，体现了学习者学习选择性和自主性，学习过程的自觉参与性，试图改变传统独白式的交往方式，实现教育主体的平等对话，最终提高学生的学习效果。③

我国学者何克抗对"翻转课堂"的由来、发展、作用与效果，以及实施翻转课堂的限制条件与面临的挑战，从中国"跨越式教学"与西方"翻转课堂"的比较中探讨翻转课堂的本质特征以及中国式"翻转课堂"在我国的未来发展等六个方面，深入地论述了翻转课堂的真正内涵与本质，并为翻转课堂在我国的未来发展（"翻转课堂"的中国化），指出了明确的、可实施的努力方向。④研究提出，翻转课堂的作用和效果体现在其"混合式学习"的优势、更符合人类的认知规律、有助于构建新型师生关系、能促进教学资源的有效利用与研发，以及充分体现了"生成课程"的理念，结合国内进行的长达十多年的深化教学改革实验研究——"基础教育跨越式发展创新实验研究"，分析"翻转课堂"其最本质的特征即是实现"课堂教学

---

① 汪琼. 翻转课堂教学法[EB/OL]. http://www.icourse163.org/course/pku-21016#/info, 2015-5-20.

② 宋艳玲，孟昭鹏，闫雅娟. 从认知负荷视角探究"翻转课堂"——兼及翻转课堂的典型模式分析［J］. 远程教育杂志，2014（1）：105-112.

③ 张旸，蒙泽察. "导学案教学"与"翻转课堂"的价值、限度与共生［J］. 全球教育展望，2013（7）：10-17.

④ 何克抗. 从"翻转课堂"的本质，看"翻转课堂"在我国的未来发展[J]. 电化教育研究，2014(7)：5-16.

结构”的根本变革。

但也有学者认为与实体课堂相比，翻转课堂只是翻转了教师讲课的时间和地点，其实质是“接受性学习”而不是“探究性学习”。因此，如果作为主要的教学形式，“翻转课堂”会加重学生的课后负担。如果把微课直接用于教学，会把生动活泼的师生互动变为单一的看视频，教师也不能做到“以学定教”。研究者认为这只能作为课堂教学的一种补充，不能完全颠覆传统实体课堂，其适用的范围在于：适于教师在备课时借鉴学习、适于转化学习困难的学生、适于家长辅导孩子、适于学生的课后复习、适于缺课学生的补课和异地学习，还适于假期学生的自学。①

二、翻转课堂的教育实践

随着翻转课堂日益受到关注，人们对微课的制作也越来越热衷。微课可视为课程资源的单元，也可与丰富的学习支持和服务共同构成一种新型的课程形式。因此，基于翻转课堂课前与课中活动逆序配合的需要，微课成为翻转课堂课前学习者自主学习环节的重要载体。

研究者们讨论了翻转课堂应用于中小学教学、高校本科生教学效果。例如，有研究者对大学信息技术公共应用课翻转课堂教学进行了实证研究，分析教学中采用翻转课堂教学模式（FCM）的条件和可行性，重在进行学习支持体系的设计，包括学习内容导读、引导学习者自主学习的驱动任务设计、多种方式呈现知识内容以适应不同风格的学习者、以在线微视频支持学习活动、清晰的导航体系设计等，研究结论为：①FCM 在大学信息技术公共课教学中具有潜在优势，表现在有利于解决“因材施教”的问题、有利于培养学习者自主学习能力，以及对学习者协作、创新能力的培养有促进作用；②FCM 在大学信息技术课教学中表现出局限性，体现在 FCM 对于学习内容有一定适应范围，不适于推理性较强、系统性很强的学科；对主讲教师、学习者的知识、能力和态度都提出了较高的要求；FCM 仅是一种教学组织形式，必须密切配合其他教学策略才能发挥作用；③ 在国内以 FCM 组织教学，由于传统教育评价方式、学习者学习习惯等因素影响，还存在较大困难。②

---

① 王秋月．“慕课”“微课”与“翻转课堂”的实质及其应用［J］．上海教育科研，2014（8）：15-18．

② 马秀麟，赵国庆，邬彤．大学信息技术公共课翻转课堂教学的实证研究［J］．远程教育杂志，2013（1）：79-85．

有研究通过教育技术学本科专业英语课程的翻转课堂教学实践，讨论了学生学习能力的提升情况、学生对教学的认同度等结果，认为翻转课堂可以成功在大学教学中应用，也提出了大学教学中“翻转课堂”的基本操作流程。研究也认为，翻转课堂在大学教学中推广应用的障碍在于教师是否习惯这种教学活动，教师的教学转化、学习指导、学习活动设计的能力等是翻转课堂在大学教学中成功应用的关键因素。①

对于基础教育阶段翻转课堂的教学实践研究，也有研究者进行了较深入的分析。有的研究通过文献研究和对比研究，对国内外典型的翻转课堂教学案例进行了分析，并结合国内教育实际进行反思：我们的教育是否需要翻转课堂。通过分析国外的典型案例，研究认为可从中借鉴其成功经验：“对于何时进行翻转教学，需要充分考虑学科内容的适应性和学生的特点等问题；对于教学环境，应努力改善传统教室的固定格局并缩减每班学生数量，以便展开翻转式教学；对于学习资源，任课教师应提升自身信息素养，有创造性地制作适合学生个性化需求的教学视频。”研究者认为我国应用翻转课堂可以取得很好教学效果，应结合自身特点进行本土化实践。在此基础上，研究者构建了翻转课堂的教学模型，并对翻转课堂应用中的学校教学设施、学科适应性、教师教育改革信念和教师专业能力等问题进行了反思。②

祝智庭等分析了翻转课堂国内应用的实践，教学流程的逆序创新带来知识传授的提前与知识内化的变化，其实践本质是帮助学生实现深度学习、聚焦问题解决、培养高阶思维能力。研究中，通过对六所中学进行翻转课堂的实践分析，归纳国内翻转课堂实践呈现的两种模式，即中观层面的教学过程的变化和微观层面的课内教学活动的调整。翻转课堂让教学在信息技术的支持下实现了教学流程的颠覆、师生角色的转变和学习者思维品质的提升，而支持其有效开展的条件是专业的教师、优质的微课、配套的教学环境和课堂活动设计。③

也有诸多学者讨论并构建了翻转课堂的实践策略和模式。例如，提出

① 汪晓东，张晨婧仔．“翻转课堂”在大学教学中的应用研究——以教育技术学专业英语课程为例［J］．现代教育技术，2013（8）：11-16.

② 王红，赵蔚，孙立会，等．翻转课堂教学模型的设计——基于国内外典型案例分析［J］．现代教育技术，2013（8）：5-10.

③ 祝智庭，管珏琪，邱慧娴．翻转课堂国内应用实践与反思［J］．电化教育研究，2015（6）：66-72.

教师在翻转课堂实施中要注意的教学理念更新、课堂教学能力提高和培养学生学习技能，并思考有关翻转课堂中教师的作用、信息技术的支持、教学评价方式的改变和优质教学资源共享整合的问题①；提出教师在翻转课堂中从“主演”到“导演”角色转换的必然和路径②；探讨翻转课堂中教师角色定位、教学视频设计、个性化协作学习环境构建和课堂活动设计等关键因素③；在已有翻转课堂教学模型的基础上，借助QQ群网络交互平台和平板电脑构建出更容易实施的翻转课堂教学模型④；基于电子书包支持的翻转课堂教学模式的研究⑤；构建基于微课的“翻转课堂”教学模式，探讨翻转课堂实施中课前、课内、课后活动的设计及衔接问题⑥；在对国外翻转课堂教学实践案例研究的基础上，构建出翻转课堂的教学模型，并分析了翻转课堂在我国教育实施过程中所面临的挑战⑦；引入生物学“趋同进化”理论，从理论和实践两个层面构建SMVP微课趋同教学应用环境模型，创设微课趋同教学环境，并提出了有效微课趋同设计的方法和实施策略⑧；基于“网络学习空间人人通”的目标，构建了依托于网络学习空间的翻转课堂教学模式⑨；提出由经验融入、概念探究、意义建构和探讨运用四个环节构成的翻转课堂教学模型⑩；遵循知识内化基本原理，提出翻转课堂通过教学流程翻转，分解知识内化的难度，增加知识内化的次数，促进学习者知识获得，要根据渐进式知识内化的特质和翻转课堂的构成要素，从宏观、中观和微

① 朱宏洁，朱赟．翻转课堂及其有效实施策略刍议［J］．电化教育研究，2013（8）：79–83.

② 于天贞．从“主演”到“导演”：基础教育翻转课堂中教师角色转换及其路径［J］．上海教育科研，2014（5）：49–52.

③ 张金磊．“翻转课堂”教学模式的关键因素探析［J］．中国远程教育，2013（10）：59–64.

④ 张新明，何文涛，李振云．基于QQ群+Tablet PC的翻转课堂［J］．电化教育研究，2013（8）：68–72.

⑤ 沈书生，刘强，谢同祥．一种基于电子书包的翻转课堂教学模式［J］．中国电化教育，2013（12）：107–111.

⑥ 刘锐，王海燕．基于微课的“翻转课堂”教学模式设计和实践［J］．现代教育技术，2014（5）：26–32.

⑦ 张金磊，王颖，张宝辉．翻转课堂教学模式研究［J］．远程教育杂志，2012（4）：46–51.

⑧ 郭绍青，杨滨．高校微课“趋同进化”教学设计促进翻转课堂教学策略研究［J］．中国电化教育，2014（4）：98–103.

⑨ 吴忠良，赵磊．基于网络学习空间的翻转课堂教学模式初探［J］．中国电化教育，2014（4）：121–126.

⑩ 秦炜炜．翻转学习：课堂教学改革的新范式［J］．电化教育研究，2013（8）：84–90.

观三个层面综合考虑设计。[①]

然而，也有研究对翻转课堂的教学应用持审慎的态度。有研究者对翻转课堂“课前观看视频学习知识，课上知识内化”的教学方式和教学效果进行了实证研究。研究发现，翻转课堂并没有大幅度提高教学效果。[②] 研究者将翻转课堂应用于高校本科生“非线性编辑”课程教学，通过教学后的教学视频资源效果分析、课堂活动效果分析、交流与沟通效果分析和学习效果分析，得出学生的学习效果并没有明显提升的结论。研究者对此进行了翻转课堂教学应用的几点反思，认为仅仅做到形似而非神似是教学实践效果没有明显提升的主要原因：① 师生角色重新定位，教师作为教学视频的研发者与建构者、学习活动的设计者、组织者与参与者、学生课后学习的辅导者，学生作为课堂的主角，是翻转课堂的“根本”；② 精制课程教学视频；③ 重建课堂对话，创建尊重、自由、平等的课堂氛围，创设对话空间，精心组织课堂对话活动。

何克抗通过对中国十多年的“基础教育跨越式发展创新实验研究”与西方“翻转课堂”二者的实质对比研究，认为“跨越式教学”从其本质特征看也就是中国式的“翻转课堂”，并提出“翻转课堂”至今无法进入我国小学，也难以进入我国中西部广大农村。[③] 可见，在“翻转课堂”本土化教学应用的研究和实践中，研究者与教师还需立足于中国的教育文化和实际情境，借鉴国内已有的诸多典型的教学实验与改革的成果和经验，才能让“翻转课堂”的优势在中国的教育环境中得到发挥，而不是纯粹追求形式上的效仿，成为教师教学新的束缚。

第二节 慕课（MOOC）

MOOC，即 Massive Open Online Course（大规模开放在线课程），是基于课程与教学理论和网络通信技术、移动智能技术发展起来的新型课程。

---

① 赵兴龙．翻转课堂中知识内化过程及教学模式设计［J］．现代远程教育研究，2014（2）：55-61.

② 卢强．翻转课堂的冷思考：实证与反思［J］．电化教育研究，2013（8）：91-97.

③ 何克抗．从“翻转课堂”的本质，看“翻转课堂”在我国的未来发展［J］．电化教育研究，2014（7）：5-16.

"'大规模'意味着学生规模巨大、数量巨大；'开放'意味着课程和教学资源向所有人开放，而不限定于特定用户；'在线'意味着通过网络获得和接受课程，主要或所有的教学环节通过在线实现；至于'课程'则不是狭义的，实际上包括了整个教学过程，而且是师生实时交互的。"①

由此可见，MOOC 与普通网络课程的最大区别，在于其大规模和开放性。同一门课程中的学习者数量是远超常规的，轻易则可以千或者以万计数。随着 MOOC 的影响力逐渐扩大，这种课程学习方式还会为更多学习者所接纳，参与者还会更多，因此 MOOC 是一种巨型课程。与限定在特定时间、空间中的传统学校课程相比，MOOC 课程的学习者可以异时、异地获取同样的学习资源，参与同一门课程学习活动。开放的环境可以让来自全球各地的学习者共享资源、参与评价。而在线的环境，也可让学习者依据个人学习需求便捷地获取信息，为学习者提供丰富的学习资料。

一、MOOC 研究现状

2012 年，被称为"MOOC 元年"。近年来 MOOC 引起了国际教育实践与研究的广泛关注，成为教育、学术研究机构、信息媒体、企业及公共服务领域等关注的话题。中国的诸多学者也开始关注并介绍源于美国高等教育领域的 MOOC 运动，结合已有的 MOOC 案例和教育成功经验，进行 MOOC 本土化建设的探讨，特别是 MOOC 对于快速发展的网络环境中的学习需求的支持，以及对未来高等教育变革的意义和作用，由此深化信息化教学的改革。

面对日趋激烈的国力竞争，以及教育信息化在提高国民素质和增强国家创新能力方面的重要作用的凸显，我国《国家中长期教育改革和发展规划纲要（2010— 2020 年）》明确指出："信息技术对教育发展具有革命性影响，必须予以高度重视。"2012 年 3 月，我国教育部出台了《教育信息化十年发展规划（2011—2020 年）》，将"推动信息技术与高等教育深度融合，创新人才培养模式"作为教育信息化十年发展任务之一。"高等教育信息化是促进高等教育改革创新和提高质量的有效途径，是教育信息化发展的创新前沿。"其重点在于，推进信息技术与高等教育的深度融合。其中，"2020 年高等教育信息化发展水平框架"中，将多语言、跨文化的教育资源与学习平台应用情况作为考量维度之一。

① 李曼丽，张羽，叶赋桂．解码 MOOC：大规模在线开放课程的教育学考察[M]．北京：清华大学出版社，2013：2.

我国学者焦建利认为，对于传统大学而言，今天面临的重大挑战之一，就是如何利用信息与通信技术，为学生提供更加灵活多样、高效的课程与学习机会，解决教育机会和资源的均衡问题。MOOC 对高等教育的信息化、国际化、民主化都将产生重要而深远的影响。借助网络，向学习者提供在线课程，扩大高等教育的机会，深化大学的课程与教学改革，提升人才培养的质量，这是大学当前面临的重要课题。在 MOOC 的大背景下，研究者给中国大学提出五个建议：把开放教育资源和 MOOC 纳入大学发展战略中；帮助教师和学生掌握在线参与式学习方法；积极探索和深化大学课程与教学模式的创新；引导教师将开放教育资源引入自己的课堂教学之中；加强研究，有计划分步骤地尝试和探索 MOOC。①

从 MOOC 对课程设计与开发模式、学习支持方式的层面分析，国内外学者探讨了 MOOC 的本质特征、教与学的模式、对传统课堂教学的突破，以及与传统网络课程的区别。

加拿大学者 Downes 认为：MOOC 是一种参与者和课程资源都分散在网络上的课程。MOOC 不仅是学习内容和学习者的聚集，更是一种通过共同的话题或某一领域的讨论将教师和学习者连接起来的方式。② 我国学者李青结合现有的 MOOC 课程案例，提出 MOOC 的特征体现在：它是一种课程模式，因此具有比较完整的课程结构（课程目标、协调人、话题、时间安排、作业等），这是一般网络主题讨论没有的；它是一种开放的教育形式，没有人数、时间、地点限制；它是一种拥有大量参与者的巨型课程；学习者可以根据自己的习惯和偏好使用多种工具或平台参与学习；它是一种生成式课程，课程初始时仅提供少量预先准备的学习材料，学习者更主要是通过对某一领域的话题讨论、组织活动、思考和交流获得知识。③

江丰光结合 MOOC 的学习体验，总结其五个主要特征：特征之一是有短视频，一般不超过 10 分钟，还有交互式练习；特征之二是交互式练习的及时反馈，更能体现学生的反馈和互动，方便掌握每个学生的学习状况；特征之三是基于大数据的个性化服务，不同学习者的电脑后端会推算其目前的学习状况，然后推送相应的学习资源，因材施教；特征之四是依托社交网络的互动交流，主要体现在异步讨论和在线即时讨论上；特征之五是

① 焦建利．MOOC：大学的机遇与挑战［J］．中国教育网络，2013（4）：21-23．

② 李青，王涛．MOOC：一种基于连通主义的巨型开放课程模式［J］．中国远程教育，2012（3）：30-36．

③ 同上。

如同学校课堂式的课程组织，有在线同步同学的感觉。[①] 冯雪松认为从传统课程转化到 MOOC，其中有几个关键点。关键点之一是面对面的授课转变成一些 10 分钟左右能讲完的根据知识点组织的视频片段，并且加了一些引导。关键点之二是原先的教材加课件中重新设计的视频，进行内容分解并添加一些扩展资源，作业以前可能就是一些主观题，现在需要有一些客观题，并且要有相应的评分标准。原先课下答疑在线上变成了多人互动的论坛。[②] 贾义敏认为从开放课程资源到 MOOC，最核心的转变就是从教育资源的开放到学习过程的开放，MOOC 是学习过程的开放，更关注课程的教学与学习的实施过程。MOOC 不仅仅是一个资源，最关键的是教学和学习，是参与和互动。[③] 王颖等分析了 7 个国外典型的 MOOC 项目，从组织机制、平台定位、课程组织、课程资源、教学方式和质量认证六个方面，归纳大规模网络开放课程项目的主要特点，其中，课程组织为结构化的课程设计，课程资源是以视频为核心的学习内容呈现方式，教学方法以知识掌握为取向。由此提出指导我国开放教育资源进一步发展的启示，例如，以学习为中心的新型课程开发理念为导向，转变传统学习文化；加强学习支持，利用 Web2.0 理念推进在线参与式学习文化；转变评价观念，课程开发评价和学习效果评价并举保证在线学习质量等。[④]

当前大多数的 MOOC 平台提供以微型学习内容、反馈性测试和课程学习认证为形式的开放课程。相比起传统的课程教学，MOOC 将教师的教学内容和教学进程进行微小分割，微视频是资源呈现的主要形式，而教师主要关注的是课程内容的设计和制作。因此，在此过程中，从大规模的开放课程背景来看，微课可以视为 MOOC 的基本单元，而同某一门具体的 MOOC 课程来看，微课与 MOOC 的微教学设计的理念和思路是相通的。

多项研究对 MOOC 课程教学中应用进行了实践探索。例如，王春晖等在高校 C 语言程序设计公共课中，将 MOOC 教学模式与传统课堂相结合，开展混合式教学模式的实践探索，将在线学习与课堂教学相结合，发挥 MOOC 平台与自动化工具辅助的作用，解决传统教学中学生学习缺乏主

---

① 郝丹. MOOC：颠覆与创新？——第 4 次“中国远程教育青年学者论坛”综述[J]. 中国远程教育，2013（11）：5-17.

② 同上。

③ 同上。

④ 王颖，张金磊，张宝辉. 大规模网络开放课程（MOOC）典型项目特征分析及启示[J]. 远程教育杂志，2013（4）：67-75.

动性、学习资源不足等问题，最终提高学生的学习效果。① 杨阳对高校网络音乐通识课程中应用 MOOC 模式的利与弊进行研究，认为 MOOC 音乐通识课较传统授课方式而言，具有课程人数限制程度低、利于促进教师对教学内容的深入学习并提升教学质量，以及在线提问的互动机制可帮助学生主动认知等优势，但也存在音乐课程资源数量少且内容单一、现有教学方式缺乏系统计划与指导、学习效率低，以及无法满足艺术课程对实践活动的高依赖性等问题。② 方兵等分析了高校博雅课程传统教学模式的优劣势，探索了“后 MOOC”时代高校博雅课程教学新模式，并提出“后 MOOC”时代要因地制宜利用各种类型的开放教育资源，以适应学习者多元化和个性化学习的需求特征。③ 张振虹等阐述了将 MOOC 与传统课堂教学相融合，给学习者和教师教学带来的影响：为学习者提供多元化教育服务和个性化自主学习，教师教学可将 MOOC 作为课程内容的主要传授方式，形成翻转课堂，或将 MOOC 作为课程的强化与补充，形成混合式课程。④

二、MOOC 发展趋势

MOOC 的发展态势锐不可当，更有激进者认为，在不久的将来，传统大学将不复存在。但与此同时，MOOC 也面临严峻的挑战。有不少批评者认为，MOOC 的教学模式很大程度上依然是传统讲课的翻版，是有缺陷的教学模式。除了互动性和些许的定制，MOOC 并没有解决关键的教学问题。然而不可否认的是，MOOC 这一信息技术发展与高等教育结合的产物正在迅速进入高等教育信息化进程中，国内外众多知名高校正在以积极的姿态迎接这一教育信息化的机遇与挑战。

在此趋势下，国内高校基于其已有的教育信息化建设成果和实际的发展诉求，面对 MOOC 浪潮应采取怎样的应对方式？ MOOC 的课程设计与开发、教学组织形式带来怎样的冲击与借鉴？高校的责任与使命在这场由信息技术催生的教育革命中如何得以彰显？教育与学习的本质如何在信息技术的

---

① 王春晖，刘志国，俞宗佐，等. 基于 MOOC 平台的混合式教学模式探索——以 C 语言程序设计公共课为例 [J]. 内蒙古师范大学学报（教育科学版），2015（7）：144-146.

② 杨阳. 高校通识音乐课程采用 MOOC 模式的利与弊——以陕西师范大学网络音乐通识课程为例 [J]. 人民音乐，2015（6）：56-59.

③ 方兵，杨成，陈然. “后 MOOC”时代高校博雅课程教学新模式研究[J]. 现代远程教育研究，2015（3）：48-52.

④ 张振虹，刘文，韩智. 从 OCW 课堂到 MOOC 学堂：学习本源的回归[J]. 现代远程教育研究，2013（3）：20-26.

华丽形式中得以阐释？高校如何充分利用开放教育资源和大规模开放在线课程，深化大学课程与教学改革，创新人才培养模式，提升人才培养质量？这是 MOOC 本土化发展亟须解决的问题。

教育部《教育信息化十年发展规划（2011—2020 年）》指出："高等教育信息化是促进高等教育改革创新和提高质量的有效途径，是教育信息化发展的创新前沿。" MOOC 是当前信息技术与高等教育结合的典型产物，也是当前高校教育信息化进程中的研究热点。目前国内高校教育信息化的硬件条件能满足 MOOC 应用的基本需求。同时，高等教育也亟须大量优质且低成本、能够共享的教育资源，MOOC 的出现顺应了这一教育信息化的诉求。

除国外三大 MOOC 平台（Udacity、Coursera、edX）外，国内目前已有多个 MOOC 平台（学堂在线、东西部高校课程共享联盟、上海高校课程中心、过来人公开课、ewant 育网开放教育平台、超星慕课等），既有国内知名大学的在线开放课程，也有 MOOC 社区将国外顶尖大学课程加以翻译（MOOC 社区）的平台，以突破国内学生学习的语言壁垒。以上平台的开放，为更大范围的高校学生实现在线学习提供了可能。

第三节　微课的教学设计

以视频为主要表现形式的在线微型网络课程体现了微课发展的趋势。网络环境中的微课既包含了多样化的网络学习资源，又体现了短小精悍的系统化教学设计思路。有学者认为，微课是为在线学习而生的，是一种在线学习资源，应对现有的网络视频资源进行"微课化"改造。教育变革可能不是通过改造课堂而实现的，而必须通过发展网络教育与在线学习才能取得突破。①

值得注意的是，网络学习环境中教学设计者和学习者的文化背景、文化需求的日益多元化，以及现代信息技术所承载的文化价值负荷，形成了文化多元的网络学习环境。人们所期待的，不仅仅是网络学习能为学习者提供更丰富的学习资源，更有益的是，它所能提供的强大社会化交互功能，为学习者之间的接近和广泛连通产生丰富的协作知识建构。学习者跨越时

---

① 王竹立．微课勿重走"课内整合"老路——对微课应用的再思考［J］．远程教育杂志，2014（5）：34–40.

空的限度，个体与个体之间通过虚拟社群的联结，参与协作，共同面对问题的解决，最终产生基于广泛社会文化脉络的智慧成果。因此，以网络为载体的微课教学设计，需要基于网络学习环境的文化内涵来考虑其微课设计的要素及教学过程的设计。

一、相关研究

（一）学习环境中文化内涵的解释

对于学习环境的界定及其内涵的解释，决定了学习环境设计的原则，导向了学习和教育的品质。而对学习环境进行界定的前提，则是对教育与学习内涵的深层把握。

有学者认为，“教育作为文化传递与创造的核心，其理性的价值取向，只能是某一文化结构活动的历史形成的产物，并且决定于这一文化结构本身的活动方向。脱离实际的文化经验与处境，只能使文化教育变成一种抽象的泛（非）文化的活动。”[①] 文化在于理解和阐释。因此，要进行某一教育理性的文化解释，就必须将它的处境进行社会文化脉络理解和描述。

有学者提出文化研究对教学设计实践的意义在于：① 提供理解知识的新视角，即“将强调的重点从学习者的绩效或认知过程转移到学习者的关注、价值、意愿和感知上，同时强调的中心也从抽象的、客观化的目标学习者转到了真实情景中的现实人身上”（Rose，2005）；② 提供折中的、可操作的描述性解决方案；③ 成为一个重要支柱，即教学设计实践在成功整合了个体认知和行为、社会和文化学习这两个支柱后，应继续对价值、审美这两个文化研究领域的问题进行关注。[②] 对于学习环境文化内涵的解释，本文也将从已有概念和研究的文化境脉角度进行加以评述。

学习环境是学习者外部一系列支持性因素，有学者认为这些因素构成三个性质、内容各不相同的层次：第一类，以社会文化水平和发展趋势为基础的隐性前提环境，第二类，以他人为对象的显隐互动环境，第三类，以任务为核心的显性操作环境，即分别为社会 / 区域环境、交流互动环境和任务操作环境，并从环境类型和学习的结构两者的多重维度，进行了三重环境的统合设计。[③]

① 丁钢. 教育·文化·社会［R］. 上海：华东师范大学教育科学学院，2009.

② 杨南昌. 文化研究视域中的教学设计研究［J］. 开放教育研究，2006（8）：83-87.

③ 胡志金. 基于远程学习者的三重学习环境设计［J］. 中国远程教育，2008（7）：43-47.

美国学者乔纳森（D.H.Jonassen）将建构主义学习环境描述为“学习环境是学习者共同体一起学习或相互支持的空间，学习者控制学习活动，并且运用信息资源和知识建构工具来解决问题”。乔纳森认为学习环境以技术为支持，作为学习者意义建构和反思的认知工具和学习策略具有重要作用，并且还要考虑社会背景的支持因素。[①] 乔纳森等提出了“3C”建构主义设计策略，即情境（context）、协作（collaboration）和建构（construction）。首先，建构主义学习环境的设计应该关注学习者个人对知识的建构，引导他们在自己的经验和文化背景的基础上，积极主动地探索知识，形成认知结构；其次，应该创设有意义的、有生命力的知识；最后，学习者之间、师生之间应该协同努力，教师应该成为学生进行知识意义建构的促进者、支持者和学生学习的高级合作伙伴，而不是一个知识的供应商。[②] 由此，进行建构主义的学习环境设计，在对资源、情境、工具、认知策略的社会文化依据的理解之前提下，创设一个资源和情境丰富的支持空间，提供学习工具和认知的社会性框架，这个社会性框架应该包含对学习活动参与者（教师、学生）的关系、角色描述，并能在学习活动过程中进行文化与经验运动变化情况的考察。

廖诗艳通过对已有学习环境概念的批判分析，认为已有研究从学习环境的场所观、条件观、技术观、心理观、建构主义观等不同角度进行了定义和把握，但“还缺乏鲜明的‘文化’意识，缺少视‘人与文化同一’的思维，无法阐明学习环境本身具有的文化本性，没有深入教育情境中人的学习与环境的同一性层面，考察人在环境中的学习活动以及在学习活动中实现的发展，因而未能揭示环境与人的学习之间存在‘同一性’发展的内在关系”。作者从文化哲学的视角考察学习环境，认为“学习是人在生命存在过程中，以符号为中介（主要是语言符号），自觉、积极主动地掌握并创造文化的特殊活动，是人类体现自己的生命特征、达到自我实现以及对人的生命的自我肯定的基本手段，将伴随人终身的生命特征”。“环境也就是文化，是人生存的文化世界，不只包含那些人类活动的创造物，还包括文化创造的活因素，即文化创造的活动方式和创造性的历史过程。……学习环境不仅要了解和考虑学习需要，而且要成为人学习潜能实现的优化条件，成为人个性化学习的优化条件，成为人实现终身学习和发展的优化条件。”[③]

① Jonassen,D.K.Peck,B.Wilson.Learning With Technology:A Constructivist Perspective［J］.1999：44-46// 巴春蕾．数学学习环境研究综述．长春：东北师范大学，2008．

② 盛群力，李志强．现代教学设计论［M］．杭州：浙江教育出版社，1998：26-27．

③ 廖诗艳．试论当代学习环境的文化本性［J］．当代教育论坛，2007（13）：15-19．

此外，作者从健康的生态学习环境、丰富的知识环境、真实的体验活动环境、良好的交往对话环境等几个方面论述了当代学习环境的建构。①

郑燕林等提出了“网络学习境脉”的概念模型，将对网络学习有影响的因素从单一的知识维度，拓展到包括诸如社会的、文化的、心理的以及技术等多方面因素的整体系统，并详细阐述了其中所包含的三个构成要素：知识境脉、技术境脉和社会境脉。其中，社会境脉包含了社会距离、社会角色、社会文化背景、社会期望等方面。“如果从社会网络分析的角度来分析网络学习中的社会境脉，不但有利于了解当前网络学习环境中的人际关系模式，也可以了解、跟踪、预测整个网络学习环境中的知识资源流向以帮助学习者进行知识定位、交流、共享，以及相关知识过程的优化。”② 也就是说，学习者利用媒体技术在学习环境中所进行的交互活动，促使了物理境脉和社会境脉的重组，而理解社会境脉的运动变化机制，也成了学习优化的途径之一。

钱小龙在有关虚拟学习环境整体实现的研究中，提出如果虚拟学习环境“只考虑到教育和科研领域的相关因素，我们就会觉得这只不过是意味着教育和培训的一些改善。如果没有考虑到世界各个地区在知识水平上、语言上和文化上的区别，我们将冒险建立一个社会化水平、教育水平和经济效率水平低下的系统。这就是为什么要对‘虚拟学习环境’系统进行整体研究和分析的原因。”③ 因此，作者提出，高等教育机构中应用虚拟学习环境需要对社会和文化等相关因素的整合进行仔细地考虑。

申仁洪、黄甫全提出实现合作活动学习的条件之一，在于为学习共同体创设一个生态化的学习环境。合作活动学习的生态化环境有两种相互关联的基本形式，内生的自我环境和外在的文化环境。“外在的文化环境包括作为‘个’与‘类’的人以及作为文化的物。”

此外，研究者尝试在一个更广泛的历史境脉中提出情境认知的学习理论。“情境认知的突出特点是把个人认知放在更大的物理和社会的情境脉

---

① 廖诗艳．文化哲学视野里的当代学习环境研究［D］．广州：华南师范大学硕士学位论文，2005.

② 郑燕林，李卢一，王以宁．“网络学习境脉”的概念模型［J］．中国电化教育，2007（8）：17-21.

③ 钱小龙．试论虚拟学习环境的整体实现［J］．电化教育研究，2005（2）：47-50.

络中，这一情境脉络是互动性的，包含了文化性建构的工具和意义。”[①] 以文化解释的角度来考察，则是需要理解学习环境的物理境脉和社会境脉如何互动和重组，以及其中蕴含的工具和意义的文化建构的机制。

朱小麟认为，对于“人”的学习的研究，不仅需要物理学、生物学等自然科学参与，更需要历史的、文化的、人类学研究的介入。情境观是文化心理学的核心思想，它的兴起代表了学习理论从传统机械的、个体的观点，向社会文化观的转向，向一直以来占据统治地位的“计算”或“符号加工”的认知观点提出了挑战。情境学习论者相信，知识是当我们在思考我们周围发生的事情、当我们在谈话和活动时动态地建构起来的，尤其是我们所处的社会文化环境，形成并限制了我们的所思、所为及所言。[②]

（二）教学要素的文化特征分析

微课是由微型资源和系统的教学程序构成的完整的教学结构，其教学诸要素之间的有机连接也体现了教学设计的系统化思想。基于网络学习环境的文化内涵分析，在线微型课程同时也包含了参与微课的学习者在虚拟社交空间中的互动学习，因此，在线微型课程的教学要素也同样体现了其网络的文化特征。

在网络环境下，构成协作学习资源的信息量更为多样，结构更为复杂；学习活动的程序设计的意义也被赋予了新的内涵，既要促使学习者形成对于虚拟学习社区的群体归属感，感受到自己是这个群体中积极作用的一员，共享社区中的意义和价值，同时也积极促成这种价值的培育和传递。由于社会交往和社会知识构建是网络协作学习活动的重要特征，这种学习活动发生于流动的文化空间中。在学习过程中，学习者有可能经历既有文化价值的冲突、理解、传递、融合的过程，且逐渐保留较为固定的或产生新的价值取向。

对于教学要素的网络文化特征的分析，有关学习者分析研究的居多，且多出现在开放教育、远程教育和跨文化教育领域的研究中。

由于没有共同的文化价值观、文化标准，所以不同的教学体系很难在不同的文化间直接输出、传递。因此，对于文化及其差异的区分是有效进行学习环境设计的重要前提。已有研究通常借用人类学中的划分方法，对网

① [美]戴维·H乔纳森. 学习环境的理论基础[M]. 郑太年，任友群，译. 上海：华东师范大学出版社，2002：63.

② 朱小麟. 情境认知：教育心理学的“文化”重构[J]. 成都行政学院学报，2006(6):76-78.

络学习环境中的文化进行区分，即G.H.Hofstede提出的个人取向与集体取向、权力距离、对不确定性的回避、男性气质与女性气质。[①]基于以上划分方式，Aline和Barbara在研究中，分别将来自东、西方文化的学习者归类为低语境文化（low-context cultures）和高语境文化（high-context cultures），并对相应的学习者期望、教学目标、教学内容传递方式和教学组织方式进行了差异分析。[②]但也有学者认为，基于民族文化的划分方法，不适用于网络学习环境，这样“很容易形成对个体学习者没有事实根据、没有作用的刻板假设”“种族层面的特征分析不能解释个体层面的特征”。[③]因此，在进行网络学习环境设计的文化差异分析时，需综合考虑学习者所属群体的文化特质和个体倾向的独特性，尽可能缩小因文化差异而产生的误解，设计方案是动态的、可拓展且适应多元文化需求的。

密歇根大学社会研究院（ISR）心理学家理查德·尼斯贝特从民族文化差异对学习所产生的影响进行比较。在他的著作《思维地理：亚洲人和西方人怎样不同思考……为什么》（Nisbett，2003）中，对民族思维方式对科学学习的影响进行了研究。通过实验、历史和社会的证据分析不同文化中学习者思维方式的差异，他认为“把一种文化的工具教给没有完全沉浸在这种文化中的个体，如果假设这是一种容易的事情，那可能是一种错误”。我国学者丁钢认为，这是因为不同的民族文化中孕育出了不同的教学方法，而文化是不可替代的。[④]

英国学者黎安琪将学习环境描述为学习的微观文化。学习的微观文化涉及初学者（学生）和专家（教育者）两方面。这两方面相互作用，以特有的方式共同进行教学活动，产生学习成果。这些成果是未来学习的基础，也是未来发展的推动力。作者评价了有关学习的研究，这类研究将人类学家和心理学家的概念和方法结合在一起，并运用它们去理解在各种学习环

---

① P Clint Rogers ,Charles R Graham ,Clifford T Mayes (2007). Cultural competence and instructional design: Exploration research into the delivery of online instruction cross-culturally. Education Tech Research Dev (2007) 55:197 - 217.

② Aline Germain-RUTHERFORD, Barbara KERR (2008). An Inclusive Approach to Online Learning Environment: Models and Resources. Turkish Online Journal of Distance Education-TOJDE April 2008,64-85.

③ Maitland, C F, & Bauer, J M (2001). National level culture and global diffusion: The case of theInternet, In C Ess & F Sudweeks (Eds), Culture, Technology, Communication: Towards anIntercultural Global Village (pp. 87 - 120). Albany, NY: State University of New York Press.

④ 丁钢. 教育·文化·社会［R］. 上海：华东师范大学教育科学学院，2009.

境中个体学习的过程和动机。通过一个文化分析者和教育实践者共同合作的成功范例——秘鲁的普诺（Puno）工程，作者说明了认真的文化分析如何提高教材质量，并归纳出要点：① 了解学生的文化环境；② 了解已被学生掌握的技能和知识；③ 把这份了解转换成学生熟悉又感新颖的教材。作者认为，“对教育多样性的理解，从本质上说，是对文化的理解，是很多社会人类学家和跨文化心理学家认真工作提供资料的结果”。因此，“在微观层面，对教育（也即对学习）的重新审视导致对学生所处的各种具体文化环境进行研究……所以，教育者需了解学生的文化环境，并把它作为有效教学的前提来对待”。①

研究者研究证明了学习动机、学习风格受到文化的影响。从学习动机研究的群体文化层面，Martin（1974）在逻辑上检验了各种可能表现了文化、个性和动机相互作用的结构。他认为社会角色可能对特定类型的行为产生影响，并建议还可以对社会规则对动机行为的影响做出分析。Frances（2004）从理论上分析了 Ford（1992）的动机系统理论为框架中的每个方面都受到个体文化背景的影响。当这种交互作用在网络学习环境中发生时，动机的作用可能会不同于在其他环境中发生的作用。Doo（2004）用实证的方法比较了在东、西方文化影响下的韩国和美国的网络学习者的动机的显著差异。②此外，在第二语言习得过程中，社会文化背景对学习风格的影响，表现为不同的学习感知模式和不同的认知方式。③ 通过对文化性学习风格——基于文化基础上形成的学习风格的研究，国内外众多实证研究证明，文化和种族特征对学习风格有深远影响。④

在远程学习者的相关研究中，Garland（1994）应用人种学方法分析了影响远程学习者完成学业的因素，结果发现了隐含着的一个文化主题：学生角色和成人角色之间的社会冲突。Melsaac（2003）从文化、社区、社会存在的角度探讨了建设网上学习社区的一些问题。⑤ 我国学者朱祖林（2008）将远程学习者个体所独具的言语表达和群体共同的行为规范、价值观念的

① ［英］黎安琪．教育与发展——宏观关系与微观文化（下）［J］．严陵译．外国教育资料，1997（4）：41-45．

② 魏淑华，张大均．国外网络学习动机研究的趋势［J］．电化教育研究，2007（4）：33-37．

③ 陈洁．文化对学习风格的影响［J］．铜仁师范高等专科学校学报，2004，6（2）：27-28，45．

④ 侯绪勤，王玉玲．文化性学习风格对少数民族地区高等教育的启示［J］．新疆广播电视大学学报，2007（3）：67-68，71．

⑤ 马红亮．远程教育社会学研究的定量和定性分析［J］．开放教育研究，2005，11（4）：40-43．

综合，称为远程学习者文化。远程学习者文化是一种亚文化，除了学习者自身的年龄特征和个性因素外，社会背景、家庭风貌、学校教育和同辈群体都对其不断成长和发展提供了源泉。作者认为，远程学习者文化是生成性的，经历濡化和涵化的历程，要科学地识读远程学习者文化，值得借鉴国外研究者以俗民志方法来解释传统学校里的学生文化的研究思路。①

有研究者对在线学习者距离感和特定课程要素之间的交互作用进行了实证研究，并认为不同文化和语言背景的学生可能会对通信与合作工具、活动、作业形式、评价类型和教学策略等有不同的看法、使用方式和参与度，即文化属性能够影响学习者的在线表现和学习感受，但目前有关文化属性对学习者在线活动状态影响的实证性研究仍是一个空白点。②

另外，从学习者本身所处环境的社会文化特征分析的角度来看，也有如下研究成果。郑燕林等在“网络学习境脉”的概念模型中，将学习者所处的社会境脉描述为“学习者在当前网络学习环境中的社会角色、社会责任、社会‘地位’与‘声誉’、社会期望，学习者之间的人际关系，以及学习者共同形成的社会网络等”。“社会境脉对网络学习中学习者之间信任机制的形成，交互行为的规范，协作交流气氛的形成有着重要意义。”③

除对学习者进行文化特征分析的理论和实证研究外，还有对其他教学因素进行文化分析的论述。

我国研究者认为，远程教育中的教学法从传统的传递理论模式转向了建构主义、社会文化模式和元认知模式。④此外，通过对课程文化含义的解读——课程文化包含课程与文化的关系、课程及其要素的文化特质，研究者阐述了与现代远程教育课程文化特质关联基础上的自主学习，是学习者“通过理解感悟，使自己以主体的身份投入课程的运行过程中，与课程展开对话，在此基础上体悟人生、社会、历史的价值与意义，自主地建构一种个性的、内在的文化世界。”⑤布朗（Brown）等在1989年发表

① 朱祖林．现代远程教育文化笔谈——识读远程学习者文化［J］．安徽广播电视大学学报，2008（3）：43-44.

② 王敏娟，贺昉．学习者的文化因素对投入性在线学习的影响［J］．中国远程教育，2006（12）：16-21.

③ 郑燕林，李卢一，王以宁．“网络学习境脉”的概念模型［J］．中国电化教育，2007（8）：17-21.

④ ScottL，Howell，PeterB.Williams，NarthanK.Lindsay，盛群力，申晗．影响远程教育发展的32种趋势［J］．远程教育杂志，2005（1）：27-32.

⑤ 张亚君．试析现代远程教育课程文化特质［J］．甘肃广播电视大学学报，2008（18）：1-4.

的论文《情境认知与学习文化》(*Situated Cognition and the Culture of Learning*)中认为，知识是具有情境性的，知识是活动、背景和文化产品的一部分，知识正是在活动中、在其丰富的情境中、在文化中不断被运用和发展着。[①]在教学资源的设计中，国外有研究者认为，创造跨文化的教学资源和使当前资源适应其他文化的需要显得很有必要（Abemathy，Allerton，Barron&SaloPek，1999；Laroehe，Bing&Bing，2000）。由于语言和文化的差异，教学设计人员和其他教学资源创作人员正面临着依据其他文化进行设计和制作与使自身的教学资源适应其他文化需要的任务（Hites&Fisher，1984）。[②]

陈美玲、陈丽等在“携手助学”百间教室校际协作活动的整体设计及主题设计研究中，针对学校由于地理位置差异带来的社会文化差异，采取了提供小步调的活动步骤指导和具体策略与脚手架支持，作为解决学校差异问题的支持策略。[③]

胡凡刚提出了教育虚拟社区交往模型，认为教育虚拟社区交往的结构由三部分组成：社区交往主体、社区交往客体和社区交往文化环境。除了作为交往主体的人、作为工具性交往客体的语言和媒体计算机及附属设备，以及作为生成性交往客体的资源外，社区交往的文化环境作为构成之一，是虚拟社区中已经形成或正在形成的文化关系世界。社区文化的整合、社区归属感的形成和主体个性人格的形成与完善是成功教育虚拟社区的标志。[④]

（三）教学设计及其文化模型建立

当前的国内外学者试图进行各种设计模型和设计框架的研究、应用，以此引导技术力量在网络学习中的分析与设计，在此基础上进行满足文化需求的网络学习环境创设。为使具有不同文化价值负荷的技术表现形式与不同文化环境下的学习者需求相融合，教学设计中文化模型的建立成为该领域日益关注的焦点。

国外相关研究中，有一些实证研究的描述，并有相关的教学设计文化模型提出，有相应的实践成果（如 inter-cultural e-learning，models of culture

---

① 王文静．情境认知与学习理论研究述评［J］．全球教育展望，2002，31（1）：51-55.

② 大卫·P 黛布瑞，文冬，韩卫．教学资源全球化战略分析［J］．开放教育研究，2004（2）：37-41.

③ 陈美玲，陈丽，冯晓英．大型跨地区校际协作学习活动的整体设计及主题设计研究——以“携手助学”百间教室校际协作学习活动为例［J］．中国电化教育，2008（4）：64-68.

④ 胡凡刚．教育虚拟社区交往理论模型与层级塔［J］．中国电化教育，2006（5）：23-26.

for ID，cross-cultural in ID 等）。Patricia A.Young 认为，当前趋势表明，文化模型对信息技术的设计与分析起到辅助作用。在教学设计领域，文化模型关注于文化与设计、开发过程的整合，以及通过对基于文化的设计方案的阐述，从而促进学习。① 从数量持续增长的网络课程所产生的影响来看，多样化、文化多元和全球化的观念现已成为课程设计的关键。② 教学设计技术（IDT）领域中的文化问题，已经为越来越多的人所接受并对此产生兴趣。近年来，相关研究对文化与教育技术之间相互作用的关注正在增加。③ 文化模型在教学设计中的实施，可以辅助设计者辨别共有文化与专属文化、全球文化与地方文化的差异设计，识别文化基础并将文化误解最小化，通过设计评价更好地满足对象的学习需求。④

为了将复杂的文化因素融合到网络学习环境设计中，使之形成简明、有效、具有可操作性的实践方案，Henderson's（2007，1996）提出了教学设计的“多重文化模型”（multiple cultures model，MCM）。MCM 模型整合了认识论、教育学和认知三方面因素，并通过对远程教育项目课程设计的实证研究，将文化情境融合到模型建构中。它所包含的文化因素包括：全球共享文化；社会主流文化；本土或民族文化；性别、宗教、等级文化；工作场所文化及教学法。Young，P.A.（2008）在他所建立的基于文化的教学设计模型（culture based model，CBM）中，将文化因素分为人类学文化因素、心理学文化因素和科学文化因素三个部分。

二、设计要素

有研究者提出以认知层次、知识维度、教学因素为框架的微型课例视频资源的三维立体开发模型。其中，认知层次包括记忆、理解、运用、分析、评价和创造；知识维度包括事实性、概念性、程序性和元认知；教学因素

---

① Young, P A. The Culture Based Model: Constructing a Model of Culture. Educational Technology & Society, 11（2）, 107 - 118.

② Aline Germain-RUTHERFORD，Barbara KERR. An Inclusive Approach to Online Learning Environment: Models and Resources. Turkish Online Journal of Distance Education-TOJDE April 2008,64-85.

③ P Clint Rogers ,Charles R Graham ,Clifford T Mayes. Cultural competence and instructional design: Exploration research into the delivery of online instruction cross-culturally. Education Tech Research Dev（2007）55:197 - 217.

④ Young, P A. The Culture Based Model: Constructing a Model of Culture. Educational Technology & Society, 11（2）, 107 - 118.

包括讲授语言、问题情境、练习反馈和技术应用。[①]

有研究者从微课设计的对象、内容、应用、技术四个角度对国内外有关微课程设计的研究进行归纳和分析。其中，对象分析包括对象的文化属性（性别、社会经济地位、种族和民族）、对象的个体属性；内容分析包括微课程内容的基本属性、连贯性、目标性和层次性；应用分析包括应用时机、应用过程中的生成和学习支持服务；技术分析包括技术的通用性和技术产品的各项属性。[②]

有学者指出，微课是在线教育大爆发背景下课堂教学数字化、网络化的典型形式，但当前在实践中，大多数微课都反映出制作者不同程度和形式的“还原”传统课堂教学各要素的倾向，即在进行课堂教学数字化的时候力图通过技术手段将这几大要素在微课中加以还原或再现。然而，微课的发展需要突破简单还原课堂教学的束缚，借鉴互联网产品开发的思路和方法，深入研究学习者和知识点改善教学设计，提升学习体验。富媒体模式应该得到更加广泛的应用。[③]

可见，面对基于网络环境的微课设计要素，我们既需要结合知识本身、学习者特征进行分析，还需要深刻理解由于信息技术因素的介入，以及多元网络文化环境的影响，微课的教学设计要素需要突破传统教学要素及其相互关系的束缚，在新的学习环境中进行模式的重构。

如前所述，微课是基于网络环境中的完整的教学结构，它以微视频为核心，同时也包括学习指导、练习测试、学习调查、互动论坛等网络课程的主要元素，而学习者在其中经历了不同于传统课堂的个人学习体验和虚拟社群文化的融合，其中既有个体文化属性的差异，又有因共同学习需求而形成的虚拟社群的文化共同体。仅仅依据学习者社会文化背景的差异所进行的微课设计，并不能充分阐释这些文化差异，以及这些差异是如何影响网络环境中学习心理和学习行为，以及在群体学习中差异是如何变化的，因为文化在协作学习活动的动态发展中是不断重构的。因此，文化境脉中基于网络的微课设计的要点在于：在进行资源设计之前，首先要建构网络协作学习活动群体的社会文化结构，即在文字符号的中介作用下，建立参与者及其共同体间的意义共享关联机制。例如，当前诸多 MOOC 课程在课

---

① 容梅. 微型视频课例：相关概念辨析与应用思考［J］. 中国电化教育，2014（7）:100–104.

② 张生，王丽丽，苏梅，等. 微课程设计要素探讨［J］. 中国电化教育，2014（9）：72–77.

③ 韩庆年，柏宏权. 超越还原主义：在线教育背景下微课的概念、类型和发展［J］. 电化教育研究，2014（7）：98–102.

程开设或学习之前，为学习者创设了能够进行交流互动的平台和学习反馈的渠道，也有可能依据个人的学习兴趣和已有的经验组建学习群体。

由此，文化境脉中基于网络的微课设计包括两个主要方面：符号需求环境设计（学习资源）和学习群体的社会文化结构设计（学习服务支持系统）。具体包括四个要素：活动参与者的社会关系和情境化关系、符号中介系统、意义关联策略以及活动客体、目的和结果。对四个设计要素的清晰描述，以及对它们之间动态关系把握得越灵活，则学习活动中的情境脉络就越充分，对学习者在异质共存的文化共同体中所能建构的意义就越丰富。

（一）活动参与者的社会关系和情境化关系

首先，参与者社会关系的形成基于其社会文化信息的丰富展示。参与者丰富的社会文化信息，不仅包括地域文化信息，还包括可供与他人建立联结的个人及其社会、组织、文化信息。由此，虽然凸显了个体之间的差异多样化，但却为形成更广泛的社会网络交互关系和保持足够的网络行动者交互密度提供了可能。例如，可以设计充分的活动主体的展示空间。

其次，社会文化差异带来的矛盾也可称为参与者社会关联的动力点。对于相同的学习内容，不同社会文化背景下的学习者有不同的认知、表征方式：对于个体和群体活动认知的矛盾，知识建构的社会文化现象的矛盾，等等。它们以社会文化差异为背景，以文字符号中介为表达，与参与者日常生活世界相关联，都可以为协作学习活动问题的解决创设丰富的情境。

再次，除了个体和群体差异可以作为学习活动发展的动力外，参与者之间积极的社会意义动机也值得设计者挖掘，它是参与协作的个体对某些意义、思维和价值的共同倾向（例如，某些参与者共同认为，基于网络的学习活动应该实现信息资源的最大共享，他们由此可能成为一个子群体），是实现文化共同体异质共享的重要内容。

（二）符号中介系统

符号中介系统是实现基于网络的学习共同体意义联结的实体。网络学习环境中，符号中介系统包括语言、文字、图像、工具、活动组织方式、信息呈现方式等人为制造品，是特定的社会文化给予的。所以，这一系统的存在，融合了原有的学习活动参与者的社会文化信息，更重要的是，在网络学习共同体形成的过程中，由文化的濡化、涵化和演变所带来的新的文化信息。符号中介系统的设计，就是要发现并引导这些信息的运动，使学习者不仅能简单地运用符号中介进行交互，还能掌握问题与概念、个体与群体的逻辑、分析问题的原则及方法，即使得有意义的联结产生。

基于网络的微课学习活动的意义获得及共享价值的形成，主要以视频、图像、文本等交流的形式，即需要通过文化符号的意义中介。学习者通过符号可供感知的特征和其他成员的行动，从而增加对学习群体集体文化的感受，使个体同样通过符号中介的思想和行动得到协调、表达。因此，符号中介系统也可称为一种符号需求环境，其设计具体体现在：

（1）充实符号表达与意义关联。

充实符号的变换与丰富情感的表达，在把握文本等的语言学意义的基础上，提高利用视频、图像、文本等交互促进文化共同体形成的品质；关注符号意义与社会文化情境的关联，不将符号与真实的问题、事物隔离开，以避免虚空无物的大量符号冗余。

（2）发现学习群体中被忽略的符号回应需求，把其中有意义的部分重新纳入文化共同体结构中的一部分。

（3）将符号设计为认知工具的一种形式。

例如，微课的讨论空间中的每一个讨论话题，学习者的提问与相互回应的连接表征了话题之间的关联，因此，这种符号的设计本身就成为认知工具的一部分，帮助学习者在创造符号系统的同时，问题的解决思路也同时被符号及其意义所构建。

（4）构建“语言社群”。

“语言社群”是利用文字符号的相对一致的表达方式构建一种引人注意的文化性引导，使参与其中的成员以清晰、友善、富有文本意义关联的方式自我表达或做出回应。基于成员的感知与行动，这种“语言社群”的符号表达特性导向了共享文化内涵的形成。

（三）活动客体、目的和结果

活动客体、目的和结果的设计是形成学习活动对象、意义和成果的表征方式，是建立在文化共同体上的网络协作问题解决的导向。微课设计需要系统化的思维。课程设计是“课程所采用的一种特定的组织方式，它主要涉及课程的目标以及课程内容的选择和组织”。[①] 由此，对基于网络环境中的微课的课程目标、内容和组织形式可以从以下几个方面考虑。

---

① 施良方．课程理论——课程的基础、原理与问题［M］．北京：教育科学出版社，1996：81.

1.课程目标

行为目标：熟悉网络环境中微课程学习所能提供的基本功能和基本操作（云存储/虚拟网盘资源获取、学习项目建立、文件共享、学习日程创设与共享、参与在线论坛/会议/对话、云笔记/个人知识管理等）。

展开性目标：①能搜集、整理、共享自己感兴趣的主题；②建立个人主题探究的学习日程，共享学习日历并寻找与自己兴趣相关的成员，展开互动、协作的学习；③参与课程中几个主题论坛/会议的讨论，分享个人见解；④随时记录个人对相关主题理解的转变，并将此作为学习资源进行共享；⑤参与其他成员学习笔记的协同修订，分析他人与自己不同的文化观点；⑥保持对不同文化尊重、沟通的态度；⑦通过对话不断地修正自己对相关问题的理解。

表现性目标：①分享个人主题探究中个人的学习经验和成果，将其以多媒体的形式在学习平台中展现出来；②记录课程学习和对话中个人认识转变的转折点，并允许其他成员协同修订；③在论坛创建讨论主题，分析与学习主题相关的案例或事件；④与其他成员文献共读。

2.课程内容的选择和组织形式

基于网络的微课程学习平台基本操作知识：①信息搜索、存储、共享；②在线学习活动参与；③学习成果、个人反思、课程资源的协同创建。

学习活动：①个人学习主题及学习资源的整理、共享；②建立个人主题探究日程，寻找相同或相近主题的学习同伴；③学习者自主建立主题讨论/在线会议，教师从中选择参与度较高的几个主题，以问题逻辑顺序组织全体成员共同参与在线讨论，形成几个知识构建共同体；④建立个人学习笔记，个人笔记允许协同修订；⑤个人和集体学习成果展示。

学习经验：①发表主题与见解：探索自己所想的、所关心的现象和事件，将其以文字、图片、视音频等方式进行共享；②对话：选择与自己不同观点的成员进行一次对话，谈论对同一问题的不同的理解，记录并分享谈话的结构和要点；③协同写作：对自己创建的主题发表见解，整理其他成员对同一主题发表的意见，整理出文字记录并共享；④文献共读：在线共读教师提供的参考文献，发表个人理解，并阅读批注其他成员的理解；⑤问题沉思：进行个人学习进程反思，记录个人观念转变的关键点。

但是，值得一提的是，在中介工具的支持下，学习活动、学习经验等不能完全被预先设计，因为它们经由群体动态塑造而成，是在不断地接近稳定的异质共存的网络学习社群的状态，从而表达文化共同体平等、理解、协商与共享的含义。

（四）意义关联策略

除了以上对活动主体、工具和客体的设计外，还需要对意义关联途径进行设计，具体对象则是学习活动中的文化共同体、规则以及角色与分工。

用文化的范畴来描述基于网络的微课学习活动中的群体文化形态，以文化共同体作为参照来衡量学习群体的协作学习程度，可以大致分为“被分配的学习小组（没有深层的意义关联）”“协作学习群体（有群体关系的互动）”“学习者的文化共同体（深层的异质文化共享）”三种水平。与其将“学习者的文化共同体”视为一个可达的协作学习水平，不如说是一种理想的状态，深层的网络协作学习是向这一状态的无限接近。

基于网络的微课设计可以考虑以下几种意义关联的策略。

1.边缘—中心凝聚

增强学习者的主体意识，鼓励更多学习者从交互网络的边缘进入核心位置。因此，通过交互语言方式的多样化设计，例如，除设问外，还可以通过追问、引发争论、反义、求教等方式引起学习者的有意义回应。

在网络环境中的微课学习的参与者，不乏发起主题讨论，或是积极地参与讨论活动却没有得到有效回应的情况。“邀请者的失落”和“回应的虚无”是影响文化共同体形成的易被忽略的干扰因素，它们表面上对学习信息增加做出了“贡献”，而由于文化的内核是价值，属于意识和精神层面，这种被忽略的“失落”与“虚无”造成了情感的疏离。它们成为网络协作学习活动文化共同体的松散结点和文化断面。

网络环境中的微课凸显了学习者的主体性和群体协商的价值。但仅仅依靠个体的影响力来凝聚群体参与学习，不能形成真正意义上的文化共同体，在课程实施中发现并引导更多学习者成为学习活动的核心成员，让更多参与者成为文化共同体的主人——即认同自身作为文化的主体身份，也认同他人作为主体的一部分——才能促进共同体的凝聚。

2.差异引入

引入学习者日常生活世界的多样性差异：设计学习者个体展示空间，为“想象的共同体”成员之间建立更多可供关联的文化信息背景；以学习者社会文化情境的差异作为协作学习问题解决的丰富境脉来源。

差异引入还包括活动设计的可选择性，即为问题协作解决提供多种文化情境的解决思路、讨论子群体，由学习者选择能与自身社会文化情境建立有意义关联的学习内容。

3.规则：明示、协商与反思

作为异质共享的文化共同体形成发展的思维和行动规范，同时鉴于网络学习多元开放的学习环境特点，规则的制定更适合以部分明示和部分协商的方式来形成，并且伴随动态的规则反思，保证网络协作学习文化共同体的活跃性和某种程度上共享意义的贯一性，这包括符号表达方式、信息来源、适应与调整、价值观（例如宽容、赞美、尊重、协作等）。网络学习环境中需把握“隐含的协商规则”与“明示的既定规则”之间的张力，教师作为民主型领导者，应灵活把握“放任自由”和“独断”两种规则制定方式的折中。

4.角色分配：教师引导与核心确立

角色设计的意义在于，在学习者和协作学习客体中产生“中介学习体验”。[①]由于在以学习者为中心的网络学习活动中，学习者的独立发现仍存在局限性，因此，需要有经验的人（例如教师）的中介导向在学习者的认知发展中发挥作用。

教师是网络学习活动中文化共同体的培育者和引导者（同时作为权利核心成员和中介核心成员）。基于网络的微课中体现了教师和核心学习者的角色，他们在群体交互活动中犹如对意义进行穿针引线，也是意义流动共享的载体。作为一种信息源，教师的思维和行动为学生提供文化的基本参考系，网络学习的开放环境凸显了教师对共同体的培育和导向作用，而及时的信息梳理和导向、将丰富的社会文化情境引入，是教师作为文化参考的有效表达方式。因此，角色的分配首先把教师作为学习者“中介学习体验”的有经验的中介者。核心成员及其子群体是信息流动与价值共享的关键行动者，他们决定了共同体文化的内质。核心子群体的文化在网络协作学习共同体中的辐射作用，表现在核心成员的符号表达丰富性，以及核心成员对信息流动的把握与控制。独立子群的凝聚力大小对整体文化形成没有必然影响，而重视中介核心成员在子群间的信息导向作用，也就是建立了更多的有意义关联的回应。

三、设计思路与方法

如前所述，我们尝试跳出既有课堂要素的束缚，通过网络学习活动本

① A 柯祖林．心理工具：教育的社会文化研究［M］．黄佳芬译．上海：华东师范大学出版社，2007：8．

身探寻其中的文化的静态因素和动态发展脉络，进行基于网络环境的微课设计。基于网络的微课的文化脉络可由两方面组成：个体层面的学习者社会文化背景，以及作为群体层面的共同文化价值的形成和演变——这包括了这一异质构成的学习群体某些共享的思想和行为。以此为视角进行基于网络的微课的设计，需要首先建立一个可供解释的文化模型。

基于共同体的内涵，文化共同体可描述为，它是通过某种共享的价值观、思维模式和行为模式相互配合，共同实现与相应角色相联系的观念和行动的异质共存的整体。共同体成员既有自身独特的文化特性，又能信奉和遵守共同的价值原则，成员之间是平等的、理解的、协商的、资源共享的。

值得强调的是，首先，网络学习活动中的文化共同体，学习者来源的广泛、多样，来自不同的地区、有不同的身份认同；其次，网络学习活动中人际交流非面对面的特征，学习者更多地通过符号、文本的形式展开信息交互；再次，网络学习活动所构建的文化共同体，是一种“想象的共同体”，是虚拟的课堂，其中的参与者由于面对共同的学习任务，被认为具有潜在的“群族性”，但它可能是有限的或是变化发展着的。

由此得出，第一，网络学习活动中，学习者由于受到原有观念的影响，可能由此对学习活动、学习内容、学习伙伴、学习规则、学习工具具有某种既有倾向；第二，学习者主要通过视频、图文符号的交互，与其他学习者、蕴含在学习内容和认知工具中的文化价值达成协商、共享、传递、融合，使自身原有的文化价值观得以巩固，或在文化冲突和文化包容的环境中内生出新的文化价值倾向，从而使自身更好地融入当前的网络学习环境的文化场域中。

基于以上分析，参考现代意义上的共同体的内涵[①]，对应网络学习的关键特征，基于二者之异质共享的共有特质，可归纳出网络学习群体与文化共同体的内在关联（表3–1）。

表 3-1　网络学习群体与文化共同体的关联

网络学习群体	文化共同体
个体学习与协作学习的相互补充（个体性与社会性）	个体寻求文化独立和文化归属两个方向张力的产物

① 赵键. 学习共同体——关于学习的社会文化分析［M］. 上海：华东师范大学出版社，2006：29.

续表

网络学习群体	文化共同体
学习者特征、学习需求多样化	从本体性的共同理解转变为经过协商的“文化共识”
网络学习者群体脱离传统的地域限制	个体有可能在多个共同体中拥有不同的身份认同
交流、沟通、商讨的学习； 协同完成知识的社会建构； 学习资源、意义的共享	从基于文化同质性到基于文化异质性 文化共同体成员从共同生活在同一地域到成员关系的“脱域”

用文化共同体的构建与演变来分析设计基于网络的微课学习依据在于：首先，教育是进行文化传递、发展、交流的形式之一，基于网络学习是随时代发展、技术进步而生长出的一种教育形式，用文化来解释是可能的；其次，文化共同体与网络学习群体内涵间有深层的关联，用文化共同体的语境来阐释网络学习共同体，是一种可行的解释途径；再次，强调在理解个人的心理功能时，应优先对社会文化过程进行分析，即先分析学习的社会文化环境，再到个体的心理层面。由此，基于网络的微课程学习中文化共同体培育的路径表示如图 3–1 所示。

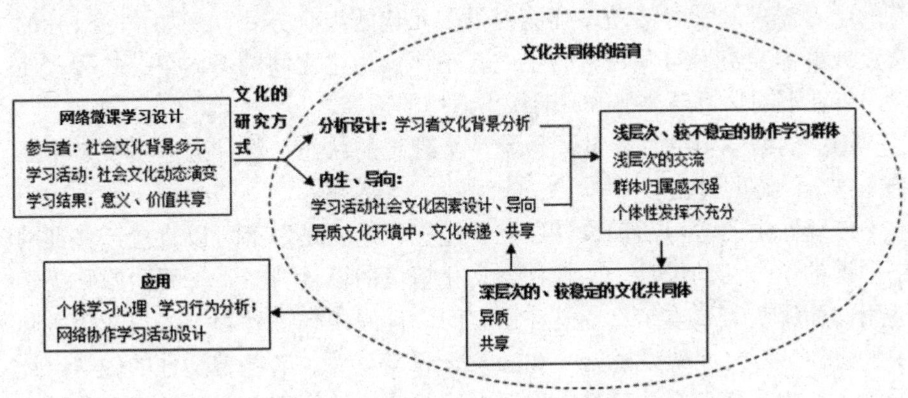

图 3-1　基于网络的微课程学习中文化共同体培育的路径

以文化脉络对网络环境中微课学习活动设计的整体思路概括为以下几条：

（1）以社会交往和社会知识构建为重要特征的网络微课学习活动，学习者文化背景的分析，以及在新的环境中所产生的文化心理的变化，是个体层面研究的前提。在网络微课学习活动发生发展的过程中，存在内部生长与外部设计的张力。网络微课学习发生于流动的文化空间中，通过既有文化价值的冲突、理解、传递、融合，沉淀下较为固定的，或是经历演变稳定下来的文化价值，形成网络微课程学习进行的新的文化基质。因此，从文化内部生长与设计导向的张力可见，不能完全依靠学习活动的精确设计来达到一定的学习活动目的，而是应在理解网络学习中文化共同体形成机制的基础上，把握设计的灵活度。

（2）网络微课学习活动中文化共同体生长的机制，是进行其学习活动设计的基本导向。从网络学习共同体由不稳定到稳定、浅层次到深层次的演变过程中，学习活动设计的内容和重心应有所不同。在文化共同体形成不稳定阶段，学习者交流程度不深，群体归属感不强，且个体性发挥也不充分，则学习活动设计的要点在于个体学习倾向的分析、交流途径的多样化设计、群体规则的构建以及丰富符号中介的运用；而在文化共同体已经较为成熟的阶段，则设计要点在于个体性发挥的空间提供，以及集体智慧的挖掘、共享。

（3）网络学习中文化共同体的异质共享的特征，决定了网络学习活动设计的多元包容。由于不同文化价值对于交流方式、评价方式，乃至交流工具以及学习活动本身等的理解差异，不能用一种学习活动设计路径解决所有的学习需求。学习活动序列能提供多元化的组合方式，例如，一对一的交流或群体交流，自我评价为主或互动评价为主之间的不同组合路径，使学习者在不同学习环节都能灵活做出适切的选择。

（4）网络学习的文化共同体是一个理想的状态，设计的思路仅是不断趋向这个状态的过程。

传统课堂的学习活动设计原则、过程、经验是否都可以直接迁移到网络微课的学习活动设计中？在社会文化情境的设计背景下，哪些原则仍然适用，而哪些需要重组？或是在已有的设计原则、过程和方法与文化境脉中的协作学习之间架设桥梁？ Clint Rogers 等认为，有些普适性的教学设计原则可运用于任何文化情境，但要在这些普适性原则与多种学习者背景之间建立联系，还需要进行更多的探索。[①] 有学者提出，微课的实质是微型化的网络课程，而一门完整的网络课程（如 MOOC）也可以由众多的与知识相

① P Clint Rogers ,Charles R Graham ,Clifford T Mayes. Cultural competence and instructional design: Exploration research into the delivery of online instruction cross-culturally. Education Tech Research Dev(2007)55:197 - 217.

关的教学环节紧密联系的系列微课构成。因此，微课的设计与制作也如网络课程开发经历了选题、教学设计、视频制作、辅助材料、上传、点评反馈和评价、修改一系列流程。①

基于文化共同体解释框架下的网络微课学习活动社会文化结构是动态关联的，因此，微课学习活动设计的过程和方法不是一个严格规定的程序，它是一种对学习群体社会文化构成演变的引导性描述，如图 3–2 所示。

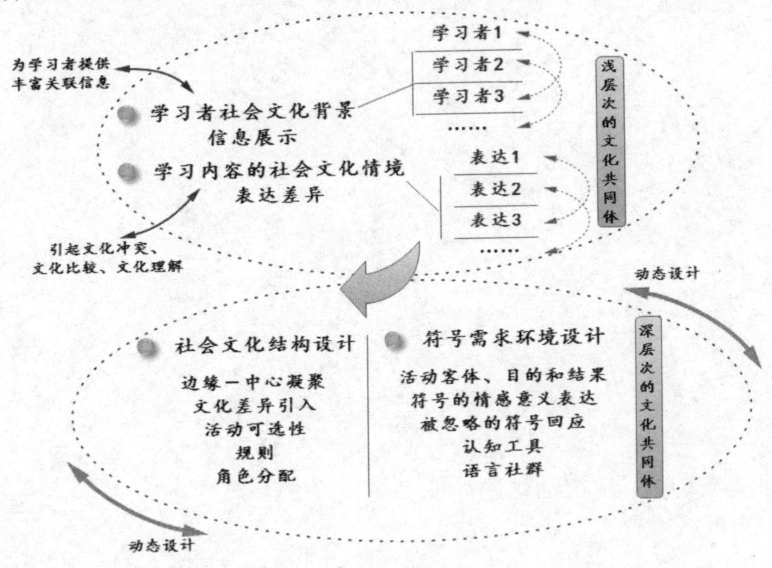

图 3-2 文化共同体框架下网络微课学习活动设计

网络环境为微课设计了信息获取和人际互动的丰富通道，拓展了信息存储和共享的空间，增强了个人经验和集体经验互动的维度和灵活性。微课程设计有其内在的哲学、心理学、社会学和课程理论的诉求，网络环境为微课设计提供了优化的手段，使课程更加有效。然而，网络与信息技术的运用不是对原有经验的否定，而是提供一种新的可能。技术是一种改善问题解决方案的支持手段，为学习者提供经验构建的丰富环境，它本身不是整体课程设计的最终目的。审慎、理智的微课设计和技术应用，才能最终实现教育的跨越和变革。

① 孟祥增，刘瑞梅，王广新．微课设计与制作的理论与实践［J］．远程教育杂志，2014（6）：24–32．

第四章

微课的开发与制作

第一节　微课的开发

一、微课开发的模式

构建微课开发的模式，需要考虑到微课的具体应用功能。用于课前复习、新知学习，还是课堂教学重点、难点解释，或是课后巩固；用于学生自主学习，还是辅助教师课堂讲授，或是用于教师专业发展培训；用于基于理论知识引入的学生协作探究，还是用于实践技能的操作示范；等等。针对不同功能的微课，需展开不同的微教学设计，使用不同的教学策略，使微课能更有效地嵌入不同类型的学习方式中，达成不同的学习目标。胡铁生认为教师在设计微课时需要充分考虑到微课的应用，即思考以下问题：微课是为谁服务的？适合哪种类型的学生学习？达到何种学习目标？适合何种学习方式？适合什么时间学习？①

微课的开发是系统设计的过程，不同的目标选择、原理基础和技术整合形式，将导向不同的微课开发模式。从微课应用的方式和阶段来看，微课开发可以分为校本模式、混合学习模式和泛在学习模式。微课开发的校本模式突出学校教育特色、信息化水平、学生需求和师资结构；微课开发的混合学习模式与校本模式相比，更注重挖掘现代信息技术与课堂教学深度融合的潜能，关注课堂教学与信息技术深度融合的微观层面；微课开发的泛在学习模式突出学习者中心，以达成随时随地的、人人可获取的终身学习为最终取向。

（一）微课开发的校本模式

微课内容的微小具体、主题突出和应用灵活的特征，使其能够更方便、因地制宜地辅助校本课程资源的建设。学校可以从自身办学特色、学科分布、师资结构、教育信息化条件等具体情况出发，依据本校学生的实际学习需求，有针对性地开发校本微课。

① 胡铁生. 中小学微课建设与应用难点问题透析［J］. 中小学信息技术教育，2013（4）：15-18.

校本微课的价值取向是微课制作的出发点和归宿。[①] 我国学者赵国辉回溯了国内外校本微课的发展研究现状。自 1960 年美国依阿华大学附属学校首先提出的微型课程（Minicourse）；到 1998 年新加坡教育部实施的 MicroLESSONS 研究项目，旨在培训教师如何构建微型课程；再到 2004 年英国启动教师电视频道（www.teacher.tv）；以及 2008 年美国新墨西哥州圣胡安学院的“一分钟教授”David Penrose 首创的一分钟微视频课程。我国电教工作者在 20 世纪 80 年代初总结出学校课堂教学应发展内容集中单一、时间短，由教师随堂灵活运用的“插片”；到 90 年代后电教界将“片段性内容”电视教材作为电教教材的一种类型；再到 2010 年胡铁生基于现有教育信息资源利用率低的现状，率先提出了微课的概念，并引起了微课在学校教学中的丰富的研究与实践。由此，研究提出了校本微课的价值取向在于：挑战传统课堂的条条框框；为促进教师专业成长提供了新途径；为传统教学资源建设提供了新方向。[②] 由此可见，校本微课的开发，不仅对于学生具体的学习水平和学习需求有更强的针对性，其突出功能还体现在对教师专业化发展的支持，以及对学生学习文化的培育。

微课对教师专业化发展的支持功能，具体而言，首先，教师在校本微课的内容精选、教学构思、教学设计、教学实施和教学评价过程中，融入了教师对教学目标和教学内容的精细化考量，较普通课堂教学而言，教师对教学的思考更加细致深入。由于微课承载的“微内容”，需要教师对教学目标的序列、教学内容的广博和精确做出考虑、取舍。在进行课程内容的微小切割后，又能进行逆向思考，将微小的知识点有机地构建成完整的知识体系。在微课的教学表达中，教师需要使教学过程精练、重点突出、言简意赅，运用多种媒体形式立体呈现教学资源。这样一个对教学目标和教学内容细化、系统思考并实施教学的过程，使得教师不断地优化教学技能，以及信息技术与教学深度融合的能力。其次，微课播放时间短，易于传播交流，也带来了教师教学观摩、教学研究的新形式。微课避免了需要耗费时力的全程录制课堂教学的形式，教师每次只针对一个具体问题或知识点展开教学观摩，时间灵活，方便实现。再次，微课教学对教师的信息技术能力提出了挑战。教师不仅仅要学会应用软件制作教学资源，更要在制作过程中思考信息技术与教学过程的深度整合，这是一种基于教师自身教学

① 赵国辉．校本微课的价值取向研究［J］．电化教育研究，2014（7）：103-107.

② 同上。

发展诉求的信息技术辅助教学的实践和自我培训。最后，微课对教师教学设计、教学技能和信息技术教学应用能力的集中体现，有利于教师间进行相互学习借鉴、教师个人展示或名师教学示范。

微课对于学习文化的培育，契合了当前“微时代”中的学习方式和学习需求，对于校内师生普遍形成新型的学习文化氛围有所助益。校本微课挑战了师生对于学习环境、学习自主性的自我监控，以及对于学习时间的自主分配。在课堂学习时间以外，师生均可借助微课制定个人学习方案，教师用于教学专业能力提升，学生用于巩固或拓展学科学习，体现了学习时间的自主分配。学习的环境可以在教室、校园或校外，随时随地进行学习，学习内容可多次重复，体现了学习的灵活性和自我监控的重要性。而这种由校本微课潜移默化中培养形成的共享的、主动的、自主的、探索的学习文化正是信息时代所倡导的。

微课开发的校本模式主要包括教师精选教学主题、设定教学目标、制作校本微课、课程实施、评价与修订几个环节。

（1）精选教学主题，即结合本校教学实际，选择新颖、有特色的主题，在微课开发设计的过程中，都要围绕这个主题来进行校本微课的制作。主题选择的依据可以是本校学生的学习兴趣和学习需求，或教师专业化发展、学校学科教学的诉求，或学校教育信息化建设的实际水平。例如，选择具有学校特色教育的内容，或是“把学校不具备条件开展的实验制作成微课、把教学重难点制作成微课、把学生容易混淆的知识点制作成微课”①。

（2）教学目标的设定是微课开发、实施和评价的重要基础，其主要目的在于有针对性地达成学生的课程学习目标以及教师的专业发展目标。对于学生学习的课程目标，主要致力于从知识与技能、过程与方法、情感态度与价值观三方面促进学生健康快乐地成长与发展；对于教师的专业发展目标，主要是着力强化教师自身对校本微课开发的理解，激发教师微课开发的意识，提高教师基于信息技术环境的课程开发的能力。

（3）制作校本微课，即将符合校本文化的教育内容和教育资源进行挑选、整合，按照教学目标要求呈现最有价值的课程内容。校本微课的制作过程也是构建学校教师校本教研共同体的过程，教师对校本课程的理解、信息技术教育应用的技能水平、教学水平等呈现的差异，将成为校本微课开发中的驱动力，并从整体上促进学校教师群体的专业发展。

① 赵国辉. 校本微课的价值取向研究［J］. 电化教育研究，2014（7）：103-107.

（4）校本微课的实施，包括形成课程实施的方案和实际的教学组织两个方面。校本微课较之传统的校本课程更为微小灵活，实施途径也更为多样，既可作为主题明确的系列校本课程，具有特定的育人功能，也可有机嵌入学科课程教学中，作为学科教学的补充。

（5）校本微课评价与修订，包括学生层面、教师层面和学校层面。从学生层面而言，校本微课追求学生基于学科学习的综合素质全面发展，以及学生学习需求的充分满足；从教师层面而言，校本微课促成教师的最优教学状态不仅体现在传统的公开、观摩、示范课中，更体现在日常化的教学过程中；从学校层面而言，校本微课的精致性、系统性，立体化地体现了学校各个层面的育人目标。因此，校本微课的开发重在学校形成常态化的教学机制，而多元的、过程性的课程的评价与修订就是构建这种常态化机制的关键环节。

（二）微课开发的混合学习模式

柯蒂斯·邦克将混合学习界定为：面对面教学和计算机辅助在线学习的结合（a Combination of Face-to-face Instruction with Online Learning）[①]。在学校教学情境中，混合学习通常以课程教学与在线学习共同体融合的方式进行，是一种信息技术与课程教学整合的理念与模式。对于混合学习在当前研究与实践中产生的困惑，邦克认为有几个亟待研究的问题：第一，混合学习中面对面教学与在线学习的比例问题，即“究竟应该怎样进行混合？什么时候该采用面对面的教学，什么时候需要用虚拟在线环境（如虚拟现实、在线游戏、在线文本资源等）？怎样将二者融合在一起才能取得最好的效果？”；第二，混合学习的规模问题；第三，提高现有混合学习资源交互性的问题，即如何充分利用在线媒体环境，让学生更多参与到基于问题的、互动的深度学习活动中；第四，混合学习和开放教育资源的结合问题。基于课堂教学和在线学习环境的微课开发的混合学习模式的构建，也需考虑以上问题，并结合微课这一形式的特点和优势，对以上问题做出回应。

李克东、赵建华探讨了混合学习的基本原理，即混合学习过程强调教师主导作用与学生主体地位的结合；混合学习研究的本质是对信息传递通道的研究；混合学习的关键是对媒体的选择与组合。[②]研究同时提出了混合学

① 詹泽慧，李晓华. 混合学习：定义、策略、现状与发展趋势——与美国印第安纳大学柯蒂斯·邦克教授的对话［J］. 中国电化教育，2009（12）：1-5.

② 李克东，赵建华. 混合学习的原理与应用模式［J］. 电化教育研究，2004（7）：4-6.

习的八个设计步骤，确定混合学习目标、确定预期绩效（业绩）、选择传递通道和媒体、学习设计、支持策略、计划实施的行动观察、学习评价、修订学习。其中，选择传递通道和媒体需要考虑到两个方面的内容：一是可供选择的传递手段，包括学习方式与媒体，主要有在线、课堂、视频、技术支持、PDA、电子绩效支持、组合、自我指导、教师指导、协商、同步、异步和实况 e-Learning；二是要考虑同传递手段有关的效能和成本因素，如存取方式、成本、教学模式、交流、用户友好、组织授权、新颖性和速度。①

何博等通过分析微课的特点和对混合学习及其模式的归纳，构建了基于混合学习的微课教学设计模式，并以实验研究验证其有效性。②该模式主要包括四个部分，即前端分析（学习者分析、教学目标分析、学习环境分析）、教学内容分析、学习资源优化、过程性评价与修改。其中，重视学习资源的设计，通过微策略、微反馈、微反思和微评价将资源紧密联系，保证混合学习的效果。

微课开发的混合学习模式其实质就是围绕学生学习的特点和需求，在现有的信息技术条件支持下，将课堂教学与在线学习的双向整合，使学校教学能更灵活地运用基于问题探究、基于学习资源、基于协作或基于情境化的学习方式，最终达到提升学习绩效的目的。微课短小精悍的设计特点，使课堂面对面教学与在线学习整合的层面更为微观细致，能使课堂面授教学与在线学习各自的优势得到最优发挥，避免二者生硬机械的整合。

因此，微课开发的混合学习模式可分为以下几个部分：①确定学习目标；②分析教学内容；③设计混合学习媒体资源与方式；④学习评价与修订。其中，在确定学习目标环节，还需考虑基于混合学习的微课是用于辅助学生学习，还是用于教师专业发展培训；在分析学习内容环节，需将知识点进行精致切分，并依据教学目标分类的层次，设定某一教学目标类型的知识点达到最佳学习效果的学习形式，如讲授式、启发式、探究式、自主学习或协作学习形式等；设计混合学习媒体资源与方式是至关重要的环节，这个环节体现了微课在哪些层面进行混合，怎样混合的步骤和程序可以达到最佳的学习效果，以及采取什么样的形式混合，如资源、媒体或交互形式的混合等。

---

① 李克东，赵建华．混合学习的原理与应用模式［J］．电化教育研究，2004（7）：4-6.

② 何博，兰国帅，王祖源，等．基于混合学习的微课教学应用研究［J］．中国教育信息化，2014（20）：15-176.

（三）微课开发的泛在学习模式

泛在学习（U-Learning）是一种智能的学习环境，学习者可以不分时间、地点地使用终端设备获得学习内容，信息可以主动地以某种方式呈现给学习者。①泛在学习具有永久性、可获取性、即时性、交互性和教学行为的场景性等特点。②泛在学习的理念基于一种随时随地、人人可及的学习文化，指向学习者在信息化环境中的终身学习。Dave（1976）提出，"终身教育应该是个人或者集团为了自身生活水准的提高，而通过每个人的一生所经历的一种人性的、社会的、职业的过程。这是在人生的各种阶段及生活领域，以带来启发及向上为目的，并包括全部的'正式的（formal）''非正式的（non-formal）'及'非正规的（informal）'学习在内的一种综合和统一的理念"。可见，终身教育的目标是将学习贯穿到人的一生，也即使人们在完成义务教育或基础教育后还可以通过各种途径继续接受教育。③

而微课产生于当前网络通信技术不断发展的环境中，且具有短小精悍、主题突出、交互性强、易于获取的特点，结合移动终端设备的应用和微型学习理念，微课具备了支持泛在学习的潜在的强大优势。微课开发的泛在学习模式基于微型学习的理念。"微型学习这种非正式学习方式通过移动终端进行交互性学习，主要强调学习内容不受地域时空限制，可以随时随地进行学习。微型学习建立在学习者个人兴趣基础上，学习内容少而精，可以满足学习者在短时间内进行学习的目的。"④

郑军等构建了微型学习视频系统模式⑤。该模式中分为管理者、接收者和教师三个部分。管理者作为微型学习视频系统的主导力量，基于受众分析、学习内容类型、时间长短、呈现方式、视频管理和及时反馈机制等因素的考虑，负责微型学习视频内容、视频制作和视频发布。微型学习视频的接收者就是学习者，基于个人兴趣、考试需要、增长知识和娱乐休闲等因素，参与接受学习、内容补充和内容反馈等过程。教师作为前面二者

---

① 肖君，朱晓晓，陈村，陈一华. 面向终身教育的U-learning技术环境的构建及应用[J]. 开放教育研究，2009（6）：89-93.

② 李卢一，郑燕林. 泛在学习环境的概念模型[J]. 中国电化教育，2006（12）：9-12.

③ 肖君，朱晓晓，陈村，陈一华. 面向终身教育的U-learning技术环境的构建及应用[J]. 开放教育研究，2009（6）：89-93.

④ 郑军，王以宁，王凯玲，等. 微型学习视频的设计研究[J]. 中国电化教育，2012（4）：21-24.

⑤ 同上。

之间的联结点，可以进行调节与完善系统遗漏与空缺，将学习者情况及时反馈给管理者进而完善学习视频等。

肖君等提出了面向终身教育的 U-Learning 学习技术环境体系和学习模式[①]。该学习模式包括在一定环境中为达到特定目标而进行的正式学习，也包括由学习者自我发起、自我调控、自我负责的非正式学习。U-Learning 学习模式在前述二者，以及个体与协作的交叉维度中构成。“U-Learning 的学习模式既包括正式学习中教师主导的讲授型教学、基于网络课程的学习、研究性学习、基于资源的学习等，也包括非正式学习中个体基于知识门户、移动电视、PDA、Web2.0 技术，以及基于虚拟学习社区的协作互助学习、行动学习等学习模式。”[②]

林秀瑜设计了泛在学习环境下微课的学习模式，即“学习共同体设计—学习活动设计—学习资源与工具设计—学习过程设计—个性化学习设计”。[③]其中，学习共同体的设计包括教师、学生、通信员间的成员协调，规则制定和情境创设；学习活动设计则基于学习活动理论，构建主体、客体、共同体、工具、规则、分工的完整系统；学习资源与工具设计包括微课主体资源、微课中学习工具的设计和微课中情景的创设；学习过程设计包括自主学习过程、协作学习过程、探究性学习过程和情境感知学习过程的设计；个性化学习设计包括学生管理、学习支持服务、学习评价、设置连接条件和记录学习属性。

罗丹提出“学习中心”微型课程设计模式[④]。该模式包括四个步骤，确定学习目标、选择学习内容、设计学习活动和设计学习评价。其中选择学习内容和设计学习活动时，需结合微课的特点和实际需要，进行学习资源设计、学习支架 / 帮助设计、学习情境设计和学习拓展设计。最后进行设计的修改和完善。

泛在学习智能化的学习环境，更凸显了“学习中心”的课程开发取向。微课开发的泛在学习模式不仅基于其技术环境优势，更突出的是，以学习者为中心的学习模式体现了对个体学习需求和学习差异的关注。例如，微课对知识点的精确切割，知识标签利于学习者检索和回顾；为学习者营造

① 肖君，朱晓晓，陈村，陈一华. 面向终身教育的 U-learning 技术环境的构建及应用[J]. 开放教育研究，2009（6）: 89-93.

② 同上。

③ 林秀瑜. 泛在学习环境下微课的学习模式与效果研究[J]. 中国电化教育，2014（6）: 18-22.

④ 罗丹. 微型课程的设计研究[D]. 上海：上海师范大学，2009.

一种“教师与我面对面”的学习体验；短小的学习内容帮助学习者注意力的保持；紧凑的教学进程将学习干扰程度降到最低。

二、微课开发平台的设计

（一）微课平台设计原则

微课作为一种新型在线网络视频课程，其课程平台的设计既体现了网络在线课程的优势，又具备微小、简洁、主题明确的特点。为了便于学习者的自主学习、自我监控、自我激励的课程学习，微课平台设计需更加突出人性化的学习支持服务，并体现网络环境中学习活动、学习工具等资源丰富的特点。

1.学习者为中心

微课以微视频为主要载体，可以为学习者提供自定步调的学习进程。其潜在的理念就是，基于掌握学习理论，同一学习内容，不同的学习者理解与掌握的程度及其花费的时间是不一样的，而微课为学习者达成个人最佳学习效果提供了充分的支持。因此，在微课这一信息技术开发应用平台中需充分体现以学习者为中心的开发原则。例如，微视频的播放进度可以由学习者控制，可以跳跃或重复；平台友好易用，学习资源简便易取，学习流程连贯清晰，导航准确简明；特定主题的微课平台界面风格与学习者认识风格和理解水平相适应。

2.教学资源配套

微课突破了传统课堂教学的局限，是一种系统的学习资源和新型的学习方式。因此，微课不仅是传统课堂教学视频的演示，更需要在课堂环境以外为学习者提供基于相应课程教学体系的丰富的教学配套资源。课程体系与教学配套资源二者的有机结合，发挥微课优势促进教与学的双向发展。因此，微课平台的设计可以提供多种类型资源的呈现，以微视频为主，但不局限于微视频，此外如静态文本、在线笔记、日程共享、实时交互、学习任务确认、任务协同、学习评价等。

3.学习支持服务

在线学习课程对于学习者而言，进行学习的自我监控，保持学习的持续性是不小的挑战。学习支持服务系统旨在帮助学习者更好地解决学习过程中的困难，或是提供学习者寻求问题解决方案的途径，从而维持学习的内在驱动力，促进自主学习。这一原则的实施需要微课平台各环节的共同作用。例如，从课程内容的选择自主性、课程学习与学习者现有认知水平的差距评估、学习某一主题课程的先行组织材料提供，以及学习过程中的自我评价、社会化交互、实时测评、知识补救等，一方面满足学习者的课程学习需要，另一方面充分基于网络环境的资源和工具优势，提供全面的学习支持。

（二）微课平台设计要素

1.界面设计

微课平台的界面设计应充分考虑学习者的审美需求。针对特定主题，或面对特定对象的微课设计，需重视平台界面的色彩、结构、布局、对象等的风格和搭配，注意界面要设计得简洁、精致、温馨。例如，面向基础教育、职业教育、高等教育或教师教育等不同阶段学习对象的微课，其界面设计的风格会有差异；对于理论性知识、操作性知识而言，界面布局或操作对象也有不同，从而给予学习者思考的空间，或是激发学习者操作实践的积极性。然而，无论是界面风格的设计，还是操作性的设计，复杂冗余的设计将成为学习中的干扰，不利于学习的维持。而简洁、精致，留有适度空间的设计，则与微课的内涵和特征相切合。美观、简洁、精致的界面设计可以营造一种轻松、舒适的感觉，优化图、文、声、像等多种媒体的呈现形式，使教学的关键点得以凸显。

2.系统功能设计

微课平台包含的系统功能主要有课程学习与诊断系统、学习支持服务系统、后台管理等。

首先，课程学习与诊断是微课平台的主要功能。课程学习与诊断功能包括学习者学习科目、知识点、兴趣以及认知水平的前端分析，还包括平台核心的课程学习的系统呈现。前端分析用于对教学内容和学习内容进行精细的划分，依据学习者的特征和认知水平，提供有针对性的学习起点和学习方案，便于学习者自我定位；也可以提供微课资源的详细分类，并提供课程检索功能，学习者可以根据课程所属的专业领域、学习层次，或是课程的关键字、课程评价得分高低等进行筛选，有助于学习者依据学习兴趣有针对性地查找相关课程进行学习。课程主体资源包括知识点结构、微视频、习题和测验、实验操作工具、学习活动指导和拓展资源等，是教师进行微课程教学设计的主要体现。

其次，学习支持服务系统为学习者提供解决学习困难的必要帮助。学习支持服务系统的功能包括微课平台使用说明、学习活动参与说明、留言与论坛使用说明、获取在线学习帮助指导、学习资源推送、学习历史回顾、学习评价、个人学习管理等，用以为学习者提供有效、便捷的学习支持，帮助解决学习过程中的问题，或是构建问题解决的可行方案。例如，学习资源推送功能可以依据学习者的认知水平和学习兴趣，实现微课课程介绍、新上线课程推送、学习活动推介等，以邮件的方式直接向学习者传递最新信息。学习者也可以将这些信息收藏到个人学习中心，并对资源进行分类，如按照学习领域、个人学习时间规划等方式进行整理，管理好个人学习进程。学习历史回顾可以以时间线的方式，帮助学习者查看所参与的每个微学习步骤，包括观看的微课视频、微测验、微评价，或是参与的在线讨论环节等，帮助学习者进行基于微小步调、碎片式学习的自我反思，自我监控是否保持了一定的学习轨迹和时间进度，及时进行自我评价和知识补救，以免碎片化的学习造成学习方向和主题的迷航。学习评价包括学习者个人评价和教师评价，一则为学习者提供每次检测和练习的反馈，也为教师生成同步或异步的学习活动参与情况分析报告，综合评估学习者课程学习的情况。个人学习管理功能使学习者可以对已经学习的课程和浏览的资源进行评价，也可以在平台中留言获取支持。学习者对课程学习中的订阅和收藏的资源进行编辑，也可以对个人在学习论坛中上传的学习资源进行编辑、加工、修改或删除。

学习支持服务除了支持学习者自主学习，还促使在线学习者共同体的构建。学习者不仅可以维护微课平台中的个人基本信息，参加所选课程的论坛主题学习，还可以申请加入某个讨论组，或匿名浏览其他课程和主题的讨论活动，作为课程学习的拓展。

最后，后台管理是管理员和注册教师进行课程、资源、学习活动管理的平台。管理员可以对注册的教师、学习者进行管理，可以添加、删除或修改注册教师或学习者。管理员同时负责审核上传到平台中的课程资源，以及学习社区或论坛中的资源，对平台资源进行添加、删除、编辑修改，例如，公布平台中最受欢迎的微课程排名，或依据资源使用情况将资源前置等。管理员权限还可以实现对学习者在线学习的行为数据的监控和收集，例如，资源使用率、学习者在线时长、学习活动参与、测验与作业完成情况等，为教师提供课程反馈、优化平台功能以及学习分析等提供数据支持。

对教师而言，教师既可以以学习者的身份参与微课程学习，也可以观摩评价其他教师的微课，还有对个人所开设的课程、资源及学习活动的管理权限。具体而言，教师可以对个人开设的微课资源进行管理，具体包括上传、修改、查看、删除，针对所涉及的学习活动在平台的论坛中开设相应的讨论板块，组织并发布学习者论坛讨论主题，促进学习交互和资源共享。教师还可以在个人所开设课程中选择平台所提供的学习工具并嵌入微课程中，例如，能为学习提供支持的协作编辑工具、创作工具、认知工具、会话工具、个人记录工具等。

3.运行流程设计

微课可用于课前学习、课堂内化和课后巩固等环节，也可以用于学习者进行独立自主学习。因此基于以上功能，微课平台的资源可以为以上不同环节提供教学支持。

课程开始前，平台课程公告发布通过审核并即将开课的课程通知，允许学习者了解课程的基本信息和学习要求，并能进行个人知识的基础测试，学习者能在课程知识地图中准确定位个人认知能力的起点。课程开始后，教师能为学习者提供课程系统的学习资料，包括微视频、微课件、微测验和微练习等，并发布相应的课程单元学习主题、学习要求、学习指导、学习活动等信息，给予学习者必要的鼓励，营造和谐融洽的学习氛围，为学习者积极顺利地投入自主学习、参与课程讨论提供支持。学习者在课程进行过程中，依据课程学习主题和学习指导，进行自主学习、完成练习、参与阶段性检测，并根据教学主题及课前搜集的各种相关的资源与教师进行互动，加入学习交流互动。教师在线回答参与网络课程学习讨论的学习者的学习疑问，或有针对性地整理教学重点、难点和共性的问题，在课堂中进行集中讨论解答。课堂教学结束之后，教师对微课资源平台上讨论过的问题进行汇总，及时反馈新的问题，接着继续上传新的课程内容。

三、微课开发平台的建设实施

从建构主义学习观的角度来看，学生以自己特有的方式来理解事物或事物的某些方面及其特性，学习具有主动性、社会性和情境性。在学习过程中，教师不是学生学习的唯一帮助者与促进者，教学不能无视学生已有的知识与经验。因此，微课的开发平台建设充分考虑到为学习者创建学习主题明确、知识逻辑清晰和学习支持充分的平台环境。

（一）精确选题

建构主义学习观认为，知识的本质只是人们对客观世界的一种解释、假设或假说，对知识的理解与掌握应当由学生基于自身的直接经验背景或间接经验背景建构起来的，学习往往由特定情况下的学生学习活动和学习过程决定。由此可见，微课的选题环节是举足轻重的，适当的微课选题会引发学生在新旧知识与经验之间的思维冲突，进而引起学生认知结构的重组与改造。

不同教育层次、教学阶段，或者同一学科领域的不同教学对象，微课的选题存在差异；一个学科内的知识点也由复杂的体系构成，知识点的教学目标类型、层级有所不同。因此，并非所有课程、所有内容都适合做微课；同一内容的微课的一种形式，并非适合所有的学习者。在微课课程与内容的选择上要具体问题具体分析，符合微课的特点，适应学习者需求，突出微课的优势。具体而言，对微课的选题进行精细的划分，做到一个微课解决一个问题、一个微课弄透彻一个疑难点。对一些重要的概念或比较抽象的事物，要创设理解情境，说清楚是什么不是什么，让学生易于理解与掌握，达成微课的学习目的。对技能教学，则不必过多地提及为什么这样做，或这么做有什么意义，技能教学重点强调的是应该如何做，不能怎么做，做的程序与要领是什么等。这样，将学习者的认知特点与微课的短小精悍的特点相结合，便于学习者知识的主动构建。

建构主义学习观尽管强调了学习者的认知主体作用，但也没有忽视教师作为意义建构帮助者的指导作用。教师在建构主义学习中具有重要的作用，教师既要激发学生的学习兴趣，也要帮助学生形成并维持学习动机。因此，微课不仅要关注内容选好主题，使主题突出鲜明，同时也要形式多样以激发学生进行知识的主动建构与积极生成，符合学生自我发现规律，纠正认知中的错误、完善自我认知结构。微课开发针对不同教育阶段、教学层次和学习对象，可将教学素材进行有机地整合，例如，将图片、文字、声音和图像等媒体形式有效整合利用，有针对性地突破专业理论类型、实践操作类型、人文综合类型等课程的学习，以此激发学习兴趣，维持自主学习的学习动机。

（二）精心设计

微课不是简简单单的一堂课，它涉及很多内容，从本质来看，微课不光是对学生学习资源的开发，更是一项新型网络课程的设计、建设与应用的系统工程，因此微课的教学设计，或“微教学设计”是微课开发中的重要环节。对于新接触微课的教师而言，要考虑的主要问题或遇到的最大困难就是如何有效掌握微课的设计方法。通过微课的系统设计，不仅向学生提供学习内容，更重要的是促进学生有效学习的发生和维持，体现学生有效学习的意义。因此，需要重思微课的设计思路和方向，即微课设计的重心应当由内容为主向过程为主倾斜，突出过程的重要性，要支持完整的教学结构和学习流程。

建构主义学习观认为，学生的学习是在特定情境下借助外力的帮助，通过师生之间与生生之间的协作与交流等途径，通过对知识的社会性意义建构而获得。由此可见，理想的建构主义学习环境应该包括情境、协作、交流和意义建构四个部分，这四个部分在建构主义学习环境中具有重要地位。因此在微课平台的设计中，需考虑在学习形式、参与途径、交流平台与反馈通道等方面应当为学生提供选择，让学生根据自己实际情况做出最佳的选择。我国学者余胜泉认为，“每门微课应该包含与内容相对应的学习活动，如讨论、投票调查、提问答疑、在线交流、发布作品、学习反思、练习测试、辩论活动等。一门标准的微课应该包含目标、知识点、元数据、聚合模型、学习活动与学习评价等环节”。[①] 如此，才能真正有利于学生通过微课学习获取所需的知识与技能。

（三）精致聚合

胡铁生认为，在微课的建设过程中要体现微课的完整性，要提供诸如微教案、微课件、微练习、微反思、微点评、微反馈 6 套“微教学资源”。就教学的完整性和系统性而言，一节单独微课的教学作用往往不大，不能完成所有的教学目的。如果不融入整个学校、所在区域甚至全国性微课应用平台或系统就难以实现教学资源的有效聚合，形成“微课群”，并由“微课群”聚合为“微课云”。只有形成“微课群”，并由“微课群”聚合为“微课云”，才能使得微课得以被广泛使用，发挥微课的特有优势。

为了帮助学生进一步理解所遇到的各种问题，教师可以把复杂的学习任务进行分解、化繁为简，搭建学习的脚手架，以便学生能逐步深入理解，支持学生知识的自我建构。因此，基于建构主义学习观，微课的开发是对学生学习任务分解得很好地运用，化繁为简，去粗存精，有利于推动学生实现成为一种连续、积极地建构自身的“学”的过程。因此，微课平台的建设需精心设置知识点与知识点之间、单元与单元之间、课程与课程之间的关系联结，使每个单独的微课、知识点单元之间处于有机联结、有序聚合，

① 余胜泉，陈敏．基于学习元平台的微课设计［J］．开放教育研究，2014（1）:100-110.

帮助学生从简短的微课学习活动过程中获得自身发展所需要的连续性的知识与技能，并使之聚合成学生所既有的知识体系的一部分。这种聚合式的微课建设与建构主义的“支架式教学”模式原理相同，通过一个个互有关联的微课，不断地将学生的知能从原有水平引导到另一个更高的、更全面的认知水平。总而言之，微课是在整合各种微型资源基础上建构的小型化课程教学服务，微课平台建设的目标是促进教学内容、教学服务与教学互动的有效融合。

第二节　微课制作软件

一、PowerPoint

PowerPoint 是一款目前微课制作中广泛使用的软件。PowerPoint 中文意思是“重点”“要点”，即通过借助计算机和投影仪以文字、声音或图像的方式将发言重点和相关的辅助资料呈现在屏幕上，让听众明确发言的要点。

（一）基本制作步骤（以PowerPoint2010为例）

（1）首先进行 PPT 课件制作，课件可由文字、图片、动画、音频或视频构成。

（2）选择“幻灯片放映”中的“排练计时”，拟定幻灯片播放时间及顺序，然后保存。

（3）选择“文件”→“保存并发送”→“创建视频”。

（4）单击“不要使用录制的计时和旁白”，在下拉选框中选择“预览录制的计时和旁白”，选择“不要使用录制的计时和旁白”。

（5）单击“创建视频”，生成 Windows 通用的“wmv”视频格式。

（二）PowerPoint课件的几种效果添加

1.视频播放

（1）打开 PPT 文件，选择需要插入视频的幻灯片。

（2）选择菜单栏中的“插入”中的“插入影片”命令。

（3）将事先准备好的视频文件选中，点击“添加”，即可将视频加入指定幻灯片中。

（4）调整幻灯片中视频的位置，自行设置播放方式，单击视频可实现暂停或播放。

2.插入Flash动画

（1）打开PPT文件，选择要插入Flash动画的幻灯片。

（2）选择菜单栏“插入”中的“对象”，选择弹出对话框“插入对象”中的“由文件创建”命令，单击“浏览”插入文件，“确定”后返回PPT。

（3）选中幻灯片上的文件名图标，双击图标后选择“动画设置”对话框。

（4）选择“单击鼠标”中的“对象动作”，再单击“确定”按钮完成动画的激活设置。

（5）单击图标出现访问框，单击“是”，系统Flash程序或Windows Media便会播放插入文件。

3.插入超链接

（1）打开PPT文档，选择要插入超链接的幻灯片。

（2）在PPT编辑区插入与链接有关的内容。

（3）选中对象后单击“插入”，在下拉菜单中单击“超级链接”。

（4）单击弹出对话框中的“链接到”，选择“原有文件或Web页”中的“文件”按钮插入想插入的文件，最后单击“确定”，完成操作。

（5）幻灯片放映时，插入了超链接的幻灯片中会出现一个询问框，单击“确定”，系统会自动使用Flash或Windows Media程序来播放插入的文件。

4.插入控件①

（1）打开PPT文档，选择要插入控件的幻灯片。

（2）选择菜单栏中的“视图→工具栏→控件工具箱”，单击“控件工具箱”中的“其他控件”，弹出系统已经安装的所有ActiveX控件窗口。

（3）若插入视频，在ActiveX控件窗口选择“Windows Media Player”选项；若插入Flash动画，则在ActiveX控件窗口选择“Shockwave Flash Object”选项，操作完成后系统会自动关闭该窗口。

（4）将光标移动到PPT的编辑区域时，光标变成“十”字形，按下

① 韩浩杰．如何让PowerPoint课件“绘声绘影”［J］．教育信息化，2006（24）：43.

鼠标并拖动，画出适当大小的矩形框，这个矩形框就是播放视频或动画的区域。

（5）先用鼠标选中播放窗口，单击右键，在出现的快捷菜单中单击“属性”，单击“属性”窗口中的“自定义”一栏，此栏右端便出现一按钮，单击该按钮，出现“Windows Media Player 属性”或“属性页”窗口。

（6）若插入视频，在“Windows Media Player 属性”窗口中选择“常规”，在“文件名或 URL（U）”中输入视频文件的绝对路径，或点击右端“浏览（B）”窗口，在“查找范围”中寻找要插入的文件，打开文件，回到“Windows Media Player 属性”窗口，单击确定即可。若插入 Flash 动画，则在“属性页”窗口中找到“影片 URL［M］”，在其右侧文本框中输入 Flash 动画的完整路径，且必须带后缀名“.swf”。

（7）放映该幻灯片，插入控件的画面就出现了。

二、屏幕录像专家

屏幕录像专家是一款专业的屏幕录像制作工具，它可以轻松地将屏幕上的软件操作过程、网络教学课件、网络电视、电影、聊天视频等录制成 FLASH 动画、ASF 动画、AVI 动画或者自动播放的 EXE 动画。

（一）设置与录制

在进行操作演示之前需要对该软件进行设置（为操作简便起见也可使用默认设置），内容包括基本设置、录制目标设置、声音设置、快捷键设置。

1.基本设置

主要包括对文件名、文件保存路径、录制形式、录制频率、生成格式等进行设置，录制频率越小所生成的动画占用的空间越小。

2.录制目标设置

录制范围的设置，包括全屏、窗口、范围三种方式。选用全屏时，整个屏幕的内容都将录制下来；采用窗口方式，可以有选择地对某些窗口中的内容进行录制，如 QQ 聊天视屏窗口、Word 菜单窗口。如果录好的录像出现白边，此时可以通过调整录制范围来解决。方法为，先使用“录制目标”中的“窗口”选项选定视频窗口，试录如果发现有白边，则选中“范围”选项，然后根据白边的位置修改范围编辑框内的值（未修改前显示的是选中的视频窗口的坐标范围）。如果白边在左边，那么将 X1 值加 1，如果在右边，那么将 X2 值减 1，如果在顶部，将 Y1 值加 1，如果在底部，将 Y2 值减 1，修改后再试录，如果还有，则继续按上面的方法修改，一直到试录得到的录像没有白边。注意：录制过程中不能改变视频在屏幕上的位置。

3.声音设置

用于对采样位数、采样频率进行设置，在设置好后可根据“试录”效果来调整设置。

4.快捷键设置

使用快捷键可以减少鼠标操作对录制效果的影响，快捷键设置包括对“开始 / 停止录制”“暂停 / 继续录制”“暂停时单帧录制”的操作进行快捷键设置，快捷键可自由选择。

在设置好录制模式后，就可以单击“开始录制”按钮或通过快捷键进行录制。接下来只需专心演示，操作步骤会自动录制下来。

（二）后期处理

录制完成后，所生成的视屏教程可直接使用也可经过一定的整合处理再使用。视屏录像可生成 AVI、EXE、LX 等多种格式，通过转换还能生成 ASF、SWF 等格式。生成的文件可进行格式转换、合成、截取、后期配音、加密、去噪等处理。

1.格式的转换、合成与截取

在“工具”中选择进行 AVI 与 EXE 格式之间的转换（也可选中“录像模式”中需要转换的 EXE 文件），单击右键选择将文件转换成 ASF 或 SWF 格式。

合成操作用于将生成的多个文件合并成一个文件，选择“工具”→“AVI 合成”/“EXE 合成”/“LX 合成”后，将会出现“×× 合成”对话框，点击“加入”按钮添加需要合成的文件，通过“上移”“下移”对文件进行时间顺序的调整（注意：被合成的各文件的帧图像大小和录制频率必须一样，否则无法合成）。

截取操作用于截取 EXE 文件的一段，从而得到一个新的单节 EXE 录像，其使用方法为：选定一个 EXE 录像文件，在菜单中选择“工具 / EXE 截取”，出现“EXE 截取”对话框。单击“播放”按钮，开始播放此录像，到需要的位置后，单击“停止”按钮，然后可以通过“前一帧”和“后一帧”按钮实现精确定位。也可以直接在编辑框中输入要定位到的帧数，然后单击“定位”按钮，定位到需要的位置后，单击“定义头”，这样就标记了开始截取的位置。同样地定位到需要截取到的位置后，单击“定义尾”，这样就把截取的范围确定了。然后就可以单击“截取”按钮实现截取，单击“试放”按钮实现对选定范围的试放。

2.配音与去噪

后期配音包括用麦克风进行现场配音、导入外部声音文件。导入的音频格式只能是 WAV 格式，针对这个限制条件，我们可通过其他软件，如 CoolEdit，将文件转换为 WAV 格式后再导入。去噪处理将录音过程中产生的停顿部分作为噪声去掉，在录像文件列表中选中 EXE 文件，使用“编辑 / 修改 EXE 播放设置”菜单，在弹出的“EXE 播放设置”窗体中点击“去噪声”选项，这时会弹出去噪声窗，点击即可去噪声。而通过“重新计算”选项可对“噪声强度”“噪声最短持续时间”“配音最短持续时间”进行设置。

三、Camtasia Studio 视频编辑

Camtasia Studio（以下简称 CS）是美国 TechSmith 公司出品的视频编辑软件，可以将多种格式的图像、视频剪辑连接成电影，输出格式可以是 GIF 动画、AVI、RM 等，并可将电影文件打包成 EXE 文件，在没有播放器的机器上也可以进行播放，同时还附带一个功能强大的屏幕动画抓取工具，内置一个简单的媒体播放器。这一软件可以便捷地操作屏幕的录制和配音、视频剪辑和过场动画、添加字幕和水印、制作视频封面、视频压缩等。

CS 需要 Windows2000/Vista/Windows7 以上操作系统，PPT 插件需要安装 PPT2000/PPT2002 或更高版本。其应用程序为：录制前准备工作→录制屏幕→保存录屏文件→音视频编辑→输出视频。以下为操作中的主要步骤。

（一）录制屏幕操作

（1）确保麦克风和摄像头能正常使用，打开 CS，单击“录制屏幕”按钮，打开屏幕录像程序。

（2）单击 Full screen 按钮可录制整个屏幕。

（3）单击 Custom 出现虚线框，可实现指定屏幕区域录制。

（4）单击 Camera 教师头像会以画中画的方式出现在所录视频的右下角。

（5）单击 Audio，录制声音，为提高声音的信噪比，可将麦克风的电平调节为 90% 左右。

（6）单击 Rec 按钮，在 3 秒倒计时后开始录制。

（7）录制结束后，单击 Stop 按钮结束录制。

（8）待自动播放录制的视频时，单击 Save and Edit 按钮保存文件，自动进入 CS 主界面。

（二）同步解说PPT

PPT 课件每堂课几乎必不可少，教师通常会一边播放 PPT，一边讲课，用 CS 可以同步录制 PPT 的解说。

（1）启动 PPT 2013 并打开课件，切换到“加载项”选项。

（2）选择麦克风和摄像头，即能实现录音和摄像。

（3）单击 Record 按钮会自动播放幻灯片，并进入录制状态。

（4）单击 Click to begin recording 按钮开始录制，此时就可以一边播放课件，一边讲解，录制结束后按 ESC 键弹出对话框，单击 Stop recording 会提示保存的文件。

（三）合成微课视频

一堂微课可以包含屏幕操作视频、同步的 PPT 解说，有时还会包含实时拍摄的视频，运用 CS 可实现合成并输出。具体功能与操作步骤主要介绍以下几种。

1.重组微课

微课通常由多个部分组成，这就需要对素材进行裁剪组合。

（1）选择菜单“文件 / 导入媒体”导入各种外部素材，包括录制的项目文件、图片、音频和视频等，素材保存在 Clip Bin 中。

（2）所有素材都放置在轨道上，右击轨道上可插入或删除轨道。

（3）轨道上的素材可以进行分割，拖动播放尺至分隔处，单击“分割”按钮即可。

（4）CS 录制的文件在轨道上会有“屏幕”字样，轨道上的素材可以拖动调节出场时间，微课的重组都是在轨道上完成的。

2.光标特效

为了使 CS 录制的项目更加醒目，实现更易吸引学习者的注意力，我们可以对光标进行修饰。

（1）将播放尺移动到 CS 录制的文件上，单击 More 选择 Cursor Effects。

（2）选择 Mouse cursor visible，在 Cursor size 中可改变光标的大小。

（3）可给光标添加上光圈特效，单击、右击添加波浪等特效，Click sound effect 中可以通过单击、右击添加声音。

3.炫目转场

同一轨道上的视频、图片在切换时可以添加过渡特效，以免切换过于生硬。

（1）单击 More 选择 Transitions 打开转场库。

（2）将库中的转场特效拖放到两段视频或图片的中间，拖动素材之间的转场可修改过渡时间。

4.音频编辑

通过普通麦克风录音可能噪声比较重，而有时只需保留音频或视频，这时 CS 能够轻松解决此类问题。

（1）右击轨道上的视频，选择“独立视频和音频”，即可分离视频中的声音和影像。

（2）选中音频文件，单击 Audio 按钮，可以让音频淡入导出，还能降低或增加音量。

（3）如果声音中的噪声比较明显，则选中“启用噪声去除”并调节灵敏度，噪声会基本消除。

（4）对于音量不一的配音，选中声音文件，再勾选“启用音量调节”就能统一音量。

5.同步字幕

字幕在微课中是非常重要的一部分，课堂中某些环节需要添加文字说明，CS 可以轻松添加这些字幕。

（1）单击 Callouts 打开标注库，选择某个形状，则自动添加到轨道上，在下方可修改形状的外观。

（2）在方框中可以输入字幕内容，还可设置字体颜色等。

（3）在“属性”中修改字幕的淡入淡出效果时长。

（4）在视频播放窗口中可以调节字幕的位置。

（5）拖动轨道上的字幕调节出现的时间，右击字幕选择“持续时间”，精确设置字幕的停留时间。

（四）输出视频

在微课编辑组装完成后，就可以根据需要将微课输出成多种形式的视频文件。

（1）选择菜单“文件→生成并共享”弹出对话框，可将微课输出为常见的 MP4、WMV 格式。

（2）选择“自定义生成设置”，单击“下一步”，选择带有交互性控制的 MP4—Flash/HTML5 player。

（3）单击“下一步”可设置控制器的功能、外观等，这样能控制微课的播放，最后连续单击“下一步”即可输出微课。

四、GoldWave 音频处理

GoldWave 是一个声音录制软件，集声音编辑、播放、录制和转换为一体，体积虽小，功能却强。可打开的音频文件类型包括 WAV、OGG、VOC、IFF、AIF、AFC、AU、SND、MP3、MAT、DWD、SMP、VOX、SDS、AVI、MOV 等。同时还可以从 CD、VCD、DVD 或其他视频文件中提取声音，因其含丰富的音频处理特效，可以实现从一般特效如多普勒、回声、混响、降噪到高级的公式计算，且利用公式在理论上可以产生任何需要的声音。5.08 版在处理速度上有了很大提高，而且能够支持以动态压缩保存 MP3 文件。

（一）获取音频

1.录制声音

（1）检查各项设备是否准备就绪（话筒插入声卡的 MIC 是否输入插座，声卡是否正常工作，录音参数是否设置正确）。

（2）单击“文件”中的“新建”，弹出“新建声音”后，对声道数、采样频率、初始化长度进行设置，然后单击“确定”，建立一个新的空音频文件。

（3）单击控制器上的“开始录音”按钮进行录音，单击“停止录音”可结束，单击“播放”按钮，待试听满意后执行“文件”菜单中的“保存”命令即可保存为指定格式的声音文件。

2.CD上获取声音

（1）将 CD 放入光驱，选择“工具”菜单中的“CD 读取器”，并选择其中的“读取曲目”按钮。

（2）选择“标题”栏中所要的曲目，单击“保存”按钮。

（3）在“保存 CD 曲目”窗口中选择“目标文件夹”，然后选择“另存类型”（类型视需要而定）以及“文件属性”，最后单击“确定”按钮即可开始获取声音。注意：文件的基本名不变，扩展名为 .mp3。

3.视频分离音频

（1）选择“文件”菜单中的“打开”命令，打开所需视频的源素材。

（2）选择“文件”菜单中的“另存为”命令，保存后即可将视频文件中的声音单独分离出来。

（二）编辑声音

1.剪贴板编辑声音

（1）打开两个音频文件，A.wav 与 B.mp3，将 A.wav 中一部分设置为选区。

（2）单击“剪切”按钮或“复制”按钮，把选区内容粘贴到剪贴板。

（3）剪贴板中的内容既可粘贴到 A.wav 的其他位置，也可以粘贴到 B.mp3 文件中。

（4）单击“粘贴”按钮，剪贴板中的声音被插入到波形图中，原有声音被推向后边。最后试听一下效果。

注：单击“粘贴为新文件”按钮可将剪贴板中的声音生成新文件，这个操作常用于把需要的内容从整首乐曲或声音中分离出来。

2.多个声音素材的合成

（1）打开两个音频文件，A.wav 与 B.mp3，将 B.mp3 中一部分设置为选区。

（2）单击“复制”按钮，把选区内容复制到剪贴板中。

（3）单击 A.wav 波形图的某一位置，该位置是合成的起始位置。

（4）单击“混音”按钮，显示音量调整窗口。在音量调整窗口中，移动音量滑块，调整音量，试听满意后，单击“确定”按钮。

3.改变声音文件的固有音量

（1）打开音频文件 A.mp3。

（2）单击“全选”按钮，将整个音频设置成选区。

（3）选择“更改音量”按钮，在更改音量窗口中，根据需要，调整音量，可以单击绿色的“试听当前设置”按钮，进行试听直至满意。最后，单击“确定”按钮。

4.调整音频文件的时间和速度

（1）打开音频文件 A.wav，把需要调整的部分设置成选区。若对整个文件进行调整，则单击“全选”按钮。

（2）单击“时间弯曲”按钮，在“时间弯曲”窗口中的“变化”或“长度”选项中调整以改变时间和速度。

（3）单击“试听当前设置”按钮来试听效果，满意后单击“确定”按钮。

5.数字音频的处理

（1）降噪处理。单击“效果”菜单中的“滤波器 / 降噪”命令，或者选择菜单“视图 / 放大”对所选择区域进行放大，播放直至精确地选择要处理的声音对象为止，然后执行“编辑 / 静音”命令，则所选择的声音波形的幅值变成零，噪声即被清除。

（2）静音效果。打开音频文件，把需要调整的部分设置成选区。接着选择“编辑”菜单的“静音”命令，选区内的声音就会变成静音，波形变成一条直线。

（3）声音的淡入淡出效果。打开音频文件，把需要处理的部分设置成选区。单击“淡入”按钮，在“淡入”窗口中调整“初始音量”直至试听满意后按“确定”按钮。“淡出”效果的设置与“淡入”效果的设置完全相同。

五、会声会影视频编辑

会声会影是一个功能强大且简单易用的视频编辑软件，具有图像抓取和编修功能，提供有超过 100 多种的编制功能与效果，可制作 DVD，VCD，VCD 光盘，还支持各类编码，是一个简单易操作的 DV、影片剪辑软件。

打开软件界面，界面上的功能菜单栏可以直接对视频文件进行处理；预览视频文件的窗口起到实时预览视频的效果；图库可以存放导入的素材，时间轴用来编辑素材。时间轴分为多个轨道，分轨道存放视频素材和音频材料，进行详细的编辑和剪辑。利用会声会影制作视频的基本操作步骤有以下几点。

（一）捕获

将视频从源设备传送到电脑中的过程称作捕获。在捕获的选项面板中选择捕获视频选项，它可以捕获来自 DV 摄像机、VCR 等视频文件。每种类型的捕获视频选项面板中的捕获设置是不同的。注意：当摄像机处于“录制”模式时可以现场捕获视频；根据选择不同的捕获格式，对话框中的可用设置将会不同。

（二）故事板和时间轴

点击预览窗口下方左侧的故事板视图（影片图案里的每一影格就是一块故事板），依次向里面放置影视素材即可编辑。故事板里的影视片段可以通过单击并拖拉的方式，改变影视片段在影片中的具体位置。单击预览窗口下方左侧的时间轴视图则进入时间轴模式。

（三）视频素材编辑

1.对素材进行分割修剪

切换到时间轴模式。将素材拖放到视频轨道上，单击选中，拖动预览窗口下的“飞梭栏”，到需要进行分割的位置，按“剪刀”图标将素材分割成多个片段。如果出现不需要的片段，可以在视频轨道上单击该片段后按键盘上的删除键删去，也可以拖动左右两侧的“修整拖柄”到要保留的起始和终止位置，将该素材前后不需要的部分去除。还可点击“视频”页面的“多重修整视频”功能，在弹出的“多重修整视频”窗口中，拖动“飞梭栏”，点击“起始（[）”/“终止（]）”标记要保留的部分，将这段素材中要保留的几个片段进行标记，然后按“确定”按钮返回。

2.为素材添加慢动作放大效果

为了使精彩的动作看得更清晰，可以单击“视频”页面上的“回放速度”，在弹出的“回放速度”设置窗口中，将滑块向“慢”的方向拖动，实现慢动作效果。还可以使用“视频摇动和缩放”滤镜来模仿摄像机的推拉摇移的拍摄手法，将镜头跟踪到需要突出的主体上进行放大。将该滤镜拖放到素材上，按“自定义滤镜”按钮，在弹出的窗口中，拖动播放滑块，根据跟踪放大的主体运动轨迹的不同位置，分别单击“增加关键帧”按钮标记关键帧，在“原图”框中，将红色“+”字标志定位到主体上，在下方的“缩放率”中设定拉近放大的数值即可。

3.调整视频光影

（1）调节亮度。

单击“文件 / 将媒体文件插入时间轴 / 插入视频”命令导入需要修改的视频。选择视频轨中的视频文件，这时候右侧窗口中“画廊”下方的“视频”选项下会弹出对该视频文件进行修改的选项。然后单击“色彩校正”项，选择弹出各项修正参数的调整项进行色调、亮度、对比度等参数的调整。最后拖动滑块即可改变参数值，并且可以边调整边观察画面的变化情况。

（2）增强光线。

单击“文件 / 将媒体文件插入时间轴 / 插入视频”命令导入需要修改的视频。单击会声会影右侧画廊的下拉列表，选择“视频滤镜”，在常用滤镜中找到“自动曝光”，用鼠标将其拖曳到视频轨中需要补救的视频文件上，这样就调整了光线的不足。

如自动曝光调整后，画面没有太大的改善，可以再添加一个“改善光线”滤镜，添加之前需去掉“取代上一个滤镜”复选框前的钩，以避免后面添加的滤镜取代上一个滤镜。

修改“改善光线”滤镜参数。在画廊中找到“改善光线”滤镜并拖曳到视频轨中的文件上面，在所添加的滤镜列表框内选中“改善光线”滤镜，单击列表框下方的“自定义滤镜”命令，在弹出的对话框中，边观察视频效果边修改各项参数。

4.更换主题背景

（1）选择简单背景拍摄所需的影像，最好是红、绿、蓝的单一背景。

（2）启动编辑器，单击“文件 / 将媒体文件插入时间轴 / 插入视频”，在弹出对话框选择所需的视频文件。然后点击素材部分的文件夹图标，添加人物视频，并将缩略图拖到编辑部分的覆叠轨。单击鼠标右键，选择“调到屏幕大小”，将两视频时间长度调成一致。

（3）单击覆叠轨中的“视频素材”，选择“属性”下的“遮罩和色度键”，再勾选“应用覆叠选项”，接着选择“色度键”即可。

（4）单击“分享”选择“创建视频文件”，选择弹出菜单中的“与项目设置相同”，输入文件名选择保存路径即完成主题更换。

（四）添加字幕

会声会影中多文字框能够将文字的不同词语放在视频帧的任何位置，并可以随时设置文字的叠放顺序，单文字框可以创建开场标题和结尾鸣谢。单击标题菜单，按 T 字状的按钮，同时可以设置字体、字体大小、颜色、行字间距、对齐方式等，在“动作样式”中可以设置字幕的动画效果。最后将创建的标题保存在素材库中，以供其他项目使用，只需要在“时间轴”中选择标题并拖动到素材库中即可实现保存。

（五）添加声音和音乐

将声音素材分别拖放到声音轨上。鼠标定位在声音素材的任意位置，右键单击选中轨道上的素材，可以进行声音素材的“淡入”“淡出”“分割素材”或声音速度的调整。音乐素材的编辑相同。

（六）输出视频

按“分享”功能按钮，点击“创建视频文件”，在弹出的格式选择列表中选择“MPEG2（720 × 576）”，确定保存路径就可以将这段素材压缩成 DVD 格式的视频文件。

六、基于平板电脑的微课软件

ShowMe 是一个学习和教学平台的 App。用移动终端及安装的 ShowMe App，可以录制自己的课程，并将其上传到 ShowMe 平台上去。如果想学习某些知识或技能，直接访问 ShowMe 网站，搜索需要的视频，连线学习或下载或分享。利用这款应用，老师们能够把 iPad 变成课堂老师的电子白板，在上面边做板书，边进行讲解。板书的过程和老师讲解的声音都会被 ShowMe 记录在视频课程里面，老师不需要在视频课程里出现，视频的一整屏都是白板。

Ask3 是一款基于 iPad 的应用，它除了具有前述 ShowMe 的白板功能和录制上传功能外，还是一个简单的基于 iPad 的课程管理系统，涉及班级管理的一些初级功能。

第五章 

微课的应用与评价

第一节　微课的应用

微课借助先进的信息技术和网络平台实现教育教学，给师生提供优质的资源共享和灵活的教与学。它给教师提供了自由、开放的探索空间，给每一名学生提供了优质的教师资源共享的机会。

微课的视频资源在21世纪初就被一些国家大量运用到了教学实践中，其中尤以英美应用最为突出。

微课既可以应用于正式学习，也可以应用于非正式学习。2004年，英国启动教师电视频道（WWW.teacher.TV），每个节目时长为15分钟，开播后反响很好，微视频资源积累到了35万分钟。而教师电视网站（teacher.TV）成为英国最有名、使用范围最广的微课程资源库。美国于1960年在依阿华大学附属学校提出短期课程，即微型课程。2008年，新墨西哥州圣胡安学院的戴维·彭罗斯（David Penrose）首创了“一分钟的微视频”的微课程，其主要目的是让教师把教学目标和内容紧密融合，实现学习聚集。随着微课在圣胡安学院的广泛应用，国外远程教育课程纷纷借鉴微课的教学方法，并对其形式不断改进，收效甚好。美国比较有名的微课视频库包括基于维基功能的视频资源库“观看知道学习”（Watch Know Learn）、英语专业学科微课视频库（English Central）以及可汗学院（Khan Academy），这三者均为非营利性的免费教育视频站点。[①] 微课资源的开发与应用，有以政府教育政策为切入点，逐渐过渡到相关的教育学术机构，并不断创新应用，也有来源于课堂教育情境中教师的研究与实践。微课视频使用人员涵盖广，其内容的知识面也很宽，跨学科领域多，应用效果取得了较大的成效，得到了使用者普遍的认可，由此进一步推动微课程资源的应用和发展。

其中，“可汗学院”在2009年被授予“微软技术奖”中的教育奖。可汗学院型又称手写板型，是微课发起人——萨尔曼·可汗创立的。这是可汗为远程辅导表妹学习数学，将数学每章节划分为多个知识点，将手写板演示算法及推导过程录成视频放到互联网上而产生的在线学习。可汗学院型微课的制作需要能与PC相连的手写板，smooth-draw画板软件和录制软件。

① 席瑶.微课的应用及其对高职高专英语教学的启示[J].吉林省教育学院学报,2015(3):68.

可汗学院的主旨在于利用网络影片进行非营利性授课，它的特点是视频时间短，一般在 5 ~ 10 分钟；视频中只显示课堂学习内容和教师的声音，这样学生会更加专注于学习内容本身；通过活动分析数据、学习进度表等翔实的数据，教师可以准确了解学生的学习现状；可汗学院课堂模式颠覆了传统课堂模式，调动了学生学习的积极性，学习变得更有针对性，学习效率也大大提高。

目前可汗学院的视频网站新开发了一种练习系统，该系统会完整记录学生对每一个问题的练习，教师参看该记录便可以了解学生对知识的掌握情况。可汗学院在美国的在线教育中已成为生力军，成为部分学校教学实施的资源和形式：学生在家以可汗学院视频上课代替学校课堂上课，而学校课堂只是做练习，不懂的学生请教老师或已经懂得的同学。

我国经济学家汤敏曾感叹："这场革命如果我们没有跟进，那么十年以后，我们将远远落后于印度、巴基斯坦、印度尼西亚、南非等国家，将来如果有大量 MIT 斯坦福毕业生的话，我们就赶不上人家了！所以这场革命需要我们去应对，需要我们去创立新的方式，而这种方式它对中国的教育引起了竞争、引起了冲击，而把最新的理念最新的教学方法、最新的内容引进来，它是非常低价非常可行，而且非常大的规模的方式。"[①] 尽管目前我国实施这一教学方式有一定的难度，但它能引起我们对我国在线教育、教学全新的发展思路。可汗学院是互联网教育发展的一个先锋，它借助技术手段，引领了一场课堂教学的大改革。

TED-ED 是 2012 年 TED 大会在其官方网站开通的专门针对教育者的频道，它主要目标是将 TED 演讲以及 TED 演讲的方式运用到中小学教学中去，其口号是——值得分享的课程（lessons worth sharing）。其后，TED-ED 做了改版，设计了几个小栏目：① 快速问答，以视频为内容的小测试；② 开放性问题，分析、讨论；③ 深度挖掘，拓展延伸学习。

翻转课堂被加拿大的《环球邮报》评为 2001 年度影响课堂教学改革的重大技术，TED-ED 可以视为翻转课堂教学理念的实践产物，其平台上每一个视频下都有"翻转视频"按钮，点击即可进入，而且还可以增加或删减内容。所谓"翻转视频"，一方面是指教师可以修改制作并将视频分享给更多的人，另一方面则是跟当前视频教学风行之后的"翻转教学"有关。[②] 传

① 江艳，赵敬泽．可汗学院：美国在线教育的生力军［J］．学习月刊，2013（12）:82.

② 官芹芳 .TED-ED: 当演讲变成课程［J］. 上海教育 ,2012（17）:26.

统教学中，师生之间是“我教你学”的关系，翻转课堂颠覆了传统的教学过程。在翻转课堂中，学生在课外观看教学视频进行预习或复习，并思考相关的问题；学生学习完教学内容之后，在网络平台上提交学习过程中遇到困难的地方；教师根据每个学生提出的问题设计进行教学活动，在课堂上对学生学习遇到的问题进行针对性的讲解和指导，然而在课堂上教师也只是旁听或在适当时候加入讨论点拨，这其实就是对传统教学流程的“翻转”。在此过程中，学生能够锻炼加深自己的自学能力，而教师针对性的辅导则能达到事半功倍的效果。

我国微课应用主要体现在教师的专业发展和学生的自主学习方面。随着微课潮的到来，各省市院校都在启动微课资源征集活动。2012—2013 年，教育部教育管理信息中心举办了“中国微课大赛”，面向全国中小学教师征集作品，期间共征集上万件来自各省市的教师作品。与此同时，教育部全国高校教师网络培训中心主办首届“全国高校微课教学比赛”，分文史、理工、高职高专 3 类，涉及哲学、经济学等 12 门学科。

微课在学生自主学习应用上主要集中在网络微课资源。比较典型的事件是 2012 年 12 月，凤凰卫视集团、华南师范大学、各大出版社集团及电视台合作启动了“凤凰微课”项目，分专题、模块发布微课，课程时间 10 分钟左右。通过学习课程，学生可以获得相应的学分，学分可以累积，存于“学分银行”中。“凤凰微课”同时还开发了微软 WIN8 版、苹果 IOS 版和安卓版，以便开展移动微课学习。除此之外，国内能够进行“微课”学习的网站还有第九课堂、微课网、中国微课、油菜花网等。[①] 例如，微课网是国内首家中学生微课在线学习社区，其宗旨是“高效学习，快乐分享”。微课主要针对中高考中的主要知识点，力求在短时间内由名师帮助学习者厘清知识点的来龙去脉。学生在观看微课网上相关微课视频可随时发表自己的见解和疑问，并与教师和其他同学就相关问题进行在线讨论。

虽然国家教育相关部门大力支持微课的应用，各级各类学校也都在鼓励各科任教师积极推进微课的设计与制作，但其教学应用现状并不理想。胡铁生在 2013 年 4 月进行的一项面向全国首届中小学微课大赛参赛教师的调查中发现，只有 17.5% 的教师会经常去下载他人的微课，仅有 16% 的教师

① 席瑶 . 微课的应用及其对高职高专英语教学的启示[J]. 吉林省教育学院学报 ,2015(3):68.

在自己课堂教学中主动应用微课。[①] 微课与我国课内外教学的整合，以及其应用效果的实证调查和分析，还有待进一步深入。

一、微课应用的基础

（一）建构主义学习理论

现代信息技术的发展，不仅带来了教学技术手段的创新，还引发了人们在新的多元复杂的环境中对传统学习方式的重新审视。建构主义观点认为，学习者要通过对自己经验的解释，产生对知识的意义建构；通过参与广泛的社会协商，将学习体验充分沉浸于丰富的文化情境中，才能获得对知识完整意义的把握。建构主义思想隐含的基本原则在于，使学习者投入到主动的、合作的、真实的学习中去。建构主义的原理与当前信息技术下的学习环境相契合。根据建构主义的观点，知识是发展的，是内在建构的，是以社会和文化的方式为中介的。

建构主义学习理论注重学习者对于环境的理解和信息所蕴含的特殊意义方面的作用，重点强调学生经验世界的丰富性和差异性。学生不是空着脑袋前来学习，他们会利用自身已有的知识、经验去理解和解决问题。[②] 在教学过程中，教师为学习者的主动建构提供必要的资源、工具和学习活动，学习者在现有知识框架下重新构建新的知识和理解。教师在教学中并不是知识的提供者，而是用精心的设计引导和启发学习者的思考，为其自主探索、发现和知识的构建与深度内化提供支持。学习者作为认知过程的主体，也是知识的主动建构者，学习的过程就是积极、主动的探索、求知和发现的过程。基于微课的学习过程就是学习者在教师设计好的一系列资源、工具和学习活动中，自主选择、规划学习步调，达成个人对知识的意义的建构。

建构主义学习理论对微课应用于教学体现在：① 教学要充分激发学生建构知识的能力，主动获取知识；② 因为每个学生的学习能力、已有学习经验的差异使得每个人的学习节奏和水平不同，所以微课的灵活性为学生的学习差异性提供了更加科学的体验；③ 师生间和生生间的交流谈论能促进学生的自主学习和对知识的总结拓展。综上所述，基于微课的翻转课堂的模式能帮助学生实现基础知识的主动建构，实现个别教学与集体教学的

---

① 胡铁生，黄明燕，李民．我国微课发展的三个阶段及其启示［J］. 远程教育杂志，2013（4）：36–42.

② 洪显利．教育心理学的经典理论及其应用［M］. 北京：北京大学出版社，2011:246–248.

互补统一。

（二）自主学习理论

自主学习是指学习者在教师的指导下，利用网络设施和媒体资源，通过多种途径，自主获取信息，构建自己的知识体系。[①] 自主学习指学习者自己确定学习目标，自己选择学习内容和学习策略，自己控制学习进度等。它充分强调了学习过程中学习者的主体地位，教师只是起到监督和引导的作用，从而培养学习者的主观能动性，激发其学习的积极性和学习兴趣。

自主学习是网络学习的重要方式。微课不仅强调学习的自主性，还包括选择学习内容、掌握学习进度等。同时还要求教师在课程设计时要充分考虑不同学习者的实际情况，从调动学习者自主学习的积极性上出发，最终使微课符合自主学习的特征。

（三）掌握学习理论

掌握学习理论由美国著名心理学家、教育学家布卢姆提出，是其教学理论体系的核心。传统的教学及其效果评价隐含着一种预期，即有部分学生可能会学得很好，部分学生学习效果不佳，余下学生处于居中水平。而教育者的这种预期，将以评价方式传递给学生，而使学生自身形成对自我评价和定位的预期。布卢姆认为，这种预期将教师和学生的目标都固定下来：好学生永远是好学生，差生永远是差生。这种预期减弱了教师教学和学生学习的志趣，削减了学习的积极主动性，是十分有害的。在他看来，只要恰当注意教学中的主要变量，有足够的时间和适当的教学，就有可能使绝大多数学生都达到掌握水平。

“掌握学习”就是在“所有学生都能学好”的思想指导下，以集体教学（班级授课制）为基础，辅之以经常、及时的反馈，为学生提供所需的个别化帮助以及所需的额外学习时间，从而使大多数学生达到课程目标所规定的掌握标准。其具体的操作步骤可以概括为：① 确定教学目标、内容和要求；② 制订教学计划，包括对学生提供足够的掌握时间、学习机会、反馈和指导；③ 检测学生是否掌握了学习内容；④ 依据学生的掌握情况和学习进度提供学习机会，直至完全掌握；⑤学习复述与反馈。掌握学习的核心在于，为每位学生提供足够的时间和机会，帮助其达成他们所能达到的最佳发展水平。

① 侯天香. 基于网络教育的微课程设计与应用研究［D］. 北京邮电大学,2015:9.

微课的应用思路得到掌握学习理论的支撑。从学生参与微课的学习过程中看，参与到一系列小的学习单元中，每个微小单元包含 1 ~ 2 个小的教学目标，且每个学习单元依次构成有序的目标体系。从学生的学习方式看，学生可以自己设定学习步调，即可以依据个人知识掌握的情况，重复或跳跃地观看微课，可以对已经掌握的知识点分配较少学习时间，而对还未掌握的知识点多次重复，直到达到了所学单元的掌握水平，则可以继续学习下一个单元。其中，微课的目标设定的微小切分，也为学生更好地适应学习进度提供了支持。教学目标的小步调设定，不会大大超过学生已有的认知水平，也不会给学生的学习带来跨越太大的挑战，有利于循序渐进的学习。

更重要的是，基于掌握学习理论的教学实践，不仅指向于学生认知水平的提高，而其效果还将体现在学生对所学知识领域的兴趣和自信心的增强，有利于学生进行更深层的知识探究和创造。

二、微课应用的目的

（一）教师教学借鉴

微课汇集了众多教师的优秀课例片段，体现了教师对课程、教材、知识点细致入微的理解和分析，以及对课堂教学的精心设计。微课资源的短小易用，使教师不必花费大量的时间和精力对资源进行重整，而可以便捷地选择对于自己教学有启发的某个片段，加以借鉴。在对优秀微课资源的分析和借鉴中，不仅提高了教师的课堂观察和分析能力，也潜移默化地提升了个人的教学水平。由于微课以视频的形式呈现，不是单纯的课堂实录和教案的演示，而配以教师的讲解和教学重点的提炼和聚焦，因而对教学借鉴能发挥更大的价值。

微课的教学是在真实的教学环境中进行的，这样的课堂教学和多媒体环境为课堂教学的研究，激发教师在自己教学中不断反思，提供的有效平台有助于实现教师专业发展。另外，对于教育资源贫乏的地区和学校，不同区域的教师通过观看或下载优质的微课资源，在借鉴学习的同时展开网络形式的教研方式，不同地区的教师通过微课，就各自教学中出现的问题和疑惑展开交流，这样远距离的教学互助，不但促进彼此的共同发展，而且能达到真正意义上的缩小差距的目的。

（二）学生补偿性学习

课堂上同样的授课时间，隐含在同样的地点，同样的学习时间，所有学生可以达到同样的掌握水平。而实际的情况是，基础薄弱和学习困难的学生并不一定能完全掌握该堂课的知识，课后教师也没有更多的时间专门照顾这部分学生。学生依靠课堂笔记或教师的讲授课件，也较难重现教师上课的现场讲授和对重、难点的深入解析。如果以微视频的形式辅助学习，学生可以有针对性地选择未掌握的知识点，在视频的图文声像的支持下，对知识进行反复学习加深理解，并依据微课的配套学习支持资源加以练习，有助于突破学习难点和瓶颈。

学生因病因事缺课而落下的课程，如单独找教师补课还是比较困难的，一是教师个人的时间有限，不能及时给学生补课，二是教师补课也不可能完全像在课堂上讲课那么具体。而借助微课的视频辅助，学生即使不能参与课堂学习，也可以通过下载教师的微课自学补缺。资源的短小便捷，方便学生进行移动学习。

（三）学生巩固拓展学习

根据艾宾浩斯的遗忘规律，学生在课堂上的系统学习，还须有课后的复习加深才能巩固知识。温故而知新，学生在复习时如果有老师授课的微视频，不仅会加深自己对教材的理解，激活记忆的细胞，而且还能将新旧知识联系起来实现对知识理解的新突破。因此，有条件的学校可将老师授课的微视频放到网络上，供学生复习时参考。针对中小学生每年较长的假期时间，对新课程的预习和对原有知识的复习必不可少，教师可以利用微课为学生提供相应的学习资源。学校或者相关教育机构可以根据学生的需要录制一些“微课”，以帮助学生预习或复习，同时这也能够提高学生的自主学习能力。用于预习的视频区别于教师讲课的视频，它可以将原有的知识与新知识融会贯通，融合适当的思考与拓展，激发学生学习新知识的积极性。

对于学习进度较快的学生，统一的学习进度不能完全满足其学习需求，他们希望学习的内容不再仅拘泥于教材，而进行更具挑战性的思考和拓展。微课能为学生的拓展学习提供支持，而其短小精悍的形式，不需要教师花费过多的精力，只需在简短的视频中呈现一些问题思考的引导、点拨，以及拓展学习指导。

因此，在学习内容上，微课可以呈现全面充实和丰富的知识，不仅适应社会发展的趋势，而且极大地满足了学生的学习需求；学习形式和方法上，微课教学的开放性使得学生在面对新知识中的新问题时，能借助已经掌握的学科知识和能力，激发新思考，不断地认识—实践—再认识—再实践，将新知识转化为新能力，不断丰富提升拓展自己的学业水平。

（四）课外学习辅导

微课不仅可以为学生的学习提供支持，也可以成为学生学习辅导者的资源。特别是对于低年级的学生而言，一些学生还需要在课后得到他人的帮助才能较好地完成课程的复习或预习。例如，微课可以成为低年级学生家长了解孩子课堂所学知识的信息来源，并通过方便的下载，用较短的时间观看教师的微视频，提前了解相关的学习内容，以便更有效地指导孩子的课外学习。

（五）丰富课堂教学

微课作为一种学校教育、教学的补充方式，为丰富学校教育、教学提供了新的教学思路，给教师的个性化教学提供了条件，同时也是丰富课堂教学方式的载体。微课的开发应着眼于现实课堂，关注微课与现实课程的有效结合。首先要根据学科的内容知识点开发专题式的微课。如此，教师可根据自己在教学过程中的需要，把每个知识点的专题微课合理地运用穿插到不同的教学环节，如课程引入、核心概念的讲解、探究学习以及课后练习等过程。一方面，微课为课堂教学提供了教学系统支持服务，与目前课程内容要求精细化不谋而合；另一方面，为教师开展个性化教学活动提供了新的条件。教师可根据学生的知识水平差异，选择难易程度不同的微课，因材施教。学生在移动学习终端下观看微课，可以在较短的时间内集中精神解决学习重点和难点，提高教学的时效性和便捷性，进一步提升教学效率和质量。

三、微课应用的原则

针对微课的精致设计、短小精悍、主题突出和便捷实用等特征，在应用中需发挥其优势，遵循微课应用的基本原则，包括适切性原则、灵活性原则和反馈性原则，在适当的教学环节进行有效应用，才能让微课发挥其真正的价值。

（一）适切性原则

微课应用的适切性原则表现在教学内容的适切性和应用对象的适切性。

首先，对于教学内容而言，微课的短小、精练、切题等特点，能恰到好处地适合教学内容的需要，突出主题，条理清晰，语言明确易懂。每一个单元微课教学目标的切分，都能有针对性地指向确切的知识点的解决，能够使学生从微课的学习中真实地获益，切忌偏离教学目标和知识点，仅仅是资源的堆砌。

其次，对于微课教学应用对象而言，微课的适切性体现在对应用对象的已有认知水平、兴趣激发、学习需求和视觉欣赏等方面。微课所呈现的信息，与学生已有知识水平相契合，符合学生的认知特点需要，且留有一定的思考和拓展的空间，能激发学生学习的信心和继续学习的兴趣。微课的图文声像的整合，较传统演示课件而言具有一定优势，而微课在视觉效果呈现方面需切合学生的年龄层次和兴趣。如此，符合适切性原则的微课应用才能让学生学有所思、学有所获。

（二）灵活性原则

从教学过程看，微课可以灵活应用在课前、课中或者课后等节点；从应用类型看，微课可以灵活应用于新知预习、问题探讨、复习巩固等方面。课前使用微课主要是让学生进行前置性学习，回顾旧知识，预先了解授课新内容，便于师生在课堂上更深入探讨问题，帮助学习者掌握知识点或技能。同时还可将课堂上的教学内容录成微课，辅助学生课后自学，而课堂时间进行答疑解惑或展开讨论。课中教师把微课当作纯粹的教学资源，在教学需要时，集中播放给学生观看，帮助学生更加形象和直观地理解重、难点知识，引导学生充分调动学习的积极性和主观能动性。课后应用微课，为学生提供可以反复学习的课程视频，保证每一个学生都能掌握课堂知识，并实现学生学习向深处拓伸，它不但能帮助学生自主补习反复学习，直到学会为止，还能提升学生思维的深刻性、灵活性和创新性。

（三）反馈原则

微课的反馈原则既体现在学生学习效果的反馈，也体现在教师利用微课进行的教学观摩评价中。微课的设计和制作需要教师对教学目标、教学内容进行深层的解析，也需要对整体教学进程进行系统的把握，而教学效果是评价教师的微课教学设计的最直接体现。此外，教师利用微课进行教学的交流、观摩、互评和教学应用反馈，也是对微课进行多元化的评价，为微课的设计与教学的优化提供指导和参考意见。由此，微课的反馈原则，其最终目的就在于微课教学的及时评价和教学反思，促进优质微课的开发和共享。

四、微课应用的策略

（一）整合课堂教学与微课

课堂教学是一个生成性的过程，并非预成型的，而微课是一个预先制定的教学资源，如果在视频播放时占用过多课堂时间，课堂将会变得死气沉沉而没有生机，学生的注意力也很难一直保持在所播放的微课视频中。每一个优秀的教师都是艺术家，微课不能完全取代教师的现场讲授，微视频是达成优化教学效果的最终目的的一种资源和途径。因此，微课的课堂应用不是与传统课堂教学的割裂，而是与课堂教学的有机整合，即将教师的讲授与学生的思考、微课的演示与课堂的讨论、课堂的预设性与生成性有机整合。在实际教学过程中，新课导入、教学重点难点解析、实践操作、拓展思考、练习检测等环节，教师可以根据实际需要有针对性地设计微课进行辅助，将微课灵活应用于课程教学的各个层面；也可使用微课辅助教学设计，根据不同教学需求制作用于学习者分析、诊断性评价等功能的微课；或者根据教学内容的需要，将微课作为一系列辅助学习资源的整合，为学生自主学习探究服务。

（二）完善学习支持服务

微课的学习服务支持系统，是设计者站在学习者的角度分析学习过程的每个环节所需的辅助性资源、工具和策略。具体而言，微课的学习支持服务包括学习的配套资源、学习者交流、评价、反馈的渠道，以及为其提供的有针对性的移动学习、在线学习策略等。

由于微课是“以‘微视频’为核心，包含与教学相配套的‘微教案’‘微练习’‘微课件’‘微反思’及‘微点评’等支持性和扩展性资源，从而形成一个半结构化、网页化、开放性、情景化的资源动态生成与交互教学应用环境。”[①] 因此，微课教学设计的系统性还体现在除微视频以外，其学习支

① 胡铁生，黄明燕，李民．我国微课发展的三个阶段及其启示［J］．远程教育杂志，2013（4）：36–41.

持和拓展资源上，虽“微”但“全”，为学习者提供一个完整的微课学习支持。

微课以视频呈现为主要方式，但不是将视频媒介完全替代了师生之间的交流、互动与教学反馈。微课的学习服务支持系统的构建，还需教师站在学习者的视角，为学习者的知识内化和迁移、学习群体交流、师生互动提供相应的辅助工具或途径，如在线辅导、在线同步编辑、异步交流等，实现正式学习与非正式学习的有机结合。

基于网络环境的微课与其他的在线学习、远程学习和移动学习方式一样，容易因为信息量的庞大和分布零散造成学习者的“迷航”。因此，微课的学习服务支持系统还需针对在线学习、移动学习的特点，为学习者提供相应的学习策略指导，让学习者能抓住学习的要点，专注于学习内容本身，而不为网络环境中的娱乐休闲化的因素所干扰。

（三）构建系统化微课资源

微课的知识构成是微小而碎片化的，如果没有将其进行有效的归类和整合，那么这些知识的碎片很难成为一个完整的系统化的教学资源。例如，进行一个微课的设计之前，需要将其与之前同领域、同类型的微课进行关联：新的微课是对已有资源的扩充、并列，还是完全的更新，它处于所属知识领域的哪个知识节点等等。由此，才能不断充实和完善已有的微课资源结构。又如，新的微课资源设计开发出来以后，还需从它与其他微课主题，以及其教学功能的相关性来构建微课资源的结构关联：从学科内容来看，它归属于哪个学科领域，或是哪些交叉学科领域；从辅助教学环节的功能来看，它是属于预习新知，还是课堂导入、重点难点解析，或是课后复习反馈；从教学形式看，它是用以支持个别化学习，还是用来引发课堂讨论，或是用于课后拓展与思考等等。

此外，教师可以通过微课资源的动态生成记录教学进展的详细情况，以便进行教学反思和查漏补缺。

五、微课应用的问题

与当前人们对微课开发的热衷程度相比，微课的应用和教学效果评价的实证研究数量很少。微课应用的主要问题体现在，教学应用数量少、效果不明显、应用的方式局限于课堂教学、信息技术与课程整合遇到瓶颈问题、教师缺乏系统的微课教学设计和应用的指导等几个方面。

首先，微课的开发制作数量与实际的教学应用不成比例，预期教学效果不明显。虽然近几年微课很热，但是优秀的微课资源总量还是较少的。原因如下：第一，由于长期的传统教学方式根深蒂固，教师在短时间内很难转变教学方式；第二，由于学生升学考试的压力，教师、学生和家长潜意识中更倾向于将教学实施直接指向与考试相关的教学内容，并以最节约时间成本的课堂讲授进行教学；第三，教育资源相对缺乏的地区或学校教师微课的教学开发与应用受到一定局限；第四,一线教师的教学任务量大，目前我国的中小学班级大部分都是几十个人的大班级，教师数量与学生数比例失调，从而导致教师的教学工作负担繁重，教师作业批阅量繁多，教师负担重；第五，微课制作需要一定的媒体技术的基础，因此教师没有过多的时间进行微课的设计开发。因为教师没有更多的时间进行微课开发与应用的研究，即便有兴趣愿意制作的微课教师也可能会心有余而力不足，而放弃制作微课，如果教学中需要微课，直接在网上下载一些与教学内容相关的教学课件、视频加以整合，但这些资源与教学内容和学生学习需求不能最佳契合。

在实际的微课教学应用中，虽然教育有关部门大力支持和推广教师尝试微课教学，但我国的微课资源仍主要是以实录课程视频为主，其呈现方式相对单一，内容的连贯性不强，最终也使得微课教学出现形式化的结果，收效不大。虽然教学资源的丰富和资源形式的变化，能在一定限度上提升学生的学习兴趣，然而对学生实际的学习效果提升却收效甚微。

其次，目前微课应用的方式局限于课堂之内。例如，教师在导入新课内容时使用一小部分微课，或在课中播放片段相关内容；或是教师只在课堂上插入一小部分微课，并且应用的方式只是播放简短视频，方式单一、局限。这样，虽然能暂时发挥微课的引起注意和学习兴趣的优势，但这种兴趣的激发相对短暂，而微课实际的价值并没有发挥出来，教师和学生都没能充分利用好微课的实际效用。微课的系统化教学设计的思路没有在教学过程中体现，由于微课辅助性学习资料和学习服务支持系统的缺失，微课在课前、课后的应用也没有发挥真正的优势。

再次，信息技术与课程整合遇到瓶颈问题。在快速发展的信息时代，大部分教师具备了运用现代教育技术辅助教学的意识，但技术发展的迅速与教育中技术应用研究的滞后，使教师容易陷入技术在教学中机械形式化的应用中。微课的出现，隐含了人们对接受简短、便捷、高效的生活方式和学习方式的倾向。因此，教师作为知识的传播者，在教育、教学中也要紧跟时代的步伐、不断更新自己的知识结构和丰富自己的教学技能，以便在实践中生成教育、教学的智慧，寻求信息技术与教学的深度融合。

最后，微课教学设计和教学方法的缺失也限制了其教学应用的效果。微课的碎片式呈现，需要教师对教学结构要素及其相互关系更细致入微的体察，以及更为系统化的教学设计，而不是将微课资源生硬地套用在原有的教学模式中。但当前相关教学应用研究与实践的缺乏，还有待对微课教学设计，这一将传统教学与移动学习、在线学习形式相结合的教学形式的更多探讨。

第二节 微课的评价

一、微课教学评价

（一）教学内容科学完整

微课的教学内容主题明确，既是独立的单元化内容，又构成相互联系的系列内容，虽短小但体系完整。从内在逻辑看，其教学内容体系符合每个学科的课程大纲，体现了教学的重点、难点和关键点。从媒体的外在表现看，微课本身有以明确主题的微课程名称、片头、内容、片尾、字幕或画外音等完整的媒体形式，以及微课开发者提供的教学设计、教学课件、学生作业等其他教学辅助资源。

微课内容的科学性，需结合教学本身具有的思想性、启发性和引导性，以及微课视频呈现的特点，使微课更好地辅助教学。在表述形式上，由于视频可由学习者控制播放时间、停顿、重复次数，自定学习步调，所以不必过多对知识点进行反复强调，而重在把握知识点的科学性、知识性、表达准确性。在表述内容上，知识点的切分应尽量精细，微课宜短不宜长，在短时间内力求解析清楚一个知识点。学习者利用微课视频进行自主学习时，通常没有教师在场，缺乏教师的监督、指导和交流，面对的是电脑或移动设备，则潜在面临更多的外在干扰。因此针对微课视频播放的特点，提供简短有效的视频，保留学习的可操控性，可让学习更有效，学习者更容易安排学习进程。

（二）符合学习者的认知水平

学习认知水平包括学生原有的知识结构和认知心理水平，后者包括学生在学习活动过程中表现出来的认知、情感、意志和行动等心理过程和个性特征。学生是认知学习的主体，学习是学生进行不断自主知识建构的过程。微课中的认知对象具有海量、多种形态的特点，它能带给学生不同感官的刺激，让学生通过多个信息加工通道形成知识的构建。同时微课学习有别于传统的教材、教学顺序，学习氛围相对宽松随意，也有助于学生高级认知能力的发展，有助于学生接触广泛的知识面，深化思维方式，形成独立思维的品质。

微课要注重学生个性心理特征的培养，提高学生的学习信心和兴趣，为创造良好健康的学习情境。微课的内容要难易适中，深入浅出，适于相应认知水平的学生，有利于激发学生学习热情，有利于学习理解。同时在教学中要注重学生学习能力的培养，注重学生的素质教育，注重教学互动，不断启发学生思考、激发学生主动学习，养成良好的学习习惯。

（三）表现教师的教学艺术和教学风格

教育不但是科学的，还是艺术的，艺术即创造。每个优秀的教师是艺术家，他们会将自己的每一堂课都视为创造艺术新作品，课堂上的每一个知识点都是他精心设计的。一堂好课对教师最基本的要求是教师的教学语言要规范、清晰、明确，教师的仪表大方得体，严守职业规范，能展现良好的教学风貌和个人魅力。而一个好的微课教学，由于没有面授教学中师生直接的交流，更需要教师的教学艺术和教学魅力，才能让学习者被课程内容所吸引，跟随教师设计的学习进程持续进行学习。因此，微课教学应有创意，应充分表现教师的教学技能，在教师基本的传统教学技能的基础上，更多地融入师生互动的情感信息，让学习者有教师专门在给自己“讲述”的亲切感受。

（四）促进师生共同发展

课堂也被称为“课堂生活”，这体现了教育者们对课堂教学本来的生命价值与意义的呼唤。课堂生活是师生教学学习历程中重要的组成部分，通过这种方式培养完整的人，并促进其全面发展。微课作为信息时代新的教学形式，是传统教学的一种补充，同样也是在为促进教师和学生的共同发展着力，这是当今发展性教学的总体趋势和最终目标。因此好的微课，不仅能传授给学习者基础理论知识，还能让教师在制作使用中有所思所悟，促进丰富的教学实践和深度的教学反思，为自身教师专业发展提供能量。

二、微课程评价

有学者将好的微课程比作一门戏剧，认为微视频应该像戏剧一样有铺垫、有发展、有高潮、有发人深思的结尾，微视频内容要灵活编排，情节中应有“起”“承”“转”“合”。①

微课评价的指标涉及微课教学设计与视频制作、教学内容、教学活动、教学效果等，其最终目的在于衡量微课教学的有效性和学习者的学习绩效。当前全国范围内的各类微课大赛均提出了相关的评审标准，可为微课的设计、开发和制作提供评价依据。

为了落实教育部《教育信息化十年发展规划（2011—2020年）》，扎实推进信息技术与教育的深度融合，探索微课在课堂教与学创新应用中的有效模式和方法，挖掘和推广各地区的典型案例和先进经验，促进优质教育资源共建共享，教育部教育管理信息中心携手北大未名集团开展全国中小学微课征集活动。微课评审指标如表5-1所示。

表5-1 “中国微课大赛”评审标准②

一级指标	二级指标	指标说明
教学选题（10分）	选题简明	利于教学，微课选题设计必须紧扣教学大纲，围绕某个知识点、教学环节、实验活动等展开，选题简洁，目标明确
	选题典型	解疑定位精准，有个性和特色，应围绕日常教学或学习中的常见、典型、有代表性的问题或内容进行设计，能够有效解决教与学过程中的重点、难点、疑点等问题
教学内容（20分）	科学正确	概念描述科学严谨，文字、符号、单位和公式等符合国家标准，符合出版规范；作品无著作权侵权行为，无敏感性内容导向

① 赵毅．面向数字化学习环境的高校微课程设计与应用研究［D］．华中师范大学，2014:32.

② “中国微课大赛”评审标准［EB/OL］. http://dasai.cnweike.cn/index.php?r=default/standard, 2015-5-20.

续表

一级指标	二级指标	指标说明
教学内容 （20分）	结构完整	所提交的作品必须是微课视频，还可以提供与选题相关的辅助扩展资料（可选）：微教案、微习题、微课件、微反思等，便于评审； 微教案的设计要素齐全，内容要精确，注重实效，微习题要有针对性与层次性，主观、客观习题的设计难度等级要合理； 微课件的设计要形象直观、层次分明、重点和难点突出，力求简单明了； 微反思应该真实细致，落到实处，拒绝套话
	逻辑清晰	教学内容的组织与编排要符合当前中、小学生的认知逻辑规律，设置合理，逻辑性强，明了易懂
视频规范 （20分）	技术规范	微课视频录制方法与设备灵活多样（可采用DV摄像机、数码摄像头、录屏软件等）； 微课视频一般不超过10分钟，视频画面清晰、图像稳定、构图合理、声画同步，能全面真实反映教学情景
	语言规范	使用规范语言，普通话或英语需标准，声音清晰，语言富有感染力
教学活动 （30分）	目标达成	达成符合学生自主学习、方便教师教学使用的目标，通用性好，交互性强，能够有效解决实际教学问题，高效完成设定的教学目标，促进学习者思维的提升、能力的提高
	精彩有趣	符合现代教育理念，体现新教材的教学方法，教学过程深入浅出，形象生动，精彩有趣，启发引导性强，有利于学生的学习积极性和主动性的提升
	形式新颖	微课构思新颖，富有创意，类型丰富（讲授类、解题类、答疑类、实验类、其他类）
网络评价 （20分）	网上评价	作品提交后，将在网上进行展示并提供给学生学习和教师教学应用，根据线上的观看点击率及投票率等产生综合评价分值
总计得分		

由教育部全国高校教师网络培训中心主办的全国高校微课教学比赛，旨在推动高校教师专业发展和教学能力提升，促进信息技术与学科教学融合，建设高校教师教学经验交流和教学风采展示的平台。比赛评审规则如表 5-2 所示。

表 5-2　全国高校（高职高专）微课教学比赛评审规则①

作品规范（20分）	一、材料完整（10分）： 包含微课视频，以及在微课录制过程中使用到的全部辅助扩展资料：教学方案设计、课件、习题、动画、视频、图片、答案、总结等。辅助扩展资料以单个文件夹形式上传提供
	二、技术规范（10分）： 1. 微课视频：时长5～10分钟为宜（不超过15分钟）；视频图像清晰稳定、构图合理、声音清楚，主要教学环节有字幕提示等；视频片头应显示微课标题、作者、单位。 2. 演示文稿：配合视频讲授使用的主要教学课件限定为PPT格式，需单独文件提交；其他拓展资料符合网站上传要求。 3. 教学方案设计应注明讲课内容所属大类专业、专业、课程名称、知识点（技能点）名称及适用对象等信息
教学安排（45分）	三、选题价值（10分）： 选取教学环节中某一知识点、技能点、专题、实训活动作为选题，针对教学中的常见、典型、有代表性的问题或内容进行设计，类型包括但不限于讲授类、解题类、答疑类、实训实验类、活动类。选题尽量“小而精”，具备独立性、完整性、示范性、代表性，能够有效解决教与学过程中的重点、难点问题。鼓励深入浅出、通俗易懂、短小精悍的作品
	四、教学设计与组织（15分）： 1. 教学方案：围绕选题设计，突出重点，注重实效；教学目的明确，教学思路清晰，注重学生全面发展。 2. 教学内容：严谨充实，能理论联系实际，反映社会和专业发展，无科学性、政治性错误及不良信息内容。 3. 教学组织与编排：要符合高职、高专学生的认知规律；教学过程主线清晰、重点突出，逻辑性强，明了易懂；注重突出以学生为主体的教学理念以及学做一体的有机结合

① 全国高校（高职高专）微课教学比赛评审规则［EB/OL］. http://weike.enetedu.com/bisai_guize.html, 2015-5-20.

续表

教学安排（45分）	五、教学方法与手段（20分）： 教学策略选择正确，注重调动学生的学习积极性和创造性思维能力；能根据教学需求选用灵活适当的教学方法；信息技术手段运用合理，正确选择使用各种富媒体，教学辅助效果好。 鼓励教师在授课过程中，使用包括但不限于：图片、动画、视频、HTML网页等多种媒体技术，恰到好处地运用在教学过程中，以实现较好的教学效果
教学效果（25分）	六、目标达成（10分）： 完成设定的教学目标，有效解决实际教学问题，能促进学生知识运用及专业能力提高
	七、教学特色（15分）： 教学形式新颖，教学过程深入浅出，形象生动，趣味性和启发性强，教学氛围的营造有利于提升学生学习的积极主动性
网络评价（10分）	依据参赛微课作品发布后受欢迎程度、点击率、投票率、用户评价、作者与用户互动情况、收藏次数、分享次数、讨论热度等综合评价

为应对教育信息化带来的教育理念和教学模式的深刻变革，充分挖掘优秀的课件成果，提高教师教育技术应用水平，探讨和交流多媒体课件制作的经验和体会，教育部教育管理信息中心举办了多届全国多媒体课件大赛。其中大赛微课组的评分标准如表5-3。

表5-3　全国多媒体课件大赛（微课组）评分标准[①]

一级指标（分值）	二级指标（分值）	指标说明
作品规范（10分）	材料完整（4分）	材料包含微课视频、教学设计方案、微课录制中使用的辅助扩展资料、课件、习题等
	技术规范（6分）	视频长度8～10分钟；视频图像清晰稳定、声音清楚，构图合理；主要教学环节配有字幕；文字、符号、单位和公式符合国家标准；方便学习者选择停止和继续播放等

① 全国多媒体课件大赛（微课组）评分标准[EB/OL]. http://www.uken.cn/plus/view.php?aid=62803, 2015-5-20.

续表

一级指标（分值）	二级指标（分值）	指标说明
教学设计（30分）	选题（4分）	所选主题紧紧围绕一个主要知识点或主要教学问题，适合以微课的形式展现；有助于学生事先学习或理解、巩固或扩展所学课程内容
	教学目标（4分）	教学目标正确、明确、具体，教学思路清晰；能够解决教学内容中的难点、重点、个性化教学等问题，提高教学效率
	教学内容（7分）	教学内容适当、准确，无科学性、政策性错误，能理论联系实际，反映社会和学科发展，能确保教学目标的实现
	学习者（5分）	微课教学目标和教学内容适合学习者的年龄和认知发展水平；根据学习者个性差异有相应处理
	教学策略（10分）	教学顺序、教学活动安排、媒体的选择等适合确定的教学目标、教学内容和学习者特征
教学实施（25分）	教学呈现（15分）	教学导入简短顺畅，促进学生回忆先前知识经验；新内容的呈现能激发学生学习的动机；教学具有启发性，指导性，有助于学生建构或巩固知识，形成能力，建立态度
	教学语言、节奏或教态（10分）	如有声音，普通话讲解，语言清晰生动，表达能力强
		如有教师出现，仪表得当，教态亲切自然大方，展现良好教学风貌；教学节奏适合学生的学习，具有较强感染力
技术实现（30分）	操作与传播展示（15分）	便于教学演示操作，能够通过网络便捷传播，具有较强的通用性，易于被学习者在各种技术环境下观看（兼容PC、手机和平板电脑等）

续表

一级指标（分值）	二级指标（分值）	指标说明
技术实现（30分）	教学视频制作（15分）	选用的制作软件适当，编辑制作准确，符合通常教学和学习环境的使用；视频播放格式兼容性好，主要采用高清、标清标准；文件量适度
教学效果（5分）	应用推广（5分）	有良好应用效果，受到学习者的普遍欢迎，具有在相关专业或学科上推广的价值
加分（5分）	学员网评（5分）	作品点击率高、投票较多、学习者评价好；作者与学习者互动良好

在全国普遍开展的“一师一优课、一课一名师”活动，旨在使每位中小学教师能够利用信息技术和优质数字教育资源至少上好一堂课，使每堂课至少有一位优秀教师能够利用信息技术和优质数字教育资源讲授。比赛推动广大中小学教师在教育教学过程中，包括课前备课、课中上课、课后评价、教师专业发展等各个环节积极使用优质数字教育资源开展教学活动，大面积促进信息技术与课堂教学的深度融合。活动主要包括教师在国家教育资源公共服务平台网上“晒课”与“优课”评选两个阶段。“优课”评价指标如表 5-4 所示。

表 5-4　全国“优课”评价指标①

评价指标	权重	指标描述	分值			
			优秀	良好	一般	差
教学设计	10	教材与学情分析准确、全面；教学目标明确、具体、可操作，体现三维目标整体要求；重点、难点处理符合学生认知规律；情境与活动设计指向问题解决	9–10	7–8	5–6	0–4

① 全国“优课”评价指标[EB/OL]. http://tz.1s1k.eduyun.cn/u/cms/1s1k/201506/09184132wxpr.pdf, 2015-5-20.

续表

评价指标	权重	指标描述	分值			
			优秀	良好	一般	差
教学过程	10	教学环节相对完整、过程流畅、结构清晰；课堂容量适当，时间布局合理	9–10	7–8	5–6	0–4
	10	教学组织形式多样，方法有效，引导学生自主、合作、探究学习；反馈和评价及时恰当	9–10	7–8	5–6	0–4
	10	面向全体、注重差异，学生参与面广；突出学生主体性和教学互动性	9–10	7–8	5–6	0–4
	10	熟练、合理地应用信息技术设备；应用信息技术支持学生学习、课堂交流和教学评价	9–10	7–8	5–6	0–4
	10	应用数字资源改变教学内容呈现方式，帮助学生理解、掌握和应用知识	9–10	7–8	5–6	0–4
教学效果	10	学生学习兴趣浓厚，积极主动，参与度高，在学习活动中获得良好体验，课堂气氛活跃有序	9–10	7–8	5–6	0–4
	10	完成既定教学目标，使不同层次学生都能基本掌握所学科目的知识	9–10	7–8	5–6	0–4
	10	能推动学生在学科思维、实践能力和情感态度等方面得到有效发展	9–10	7–8	5–6	0–4
技术规范	10	微课界面组织合理、信息完整、语言规范；课件运行正常，链接准确；视频拍摄内容完整、画面清晰，声画同步	9–10	7–8	5–6	0–4

我国学者张一春将全国中小学和高校的微课大赛的微课评审标准进行比较，认为中小学和高校的微课评价标准有几个方面的差异：教学对象不同、语言要求不同、教学方式不同和教学应用不同。[①] 如表 5-5 所示。

表 5-5　中小学微课与高校微课的评审标准比较表 [②]

<table>
<tr><th colspan="2">中小学</th><th colspan="2">高 校</th></tr>
<tr><td rowspan="3">选题设计
（10分）</td><td>选题简明（5分）</td><td rowspan="3">教学安排
（35分）</td><td>选题价值（5分）</td></tr>
<tr><td rowspan="2">设计合理（5分）</td><td>教学设计与
组织（15分）</td></tr>
<tr><td>教学方法与
手段（15分）</td></tr>
<tr><td rowspan="2">教学内容
（20分）</td><td>科学正确（10分）</td><td></td><td></td></tr>
<tr><td>逻辑清晰（10分）</td><td></td><td></td></tr>
<tr><td rowspan="3">作品规范
（15分）</td><td>结构完整（5分）</td><td rowspan="3">作品规范
（10分）</td><td>材料完整（5分）</td></tr>
<tr><td>技术规范（5分）</td><td rowspan="2">技术规范（5分）</td></tr>
<tr><td>语言规范（5分）</td></tr>
<tr><td rowspan="3">教学效果
（40分）</td><td>形式新颖（10分）</td><td rowspan="3">教学效果
（35分）</td><td>目标达成（10分）</td></tr>
<tr><td>趣味性强（10分）</td><td>教学特色（15分）</td></tr>
<tr><td>目标达成（20分）</td><td>教师风采（10分）</td></tr>
<tr><td>网络评价
（15分）</td><td>网上评审（15分）</td><td>网络评价
（20分）</td><td></td></tr>
</table>

有研究者详细阐述了微课程的两级指标的评价模式。“微课设计”指标考察教师对微课选题和内容设计的恰当性。微课设计是微课整体工作的开端，决定了微课程开发的起步和方向，因而比较重要。“教学内容”考察教师在组织教学内容时的严谨性和科学性，确保微课程教学不存在科学性和逻辑性错误。“教学过程”主要评价教学核心资源——微视频的整体建设过程，对微视频的各个环节严格把关。因为微视频主要是直接呈现给学生的学习资源，是学生学习的主要对象，所以该指标权重最大。“支持资源”主要考察教师在微视频资源之外对学生学习的支持力度，不仅要提供完整、

① 张一春. 小“微课”, 大“世界”——揭秘“微课”建设内核的十个问题[EB/OL]. http://blog.sina.com.cn/s/blog_8dfa9ca20101shyz.html, 2015-3-13.

② 同上。

可用的支持，还要提供优质的支持。“资源规范”指标考察资源本身的技术规范和艺术规范，教学资源应该足够清晰与好用，并在此基础上寻求艺术上的突破。“教学效果”用来考察微课程的实际运用效果，可以采用专家评审、学生测验情况反馈相结合的方法来评价。① 具体指标如表 5-6 所示。

表 5-6　微课程评价表 ②

一级指标	二级指标	权重	主要评分点
微课设计（12%）	微课选题	5	课程选题是否微小且合适；微课标题是否精当概括了微课内容；微课选题的受众是否定位准确
	教学设计	7	课程结构是否完整；学习专题、学习活动等环节是否设计得当且是否系统；是否有明确的学习目标；是否针对常见、典型、特殊的问题着重设计；是否针对重点和难点的详细讲解
教学内容（15%）	科学性	5	教学内容本质是否符合科学理论；教学内容描述是否符合科学描述
	逻辑合理性	5	教学内容上下文联系是否符合逻辑；是否符合当前学生认知能力
	时效性	5	教学内容引用数据、案例、文献等是否具有时效性
教学过程（3%）	课堂导引切入迅速	6	课堂导引是否快速；导引部分是否起到了桥梁的搭建作用、是否构建了学习情境、激发起学生的学习动机
	讲授主线清晰	10	主线讲解是否清晰；主线讲解是否有遗漏、错误、冗余；主线讲解是否跑题或离题时间过长
	案例得当、分析合理	7	案例是否简短有力；案例与主线是否合理紧密结合；案例是否真实可信

① 赵毅 . 面向数字化学习环境的高校微课程设计与应用研究［D］. 华中师范大学 ,2014:32.

② 赵毅 . 面向数字化学习环境的高校微课程设计与应用研究［D］. 华中师范大学 ,2014:32–33.

续表

一级指标	二级指标	权重	主要评分点
教学过程（3%）	板书精当	7	板书是否排布得当；板书是否表述清晰；板书是否准确表达教学内容；板书是否完整
	用语、体态得体	7	教师衣着是否得体；教师授课体态是否得当；教师用语是否连贯、准确、全面
支持资源（7%）	完整性	2	支持资源是否完整支持微课程主要知识点；支持资源是否丰富、多角度
	切合性	3	支持资源与微课程教学内容是否适切
	可用率	2	支持资源是否可用
资源规范（10%）	技术规范	5	资源建设是否符合设计要求；文件是否命名得当；图片是否清晰可辨；是否按照摄像标准录制微视频；音画是否同步；视频是否流畅不卡顿；音频是否无噪声干扰
	艺术规范	5	图片、音乐、文字、画面是否搭配得当；图片是否风格统一；音乐是否符合教学情境；文字字号和字体是否合适、易于分辨；画面是否流畅顺利、光影效果是否好
教学效果（19%）	易学性	5	微课程是否易于学生学习；学习平台是否易于运用
	趣味性	5	微课程是否能激发学生学习动机；是否有趣味性
	创新性	4	微课程是否有创新性；教师是否只是照本宣科地复读材料
	合目的性	5	微课程是否符合教学目的；微课程是否能让学生达到学习要求，是否能促进学生自主学习的发展和建构知识的能力

综合各种微课评价标准，无论如何对微课进行评价，但可以明确的是，评价不只是检查学生知识、技能的掌握情况，更关注学生掌握知识、技能的过程与方法，以及一定的情感态度和价值观的形成。评价的最终目的不在于选拔和甄别，而是达成学习者的最优学习效果。同时，微课的评价不但要关注学生的发展，还要关注教师的发展，只有教师的专业能力与素养不

断提升，才能提供更优质的微课资源，学生才能从微课中获得更好的发展，这是一个相互促进的良性循环。

第三节　微课案例及分析

一、学前教育阶段的微课案例

学前教育阶段的微课案例如表 5–7 所示。

表 5-7　《布艺课堂，巧手百变》微课制作案例①

微课名称	**布艺课堂，巧手百变**	**视频长度**	**5分55秒**
设计思路	以示范导入，以作品展示激发幼儿兴趣，并引发孩子参与的激情。通过形象的实物示范，让幼儿自主学习创作出独一无二的作品。上下来回的缝制虽然简单，但是也要注意孩子的个体差异，在不会的情况下，允许孩子用能够操作的方式完成缝制任务也是可以的。此课程的目的是训练孩子的动手操作能力，制作结果没有统一的标准		
教学过程			
	主要内容	**界面设计**	**时长**
片头	初识指偶娃娃 指偶娃娃的展示		15秒
	介绍制作过程所需要用到的材料		25秒

① 沈平平.《布艺课堂，巧手百变》微课[EB/OL].http://wk.zjer.cn/wkxx/index.htm?id=7069&type=1&newsid=4399，2015–06–25.

续表

	主要内容	界面设计	时长
正文	娃娃主体的制作方法		2分55秒
	娃娃配饰的制作方法		1分50秒
	用画笔修饰完善作品	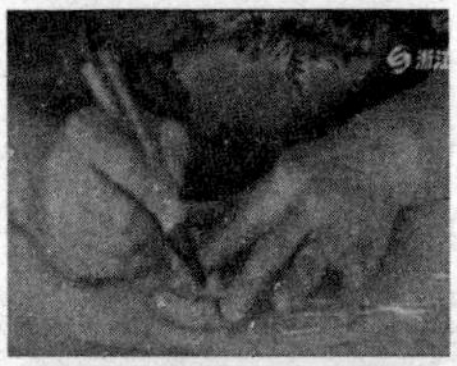	25秒
结尾	成品展示		5秒

【案例分析】

该微课是一堂手工实践课，教学目标是使学生能够自己动手制作一个指偶娃娃。首先以模拟角色的形式展示了一个完成品，激发幼儿的学习兴趣，有利于吸引幼儿的注意力，提高学习积极性。选题具体明确，大小适当，且生动活泼，即符合幼儿的认知发展水平，具有对象针对性。此外，通过“变废为宝”这一引导语句，实现环保这一隐形的教学目标。较好地达到了寓教于乐的教学效果。

视频内容结构完整，从成品展示、分步骤教学到课程小结，具有一定的独立性和完整性。主线清晰，以指偶娃娃的制作为主线，从外观制作到简单装饰，内容紧凑，逻辑性强。安排合理，符合幼儿的认知规律，玩具娃娃是孩子很喜爱的玩具，幼儿的角色意识很强，玩偶有助于孩子体验社会关系，让孩子自己来制作指偶，从而在游戏和区域活动中运用指偶进行对话将使得孩子拥有更多的交往兴趣和表达机会。难易恰当，讲解透彻，例如，要根据自己手指的大小剪出长方形的形状；缝合时，针线要均匀，线条要直，小心别扎到手指等细节都一一指出，照顾到了幼儿学生的主体特点。

制作技术选用合理，画面清晰，图像稳定，影音同步性和流畅性好，视频画面清晰美观，语言流畅通顺，发音标准清晰，观看感受良好。时间把握精准，既精短又完成了教学任务。教学过程深入浅出，形象生动，启发引导性强，有利于提升学生学习的积极性和主动性。教学目标达成好，幼儿学生通过视频可以自己动手参与指偶娃娃的制作，学习上下挑针缝制物品，体验成功的喜悦与满足；同时让幼儿知道环保要从行动中落实，愿意参与变废为宝的行动；能运用指偶进行大胆的交流。该微课有效解决实际教学问题，促进学生思维的提升和能力的提高，且教辅教具都较为常见、简单，具有较强的交互性，使用方便。

二、义务教育阶段的微课案例

（一）案例一：《轴对称图形》

《轴对称图形》微课制作案例如表 5-8 所示。

表 5-8 《轴对称图形》微课制作案例[①]

微课名称	**轴对称图形**	**视频长度**	**7分45秒**
知识点来源	五年级数学		
设计思路	以四组漂亮的对称图形导入，激发学生浓厚的学习兴趣以及强烈的探索欲望。用言简意赅的语言对对称图形的基本概念、图形特点做介绍。通过对几组常见图形是否为对称图形的判断来检测学生对这一知识点的掌握情况。用具体的案例来教授学生如何绘制轴对称图形。最后对讲授内容做出小结		
教学过程			
	主要内容	**界面设计**	**时长**
片头	向学生展示四组对称图形		50秒

① 徐晓芳.《轴对称图形》微课[EB/OL]. http://wk.zjer.cn/wkxx/index.htm?id=5751&type=1&newsid=4319, 2015-06-25.

续表

	主要内容	界面设计	时长
正文	轴对称图形的概念介绍		25秒
	轴对称图形的特点介绍	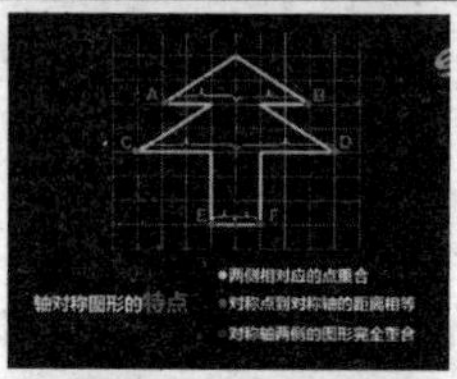	55秒
	用所学知识判断所给图形是否为轴对称图形	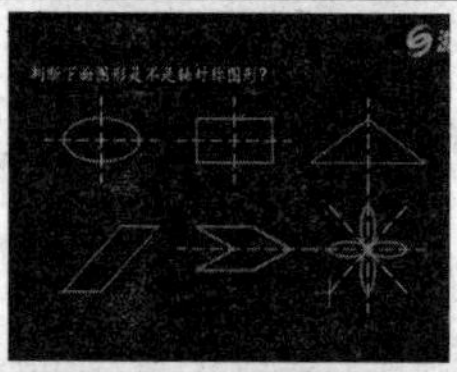	2分50秒
	在方格纸上画出轴对称图形	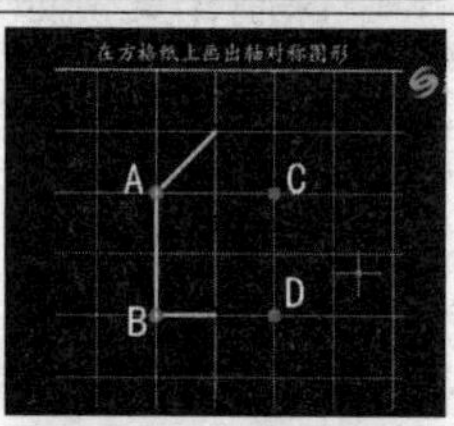	2分20秒
结尾	内容小结	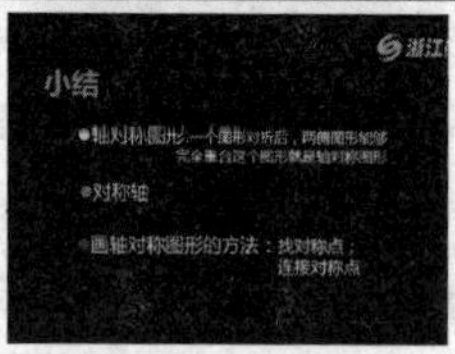	25秒

【案例分析】

该微课主要针对轴对称图形的特征这一知识点进行授课，展示多个轴对称图形，选题简而明、微而精，能够针对知识点进行讲授和分析，具有实用性。教学内容科学、严谨，没有科学性错误。逻辑清晰，内容的组织和编排符合学生的认知发展规律，过程主线清晰。首先，初步感知轴对称的现象，了解轴对称图形的特点；其次，学生自行判断给出图形是不是轴对称图形；再次，学生自行在方格纸上画出轴对称图形；最后，课程小结的教学设计安排重点突出，逻辑性强，既有针对性又有层次性。辅以及时的课堂习题，加深了学生对知识点的记忆与运用，简单易懂。

视频结构完整，具有一定的独立性和完整性，在课前导入精美的轴对称动态图片，使学生直接感受到轴对称图片的含义，在课后小结环节对知识点进行一一罗列，有效地帮助学生复习刚刚学习过的知识。时间安排合理，环环相扣，内容紧凑。视频画质清晰、图像稳定、声音清楚、音效与画面同步。语言标注规范，声音洪亮、有节奏感，语言富有感染力。

该视频构思新颖，教学方法富有创意，不拘泥于传统的课堂教学模式，运用 autocad 软件、Flash 软件、PPT、录屏软件等多种形式进行授课，使得教学过程深入浅出、形象生动、精彩有趣，启发引导性强，有利于提升学生的学习积极主动性。在短短 7 分钟内能够完成设定的三个教学目标：感知现实世界中普遍存在的轴对称现象，了解轴对称图形的特征；能在方格纸上画出简单图形的轴对称图形；提高数学欣赏能力与空间想象能力。突出重点，即了解轴对称图形的特征，能在方格纸上画出简单图形的轴对称图形。突破难点，即能在方格纸上画出简单的轴对称图形进行了多次讲解和示范，有效解决了实际教学问题，促进了学生空间想象力的提升、画图能力的提高。

（二）案例二：《超能陆战队中的化学知识》

《超能陆战队中的化学知识》微课制作案例如表 5-9 所示。

表 5-9　《超能陆战队中的化学知识》微课制作案例①

微课名称	超能陆战队中的化学知识	视频长度	6分钟
知识点来源	九年级 化学		
设计思路	本微课从深受观众喜爱的电影《超能陆战队》及其主人翁“大白”的介绍入手，展开与之相关的化学知识的学习。课程主要分为两个部分：一是对大白名称Vinyl背后的化学材料PVC的具体介绍；二是对大白装甲材料碳纤维及其相关的3D打印技术的详细探索。微课让学生在轻松娱乐的同时也了解到了最前沿科技的相关知识		

续表

① 范文英.《超能陆战队中的化学知识》微课［EB/OL］.http://www.iweike.org.cn/v002-play-152-20277.htm，2015-06-25.

教学过程			
	主要内容	界面设计	时长
片头	课程内容的提出		20秒
正文	电影《超能陆战队》及其主人翁“大白”简介		40秒
	“大白”Vinyl名称的由来：PVC材料		1分10秒
	PVC材料的特点及其应用		40秒
	“大白”装甲的由来：3D打印技术与碳纤维		25秒
	3D打印技术的原理及应用		40秒
	有关“大白”装甲的制作线材碳纤维的介绍	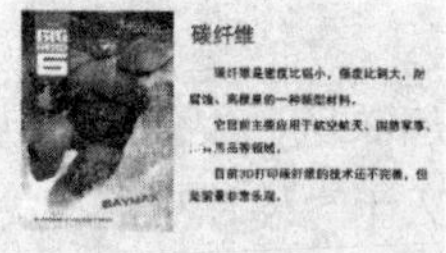	1分35秒
结尾	略述电影中与化学有关的趣味实验：法老之蛇、大象牙膏等	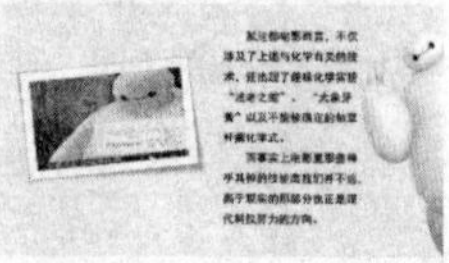	30秒

【案例分析】

该微课主要围绕电影《超能陆战队》中与“大白”相关的化学知识展开，选取了“大白”这一卡通人物作为切入点进行讲授、分析。选题新颖，引入卡通题材，符合学生的认知特点，增强了学生的学习兴趣。其次，该微课选题范围较小，仅就三个小问题进行分析，具有“微主题”的特征。

在教学程序设计方面，该微课教学设计独具匠心，首先以卡通人物“大白”的名字为切入点，在详细介绍其名字的由来之后引入 PVC 化学知识，其后又介绍了大白“装甲”的由来与构成——3D 打印技术和碳纤维材料，最后简要介绍电影中涉及的其他化学知识。教学设计整体流畅，一气呵成。

该微课时间分配合理，讲述详略得当。例如，该微课就一般性教学知识只进行了简要的概述，而就教学中的两个重点“PVC 材料”和“碳纤维”则进行了详细的分析，这有助于学生对关键知识的理解和掌握。

该微课采用了阶梯式层层递进的授课方式，首先以卡通动漫人物引入主题，通过对卡通人物的分析了解其个体结构的化学材料，进而以此为基础进行相关部分的讲解与学习。整个微课的教学都建构于学生的认知发展特点和学生的好奇心理之上，对学生具有强烈的吸引力。

就微课视频的制作而言，该视频的制作主要采用了录屏式软件，画面质感清晰、界面内容丰富，动漫色彩十足，并以大量的卡通人物作为教学素材，引人入胜。其次，部分微课内容的讲解配有音乐，能够给人以舒适的感觉。再次，微课视频在语言表达方面用语科学、规范，语速适中，逻辑性较强，并且采用了画面演示与旁白相结合的方式，易于突出教学重、难点。

三、普通高中阶段的微课案例

《光强对光合速率的影响》微课制作案例如表 5-10 所示。

（一）案例一：《光强对光合速率的影响》

表 5-10　《光强对光合速率的影响》微课制作案例[①]

微课名称	光强对光合速率的影响	视频长度	9分7秒
知识点来源	高一生物		

① 郑丽萍.《光强对光合速率的影响》微课［EB/OL］. http://wk.zjer.cn/wkxx/index.htm?id=2529&type=0, 2015-06-25.

续表

微课名称	光强对光合速率的影响	视频长度	9分7秒
设计思路	现代教育理论认为，学生是学习的主人，教师是学习的组织者、引导者和合作者，只有使学生主动参与到学习活动中的教学才是有效的。因此本课程通过创设实验引导学生探索，启发学生思考，让学生自己建立光强与光合速率关系的数学模型；然后运用已学的知识，分析曲线并获取新知，创造主动学习的氛围；最后与实际生活相联系，学以致用，让学生体验成功的快感，增强主动学习的意识		
教学过程			
	主要内容	界面设计	时长
片头	显示微课内容和执教者信息		2秒
正文	阐述“光合速率”概念及从光合作用过程解释光强是影响光合速率的因素	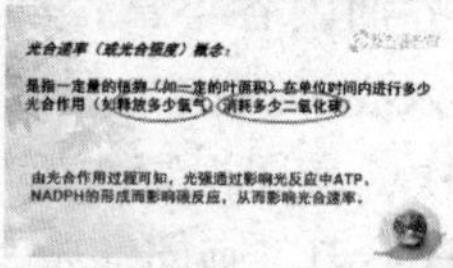	40秒
	分析实验，通过数学建模，从实验结果得出光强与光合速率的关系曲线	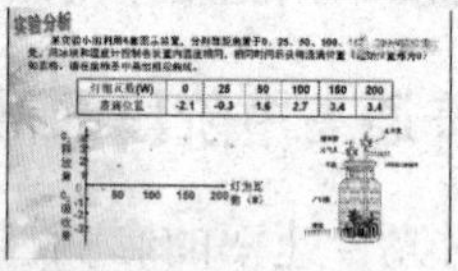	1分10秒
	分析光强与光合速率关系曲线	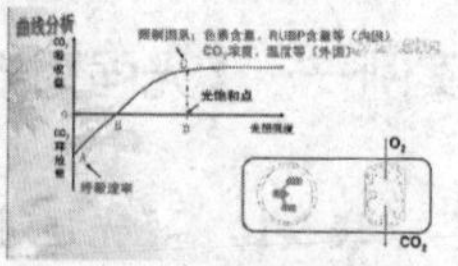	5分5秒
	运用所学的光强对光合速率影响的知识，解释植物生长情况，解决如何提高农作物产量的问题	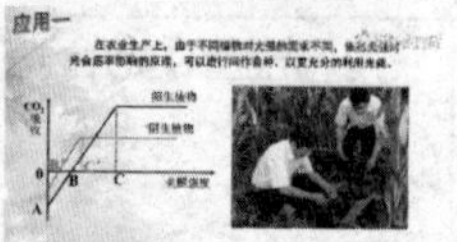	2分10秒

【案例分析】

该微课主要针对光强对光合速率的影响这一知识点进行授课，选择一道与光合速率密切相关的实验题作为切入点进行讲授、分析，利于学生更好地理解光强对光合速率影响这一知识点。选题小而精，具体细致，典型常见，具有很好的代表性、针对性，能够有效地解决教学中的重点和难点，特别是对厘清并加深学生对光强如何影响光合速率与光合作用机理统一联系的理解。

在教学方面，首先，选题新颖，以实验题来带动整个知识点和教学的深入推进。具体的讲授过程中，逻辑清晰，效果良好。讲授实验题前先针对实验装置和原理做简要说明，点明试验中的因变量和自变量，并且有意进行了对照组式的控制变量法。随着教学过程的推进，顺理成章地得到了光合速率与光强之间的曲线关系图，并针对图中的特殊点及变化趋势进行了分析，特别是结合光合作用与呼吸作用的原理，加深了学生对该知识点的理解，安排合理高效。

该微课在不到 10 分钟时间内完成了详细深入的讲解，抓住了重点和难点，并有针对性地突破。在讲授光强对光合作用的影响的应用时，结合实际问题，讨论间作套种的方法，案例贴切，有助于学生更好地理解光强对光合作用速率的影响。内容结构完整，比如课前引入、实验题讲解和应用以及适当的延伸都做了合理的安排。

教学过程有较强的逻辑性、紧凑连贯、重点突出、明了易懂，遵循并利用了学生的认知规律。例如，讲授光强对光合速率影响的实验之前，复习了与实验有关的概念等知识点，这对于减少教学难度有一定帮助，也符合学生的认知规律。

整个视频结构合理完整，包括讲授内容以及辅助扩展材料。画质清晰、图像稳定、声音清晰、简单明了，教学辅助效果好。教师语言清晰有节奏感，富有感染力。用语科学规范，内容严谨。在讲解光合作用原理时应用了动态图片，在画光合速率和光强之间关系时应用了画图软件，充分利用了多媒体技术在教学中的优势。

（二）案例二：《巴赫》

《巴赫》微课制作案例如表 5-11 所示。

表 5-11　《巴赫》微课制作案例①

微课名称	巴赫	视频长度	5分50秒
知识点来源	高一 音乐		
设计思路	本微课通过图片、视频和讲解，让学生了解巴洛克时期的一位伟大音乐家——巴赫。主要分为作者简介部分和音乐欣赏部分		

① 王乐.《巴赫》微课[EB/OL]. http://www.iweike.org.cn/v002-play-1549-20784.htm, 2015-06-25.

续表

教学过程			
	主要内容	界面设计	时长
片头	交代微课的讲授内容与执教者	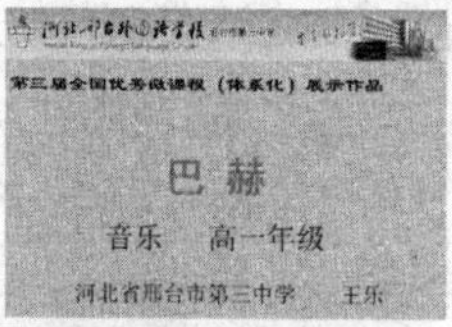 第三届全国优秀微课程（体系化）展示作品 巴赫 音乐　高一年级 河北省邢台市第三中学　王乐	15秒
正文	德国作曲家巴赫的主要成就	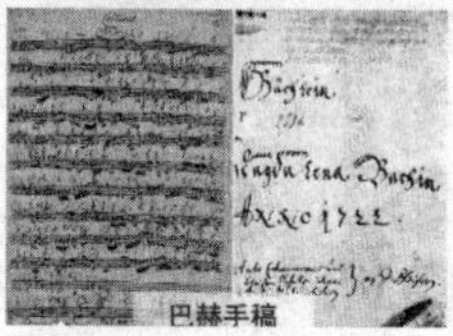 巴赫手稿	30秒
	巴赫的家族背景与幼年生活	 巴赫家族族谱	35秒
	巴赫早期的音乐才华	 巴赫在魏玛9年，任宫廷乐师	55秒
	青年时期巴赫作品的特点	 青年时期的巴赫	55秒
	巴赫的作品概述		20秒
结尾	巴赫作品《C大调前奏曲》欣赏		2分20秒

【案例分析】

该微课以作曲家巴赫为题材，就其生平和C大调前奏曲两部分内容进行授课，主题具体而微小，能够深入细致地介绍作者的生平以及展示弹奏C大调前奏曲的过程，对课堂教学具有很好的辅助作用。

在教学设计方面，该微课结构布局合理，内容清晰，采用了总分的结构方式。教师依据教学方案的设计，前半部分依次介绍了巴赫的成就、生前背景、早期的音乐才华、巴赫作品的特点以及作品的概述等方面的内容，详略得当，重点突出。在微课的后半部分则主要以演示巴赫的C大调前奏曲为主要内容，理论讲解与实践操作相结合，便于学生的学习。

在语言方面，授课教师用语科学规范，具有较强的逻辑性，详略得当，明了易懂。例如，巴赫作品的概述部分，微课以时间为序，就其作品的名称、形式以及影响做了简要的概述。

在微视频制作方面，首先，该微课采用录屏式软件以及摄像机相结合的方式制作微课，具有简洁方便、易于操作、成本较低的优势。其次，在微课讲解过程中，教师配以背景音乐，给人以赏心悦目的感觉。再次，该微课的巴赫讲解部分，动画色彩丰富，画面内容生动，极易引起学生的学习兴趣。

在整个视频结构设计上，讲授内容以及辅助扩展材料丰富，微课画面清晰、图像稳定，并多以图片呈现教学内容，教学辅助效果好。在教学语言表达方面，教师能够做到抑扬顿挫，富有感染力。另外，在讲解C大调前奏曲时，该微课直接采用现场录制的方式，将微课的镜头直接对准教师的手指与琴键，这对于学生的课后学习具有较好的辅助作用。

（三）案例三：《琵琶行》中“江”“月”描写鉴赏

《琵琶行》微课制作案例如表5-12所示。

表5-12 《琵琶行》微课制作案例①

微课名称	《琵琶行》中“江”“月”描写鉴赏	视频长度	8分50秒
知识点来源	高二 语文		

① 马艳红.《琵琶行》微课［EB/OL］. http://www.iweike.org.cn/v002-play-2986-21120.htm, 2015-06-25.

续表

微课名称	《琵琶行》中“江”“月”描写鉴赏	视频长度	8分50秒
设计思路	本微课的教学重点是帮助学生鉴赏诗歌中含“江”“月”意象的三句诗的内涵和它们在诗中的作用，教学目标是让学生通过微课的学习领会诗句的意蕴，了解景物描写在诗中起到的几种作用，教学难点是品味三句诗的不同情感及熟悉掌握诗歌中景物描写的作用，使学生在享受美的同时体味诗歌的情感，提高自身的诗歌鉴赏水平		
教学过程			
	主要内容	界面设计	时长
片头	《琵琶行》的内容梗概及解读方式评说	 以江月为文澜 ----清　沈德潜 《唐诗别裁集》	1分50秒
正文	《琵琶行》中有关“江”“月”诗句的选取	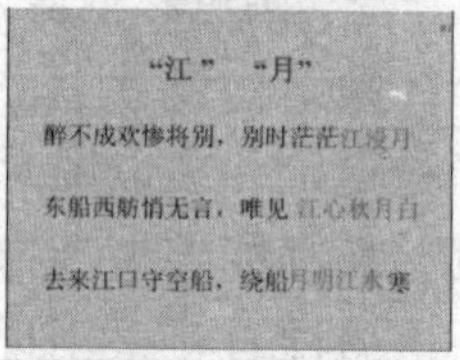 “江”“月” 醉不成欢惨将别，别时茫茫江浸月 东船西舫悄无言，唯见江心秋月白 去来江口守空船，绕船月明江水寒	1分10秒
	“醉不成欢惨将别，别时茫茫江浸月”一句的解读分析	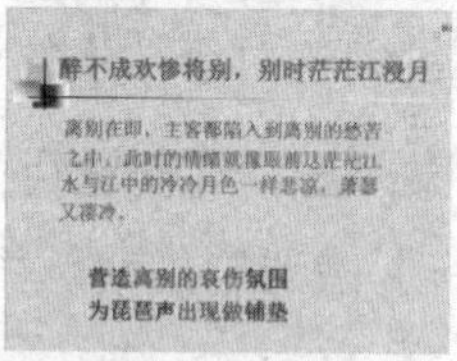 醉不成欢惨将别，别时茫茫江浸月 离别在即，主客都陷入到离别的悲苦之中，此时的情绪就像眼前这茫茫江水与江中的冷冷月色一样悲凉，萧瑟又凄冷。 营造离别的哀伤氛围 为琵琶声出现做铺垫	1分30秒
	“东船西舫悄无言，唯见江心秋月白”一句的解读分析	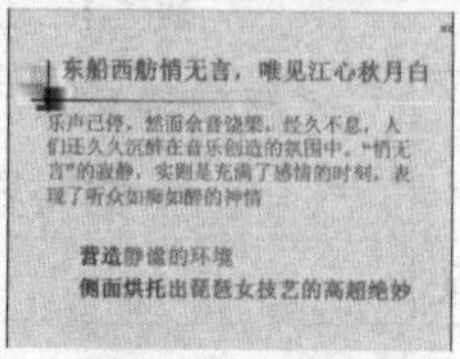 东船西舫悄无言，唯见江心秋月白 乐声已停，然而余音缭绕，经久不息，人们还久久沉醉在音乐创造的氛围中，“悄无言”的寂静，实则是充满了感情的时刻，表现了听众如痴如醉的神情 营造静谧的环境 侧面烘托出琵琶女技艺的高超绝妙	1分40秒
	“去来江口守空船，绕船月明江水寒”一句的解读分析	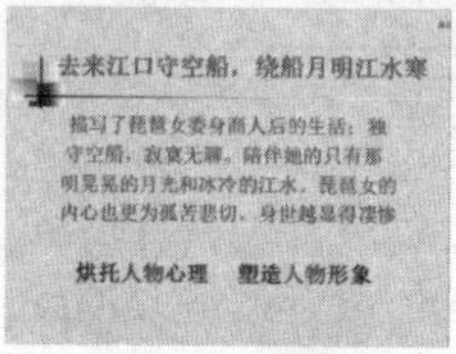 去来江口守空船，绕船月明江水寒 描写了琵琶女委身商人后的生活：独守空船，寂寞无聊，陪伴她的只有那明晃晃的月光和冰冷的江水，琵琶女的内心也更为孤苦悲切，身世越显得凄惨 烘托人物心理　塑造人物形象	1分30秒

续表

	主要内容	界面设计	时长
结尾	《琵琶行》有关“江”“月”描写的作用总结	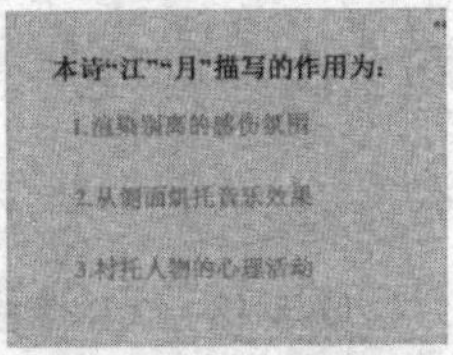 本诗“江”“月”描写的作用为： 2.从侧面烘托音乐效果 3.衬托人物的心理活动	1分5秒
	结语	 Thank you End	5秒

【案例分析】

该微课以高中教材中的一篇长篇叙事古诗《琵琶行》作为题材，就诗中的两种自然现象“江”和“月”作为讲授主题，通过诗中“江”“月”的不同表达意境，使学生由景及物、由景及情，深入地体会作者当时的感情。该微课选题巧妙，直指诗文的主题以及诗人的内心感受，首先，通过“江”与“月”的诗文分析，使学生身临其境，有助于课堂教学的实施。其次，较之全文，诗文选题微小，全诗含有“江”与“月”的诗文不过数句，但对诗文的赏析却具有举足轻重的作用。再次，该主题的选取具有较大的实用性功能，重复利用性价值极高。

在教学设计上，整个微课以实际教学需要为出发点，结构合理，内容清晰。从整体结构上看，该微课采用了“总—分—总”的授课方式，可依次划分为《琵琶行》的内容背景简介，“江”“月”诗句的分析以及最后的诗句总结三部分内容，简单明了，没有多余的赘述，并且符合学生的认知特点。

在教学实施方面，该微课教学目标清晰，首先，通过教师对三句诗文的精心讲解，学生能够深刻地领会诗句的意蕴，了解诗句中常用的以景生情、借物传情的作用。其次，该微课教学以讲授式为主，声情并茂、重难点突出、讲解翔实，能够使学生在享受美的同时体会诗歌的情感，提高自身对诗歌的鉴赏水平。时间安排上，该微课做到了“微时间”“微分配”的原则，详略得当，重难点突出。例如，三句诗文的解析在总体时间分配上占有较大比重，但三者间在时间分配上又保持相对的均衡。

在微视频制作方面，该微课采用录屏软件通过 PPT 演示以及教师讲解的方式制作微课，具有简洁方便、易于操作、成本较低的优势。

四、职业高中阶段的微课案例

《中餐主题宴会台面设计》微课制作案例如表 5–13。

表 5-13 《中餐主题宴会台面设计》微课制作案例①

微课名称	中餐主题宴会台面设计	视频长度	6分56秒
设计思路	通过对中餐主题宴会台面设计基础知识的讲解和操作技能的演示，使学生了解台面设计的类型、特点和台面的布置方法，掌握台面设计步骤与操作标准，达到能够熟练进行中餐主题宴会台面设计的能力要求		
教学过程			
	主要内容	界面设计	时长
片头	了解课程背景及内涵		1分15秒
	了解与任务相关的背景信息		30秒
正文	确定台面风格		30秒
	选取布件、餐具、杯具		2分11秒
	制作中心展示台		1分10秒

① 杨强.《中餐主题宴会台面设计》微课[EB/OL]. http://wk.zjer.cn/wkxx/index.htm?id=1915&type=0，2015-06-25.

续表

	主要内容	界面设计	时长
正文	制作主题牌、主题视频		20秒
	制作主题菜单		20秒
结尾	制作台面设计说明文件		40秒

【案例分析】

该微课以中餐主题宴会台面设计为授课内容，并选取了具有代表性的设计案例，对宴会的布置进行了系统的讲解与分析。微课选题精巧，注重了微课教学“微时间”“微主题”的特点，能够合理利用微时间的分配解决教学过程中的重、难点问题，使学生充分翔实地掌握宴会台面布置的流程和要点。

在教学设计方面，该微课设计详略得当、层次感清晰、逻辑性较强。例如，教师依据台面布置的流程安排微课的教学设计，片头简单介绍背景性知识和本节课的教学目标，正文着重讲解台面布置的步骤和各项任务，结尾以设计说明文件强化主题的要点，结构清晰合理，符合学生的认知要求。该微课着重学生操作技能的培养，选择了真实场景的教学环境，实现了理论与实践一体化教学。通过教师的精致讲解以及学生的现场模拟，该微课教学呈现出“教、学、做”相统一的特点。

首先，该微课选题具有较高的现实性和操作性，为丰富高职院校学生的学习知识提供了现实的参考。其次，教学采用了“阶梯式”“递进式”的推进方式，接近学生的认知方式，方便了学生的独立学习。再次，该微课教学采用讲授法和演示法相结合的方法，直观、快速、准确地向学生展示宴会台面布置的要点和注意事项，现实感较强，易于学生接受、学习。

在语言表达方面，教师用语规范，简单明了，指示性强。例如，在台布的布置与操作部分，教师着重介绍了相应的操作步骤，表达确切，没有多余的赘述，这对于学生快速理解教学内容有很大帮助。

在微课视频制作方面，该微课声音清晰、图像稳定、画质感较强，同时从同一画面不同角度的切换以及不同环境的合理取景，以及“画中画”呈现等方式，体现了微课后期制作的精心和细致。

五、高等教育阶段的微课案例

（一）案例一：《走进教育技术》

《走进教育技术》微课制作案例如表 5-14 所示。

表 5-14 《走进教育技术》微课制作案例[①]

<table>
<tr><td>微课名称</td><td>走进教育技术</td><td>视频长度</td><td>6分30秒</td></tr>
<tr><td>设计思路</td><td colspan="3">通过教师讲解与数字故事相结合的方式，介绍教育技术学的定义及在我国的发展历程，内容清晰，形式简洁。在微课的设计过程中，关注学习者的感受与学习心理，以教师不断提出问题，数字故事回答问题的方式来带领公共课的师范生走进教育技术、理解教育技术及其定义，了解我国教育技术的发展历程，建立起对教育技术的初步认识</td></tr>
<tr><td colspan="4">教学过程</td></tr>
<tr><td></td><td>主要内容</td><td>界面设计</td><td>时长</td></tr>
<tr><td>片头</td><td>介绍本微课的教育目标</td><td></td><td>20秒</td></tr>
<tr><td rowspan="2">正文</td><td>介绍什么是教育</td><td></td><td>55秒</td></tr>
<tr><td>介绍教育技术的基本概念</td><td></td><td>35秒</td></tr>
</table>

① 周雄俊.《走进教育技术》微课［EB/OL］. http://weike.uken.cn/index.php/Index-centent.shtml?&id=12，2015-06-25.

续表

	主要内容	界面设计	时长
正文	介绍什么是有形、无形的技术		40秒
	教育技术的典型事件：萌芽阶段、初期发展阶段、快速发展阶段、深入发展阶段		3分30秒
	内容小结		15秒
结尾	主题升华，如何看待教育技术：只要有教与学的活动就有教育技术		15秒

【案例分析】

该微课介绍了有关教育技术的基本概念与发展历程，选题新颖，紧贴时代脉搏，为学生普及有关教育技术的基本常识，有很强的学习价值。

在课程设计方面，教师首先明晰了本次授课的教学目标，接着再通过对“什么是教育”这一问题的思考来引入新内容，充分考虑到了学生接受新知的循序渐进。其次，从有形与无形、现代与传统两个方面做了详细介绍。再次，将教育技术的发展历程从萌芽、初期发展到快速、深入发展一一展现给学生。最后，用小黑板的画面形式对全篇内容进行总结与升华。

在语言表达方面，教师并没有采取传统的讲解形式，更多扮演的是提问者、指示者、引导者的身份，将课堂大部分的时间留给了学生自己去观察与思考。

在视频制作方面，微课制作者首先选取了颜色亮丽、形状可爱的基本元素，再搭配以柔和、暖色调的课件背景，使学生能够在听课的同时保持愉悦的身心。另外，在背景音乐的选择上，教师挑选的是较为舒缓的轻音乐，有助于学生轻松愉快地学习。

（二）案例二：《景观建筑设计中的材料与空间意图》

《景观建筑设计中的材料与空间意图》微课制作案例如表 5-15 所示。

表 5-15 《景观建筑设计中的材料与空间意图》微课制作案例[①]

微课名称	**景观建筑设计中的材料与空间意图**	**视频长度**	**14分30秒**
设计思路	材料应用是景观建筑设计的核心问题之一，也是重点和难点所在。本课改变了建筑材料课由技术方向教师讲授的传统方式，从建筑师的视角出发，将“材料”与“空间意图”紧密联系在一起，重点讲解了如何从设计的角度理解景观建筑中材料的使用，挖掘设计师运用材料背后的思考和实现过程。适合于风景园林、建筑学、城乡规划专业的学生观看		
教学过程			
	主要内容	**界面设计**	**时长**
片头	新课导入，“景观建筑设计”的基本概念与三大问题		1分钟
正文	材料观念的发展历程与当代趋势		1分20秒
	经典案例分析：巴塞罗那德国馆		2分40秒
	专题知识逐条讲授		2分
	三个典型案例的拓展：瓦尔斯温泉浴场、恩森堡事务所、篱苑书屋		4分50秒

① 徐宁.《景观建筑设计中的材料与空间意图》微课［EB/OL］.http://weike.enetedu.com/play.asp?vodid=180492&e=3###，2015-06-25.

续表

	主要内容	界面设计	时长
结尾	知识点归纳：材料观念、特性、途径		1分30秒
	结语与课后任务	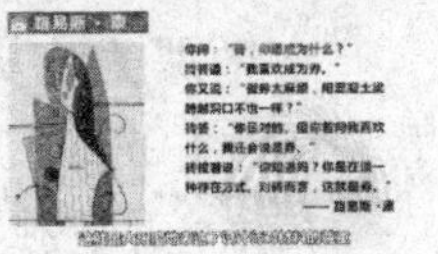	1分10秒

【案例分析】

该微课选取的内容为建筑学等专业同学必修的景观建筑设计中的材料与空间意图。这是该领域中较为重要也是较难理解的知识点，也具有很强的实用性。

在教学设计方面，教师首先强调了与自然融合是景观建筑设计中的基本原则，并由此作为整堂授课内容的核心理念。其次，依次回顾了景观建筑设计中的三大基本问题，并从历史的不同维度来进行剖析。再次，通过视频的播放来向学生展示具体的建筑案例，并从中截取画面片段进行具体分析。另外，教师还将与内容相关的知识点进行了类别划分，并做成专题讨论，辅之以具体案例。最后，对本次内容进行了回顾与小结，并讲述了路易斯·康的故事引发同学们的课后思考。

在语言表达方面，教师娓娓道来，语速适当、吐字清晰，在播放视频的过程中还加入旁白讲解，使同学们对所观看到的内容有了更深的认识，消除了盲目性。

在视频制作方面，教师主要设计了课件展示和“画中画”两种形式。主要选用了红灰两种色调，凸显了清淡幽冷的氛围，与“建筑”这一主题所需要的独特质感相辅相成。另外，在案例讲解部分，采用了画面分割的呈现方式，帮助学生有效地进行对比学习。

（三）案例三：《电商新方向—O2O》

《电商新方向——O2O》微课制作案例如表 5-16 所示。

表 5-16《电商新方向——O2O》微课制作案例 ①

微课名称	电商新方向——O2O	视频长度	9分49秒
设计思路	信息网络的迅猛发展使人们的交易形式也产生了改变。本微课为广大学生介绍最为基本的一种电子商务模式O2O（Online To Offline）。主要内容包括O2O的基本概念、衍生产品、独特优势与融合模式，采用的是传统的讲授法结合PPT展示的形式		
教学过程			
	主要内容	界面设计	时长
片头	新课引入，介绍本次微课所涉及的具体内容：O2O的概念、产品、优势与融合		30秒
正文	O2O的概念介绍及应用举例		55秒
	O2O对商家、平台、用户的优势		2分35秒
	适合于O2O的产品		1分
	团购的概念及其商业模式	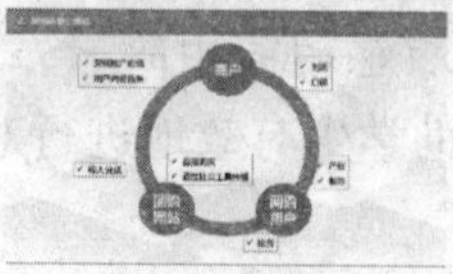	1分45秒

① 杨清云.《电商新方向——O2O》微课[EB/OL]. http://www.iweike.org.cn/v002-play-22-21199.htm，2015-06-25.

续表

	主要内容	界面设计	时长
	O2O融合的优势及三种模式		3分2秒
结尾	结语		2秒

【案例分析】

该微课的选题内容涉及贸易经济学和网络商务，在电子商务迅猛发展的今天，该选题具有较高的实用价值。另外，从教学对象看，其受众又具有较高的普遍性，可以是大学贸易经济专业的学生，也可以是电子商务初学者，甚至网购消费者等都可以借此学习网络商务的相关知识。该微课选题精准，能够围绕电子贸易新事物 O2O 进行讲解，具有鲜明的时代性，能够吸引学生学习的兴趣。

在微课的教学内容组织方面，内容充实，案例丰富。例如，在介绍 O2O 的优势时，教师分别从商家、平台以及用户三个层面选取了翔实的案例介绍了 O2O 的特点，案例准确清晰，使学生能够对 O2O 形成一种整体的认识。

在教学设计方面，该微课采用并列式与递推式相结合的方式，先后从 O2O 的概念、优势，适用范围以及 O2O 的团购和融合模式等方面详细地介绍了 O2O 的运营，内涵清晰，外延明确，符合课程标准的要求以及学生的认知特点。

教学过程逻辑清晰，针对性强。首先，能够按照预期教学目标合理地组织教学程序。例如，在介绍 O2O 融合的优势时，能够采用教授式的方法，先后翔实地阐述其更省钱、更高效、更合理等方面的特点。其次，在教学过程中，能够做到时间分配合理、重难点突出。例如，O2O 的优势以及 O2O 融合的模式两个方面作为该微课的教学重点和难点，在整个教学过程中则占据了大部分的时间，原因就在于教师遵循了微课教学中“微视频”“微时间”“微分配”的原则。

在微课制作方面，视频画面清晰、色彩丰富，不同画面的准确衔接都能够给学生以舒适的体验。在音质方面，教师声音清晰有节奏，富有感染力。场景的切换方面，该微课能够把握焦距的准确调节，做到了重点突出。

第六章

微课的理论与研究

第一节　微课的现状与问题

一、微课的研究

20世纪60～70年代，在国外已有学者提出了微型课程（Mini Course）的概念[①]。在师范生教育所应用的微格教学（Micro Teaching）[②]和微型课（Mini lesson）也早已为人熟知，即利用声像化的信息技术手段，依据反馈和教学评价理论，将授课者完整的教学过程分解成多个单项教学技能训练的单元，分阶段进行教师教学技能培训，具有教学技能训练微型化的特点。其主要功能即是进行教学模拟、教学观摩与示范，便于进行及时的反馈和评价。

也有学者认为微课程（Micro-lecture）最早是由美国北爱荷华大学（University of Northern Lowa）LeRoy A. McGrew教授所提出的60秒课程（60-Second Course）（McGrew，1993）以及英国纳皮尔大学（Napier University）T. P. Kee提出的一分钟演讲（The One Minute Lecture，OML）[③]。

1998年，新加坡教育部提出了结合信息技术（IT）进行学科教育的规划，称为资讯科技教育总计划（The Master plan for IT in Education）。该规划认为，未来技能的焦点将集中于思考、学习和交流等方面，而基于信息技术的教与学则是获取上述技能的关键途径。新加坡国立教育学院（National Institude of Education，NIE）于1998年开始实施微型课程计划，目标定位于培训教师自主构建微型课程。这里微型课程（Micro Lessonstm）指基于信息技术的用于教授特定内容的教学材料，是小容量的教学单元，涉及多门课程领域，支持广泛的学习结果。具体的形式可以是教学活动、模拟游戏、问题解决活动、教师演示材料等。[④]此类微型课程的开发基于教学设计的理念，以学

① Engel，R A Jr L D Weller. Mini-Courses: Maxi-Morale [J].The High School Journal，1972，56（3）：142-149.

② Dwight W Allen .Micro-Teaching: A New Framework for In-Service Education [J].The High School Journal，1966（8）：355-362.

③ Kee，T.P. The one minute lecture [J].Education in Chemistry，1995（32）：100-101.

④ 孙卫华. 新加坡微型课程计划述评［J］. 中小学信息技术教育，2006（5）：66-70.

习者为中心，将信息技术媒体与教学过程整合，致力于学生通过学习形成高阶思维能力。微型课程的内容设计流程为：①首先确定学习者所处的年级水平；②利用头脑风暴法，就某课程确定若干个适合开发微型课程的问题领域（例如，利用传统的教学方法难以取得满意教学效果的专题；抽象的概念；难以解决的问题；通过使用大量的视觉材料或动画教学效果最佳的问题）；③清晰地描述希望达到的教学目标（确定目标，即明确在此微型课程结束后学生能做什么；因为是微型课程，尽量只设定一至两个目标；按照布鲁姆的分类标准说明高级学习目标）；④选择合适的例子、脚本、案例分析、故事，基于问题的提问，有助于达到教学目标；⑤设计学生活动，促进他们积极思维，而非只是简单地回忆某些信息。[①]

2008年，美国新墨西哥州圣胡安学院的高级教学设计师David Penrose提出微课程（Micro-lecture）的概念[②]。David Penrose认为，在网络教育中，将短小且精心设计的资源与作业和讨论相结合，去掉大部分多余的细节，只保留核心的概念和思想，能够获得与传统课程一样的效果。微课应用之初，受到一些人的质疑，他们认为课程应该包括持续的讨论，例如文学分析、复杂概念的学习等教学内容不适宜进行这样的删减。然而，微课在教学中的应用效果却出乎人们意料，例如，在职业安全这门在线学位课程中，微课、作业、讨论所带来的灵活的课程管理体系与标准化的课程计划，使得课程进展加快，四个月课时的课程在两个月内就能完成。这种教学方式也扩展到其他的学科，如阅读、种族管理、兽医等。David Penrose提出了制作一分钟微课的5个步骤：①列出你在60分钟课程中将要讲授的关键概念（这些系列的短语将构成微课的核心）；②写出15 ~ 30秒钟的关于你的微课的说明和概述（这将为你提供关键概念索引）；③用麦克风和网络摄像头录制这些要素（学校信息技术部门可以提供支持；如果你只希望制作音频微课，则可以不使用摄像头；完成后的微课时长为1 ~ 3分钟）；④设计后续的作业环节，用来引导学生进行阅读或参与其他活动来探究核心概念（与写作业相结合可以让学生更好地掌握学习材料）；⑤上传视频和作业到课程管理平台。

David Penrose认为这种方式能够刺激学生，一个60秒微课能够传达的

① 孙卫华．新加坡微型课程计划述评［J］．中小学信息技术教育，2006（5）：66-70.

② Shieh，D．These lectures are gone in 60 seconds［J］．Chronicle of Higher Education，2009，55（26）：A1，A13.

知识内容是有限的，这需要学生完成紧随微课的作业并参与讨论。Penrose还认为这将成为一种进行知识挖掘（Knowledge Excavation）的框架，它将展示如何进行挖掘、挖掘什么，并监督整个过程。然而，宾夕法尼亚大学进行系列60秒微课教学的Dennis De Turck说，由于它具有教学上的局限性，因此，在宾夕法尼亚大学使用的这种微课主要是利用它短小精悍的优势，而不能进行真正的学术教学。因为在很多课堂上往往要展开持续的讨论，然后分阶段地完成教学，60秒的印象派的课程有一定的用处，但不能用来代替全部。

Open Education认为，当前教育者正寻求更有效的学习环境，而微课的形式更符合当前的理论且显示出巨大的潜力。它不仅使学习者更能主动掌握自身的学习过程，按照个人的学习步调有针对性地选取学习内容，而且开放式的后续学习材料可以为学习者提供更充分的学习时间。但随着教育的发展，这种形式显然不能适用于所有的课堂学习，例如，那些需要展开持续深入讨论的环节。它适用于教师进行短小信息的说明，但不太适用于信息过于复杂的情境。因此，这种微课的形式促使教师用一种新的思维方式来思考问题，通过对核心概念的提炼，使其教学的关键要点能够在很短的时间内得以呈现。这种形式反映了传统教学隐含的观念，所有学生在相同的课堂学习进程中取得相同的学分。微课让我们聚焦于教学中最重要的和可行的内容。值得提出的是，微课程将成为网络课程的重要组成部分。在网络学习环境中，不同学习能力的学习者在微课中可以用足够的时间去消化学习内容，达成学习目标。①David Penrose所提出的微课的概念，无疑为传统课堂教学提供了一种新的模式，也为网络课程的开发和资源设计提供了新的形式。

国外微课的提出和相关研究多源于高等教育。在国内，2010年，广东省佛山市教育局的胡铁生针对教育信息资源利用率低的现状，在国内率先提出了微课（Micro-lecture）的概念，在佛山市中小学中展开了新课程优秀课例片段征集评选，大量中小学教师参与到微型课程资源的设计开发中，由此产生了国内微课在基础教育领域研究实践的萌芽。此后，国内的众多教师、教育学者开始关注并深入探讨微课这种新的教育教学形式。

随着国内外对微课研究与实践应用的不断深入，自胡铁生首次在国内提

① Open Education. Online education-Introducing the microlecture format [EB/OL]. http: //www.openeducation. net/2009/03/08/online-education-introducing-the-microlecture-format/, 2015-4-10.

出微课概念后，人们不断对此进行丰富和深化，体现了微课在国内研究的状态、特点和发展轨迹。以胡铁生三次提出的概念为代表：① 微课是根据新课程标准和课堂教学实际，以教学视频为主要载体，记录教师在课堂教学中针对某个知识点或教学环节，开展精彩教与学活动中所需各种教学资源的有机结合体（2011 年 10 月）；② 微课又名微型课程，是基于学科知识点而构建、生成的新型网络课程资源。微课以“微视频”为核心，包含与教学相配套的“微教案”“微练习”“微课件”“微反思”及“微点评”等支持性和扩展性资源，从而形成一个半结构化、网页化、开放性、情景化的资源动态生成与交互教学应用环境（2012 年 10 月）；③ 微课又名微课程，它是以微型教学视频为主要载体，针对某个学科知识点（如重点、难点、疑点、考点等）或教学环节（如学习活动、主题、实验、任务等）而设计开发的一种情景化、支持多种学习方式的新型在线网络视频课程（2013 年 2 月）。[①]此外，国内学者焦建利[②]、黎加厚[③]、张一春[④]、郑小军[⑤]、吴秉健[⑥]等都提出了对微课的概念描述。从众多概念描述所包含的共同要素来看，均强调了微课的几个特点：① 微课的主要形式是微视频；② 微课的内容围绕教学资源、教学过程、教学活动的某个要点或环节展开；③ 微课的表现形式短小精悍，多为 10 分钟以内。胡铁生将人们对微课概念认识的过程总结为三个阶段：① 微课的“微资源构成”认识与实践阶段，这一阶段注重微课的资源建设和资源的利用率，进行了基于知识点或教学环节的组合并联式资源建设，突出教学视频的作用，但形式较单一且不够“精悍”，学习者主体没有很好地突出；② 微课的“微教学活动”认识与实践阶段，此阶段突出了微课不仅是一种新型教学资源，更是一个简短而完整的“教学过程”或“教学活动”的观点或导向，且被作为重要的教学活动环节引入“翻转课堂”中；③ 微课的“微网络课程”认识阶段，此阶段的微课基于网络环境平台，体现出

① 胡铁生，黄明燕，李民．我国微课发展的三个阶段及其启示［J］．远程教育杂志，2013（4）：36–41.

② 焦建利．微课及其应用与影响［J］．中小学信息技术，2013（4）：13–14.

③ 黎加厚．微课的含义与发展［J］．中小学信息技术，2013（4）：10–12.

④ 张一春．微课是什么？我给出的定义［EB/OL］.http://blog.sina.com.cn/s/blog_8dfa9ca20101ouw0.html，2015–4–2.

⑤ 郑小军．我对微课的界定［EB/OL］.http://blog.sina.com. cn/s/blog_4711a0210102e6ge.html，2015–4–2.

⑥ 吴秉健．微课定义万花筒［EB/OL］.http://blog.sina.com.cn/s/blog_5f1cdbc60101awyt.html，2015–4–2.

主题突出、短小精悍、资源多样化、半结构化和交互性强等特点。①

2014 年，教育部全国高校教师网络培训中心发布《中国高校微课研究报告》。报告阐述了微课的时代背景、“首届全国高校微课教学比赛”赛事分析、大学教师对微课的认识、微课教学设计与教学表达、首届微课比赛作品设计制作分析、微课教学应用的机遇与挑战等内容，认为“有必要从世界高等教育发展，尤其是教育信息化的发展，以及中国高等教育未来走向的大趋势、大环境出发，从教学理念、教学设计、制作技术、教学应用等方面进行梳理，描述中国高校微课现状，审视微课建设的价值和意义。”②

二、微课的建设

网络与通信技术的发展，为课程资源的网络化创造了条件，学习者基于丰富网络资源和便捷的网络环境进行学习成为可能。笔记本电脑、上网本、平板电脑和智能手机等移动终端的功能提升和应用普及，为学习者进行随时随地的在线学习交流提供了设备支持。同时，云技术以信息共享的便捷性、信息获取的便利性、终端设备的简单化等，改善了信息资源分布不均，降低了教育资源成本，延展了学习者思维与行动的界限，学习工具更易于掌控，学习方式具协作与开放性，拓伸个人与集体智慧的深度与广度。各种学习社区、大规模开放资源平台在教育情境中引入，例如，大量微课程、微视频、MOOC 的在线发布，可汗学院（Khan Academy），Coursera、Udacity、edX 三大 MOOC 平台，以及国内的中国微课网、国家开放大学五分钟课程网、国家教育资源公共服务平台等和诸多的 MOOC 学习平台，以极其丰富的课程资源为学习者课内外的学习提供了大量的选择，也可为教师进行课堂教学资源的充实和教学过程的优化提供参考。

其中，中国微课网不仅成为中小学教师微课比赛优秀作品展示交流的平台，还进行微课教学研究、应用、教师培训、互动交流等功能的整合：① 翻转课堂课题研究。推动基于微课的翻转课堂教学模式创新应用的研究，促使一线教师们有效应用微课资源促进教学，并通过交流促进微课实践、应用与创新。② 翻转课堂教学平台：网站开发的翻转课堂教学应用平台，可实现教师在线备课、自由组卷、预习反馈、布置作业，学生进行课前预习、

① 胡铁生，黄明燕，李民．我国微课发展的三个阶段及其启示［J］．远程教育杂志，2013（4）：36–41．

② 中国高校微课研究报告［EB/OL］.http://weike.enetedu.com/report/news/pdf_fm_1.html，2015–5–2.

课堂探究、在线问答、课后作业，家长可参与家校互动、学业报表、亲子教育和课程推荐等。③ 教师专业培训：为教师自我提升搭建学习平台，教师可根据实际需求选择自己喜欢的课程、记录笔记、加入小组、交流互动，学习信息技术应用技能、微课设计与制作、翻转课堂教学法等课程。④ 互动交流社区：教师可了解最新教育资讯，分享微课制作技巧和经验，参与课题在线研讨等。①

在教育培训领域，由北京微课创景教育科技有限公司于 2011 年创建的微课网，以全景高清视频教学为手段，追求学生学习过程最优化，构建中学生学习社交网络，提供初高中各学科在线教育微课视频、互动答疑、测试分享等课程资源和学习环节，致力于打造全国最大的中学生自主学习平台。2013 年，华南师范大学和凤凰卫视合作的“凤凰微课”正式发布。此外，教育部全国高校教师网络培训中心面向全国高校组织微课教学比赛，并在全国高校微课教学比赛网站（http：//weike.enetedu.com）展示优秀微课作品。

广东佛山市教育局创建优课网，为教师制作微课资源提供指导，并聚集了大量课程视频资源，涵括了学前教育、基础教育、高等教育、职业教育与培训等阶段，同时包括教育资讯、学生活动 DV 作品、专题片等类型素材。同时，开设佛山名师课程网，提供基础教育阶段各门课程名师授课视频、练习指导、课后测试和学习资料下载等。

随着平板电脑、智能手机等移动终端设备的普及，微课平台的建设也不断满足学习者移动学习的需求。例如，TED、网易公开课、慕课网、中国大学 MOOC 等 APP 应用，为学习者移动学习提供了便利的渠道，而短小精悍的视频资源和与之配套的学习活动、评价、讨论、资料等，为学习者持续性的学习提供了有力支持。例如，中国大学 MOOC 平台中由北京大学数字化学习研究中心设计的大规模开放网络课程《翻转课堂教学法》，学习者可以通过网页或移动设备 APP 程序，便捷地参与课程学习的每一个环节，包括观看微视频，获取学习文档，参与测验，讨论和其他学习活动。设计者为学习者参与每一个学习主题的每一个环节精心安排了学习步骤，并有详细的学习技能辅助和学员手册，学习者可以在课程开设周期内，选择合适的时间进行学习。即便课程结束，学习者也可以获取到课程丰富的学习资源，按照个人的学习需求进行自主学习。

教育部 2012 年颁布的《教育信息化十年发展规划（2011—2020 年）》，将

① 中国微课网［EB/OL］.http://www.cnweike.cn/，2015-4-15.

“缩小基础教育数字鸿沟，促进优质教育资源共享”作为十年教育信息化发展任务之一。具体框架为：① 提升学校信息化建设基本配置与应用水平；② 学校教育教学方式变革取得突破，包括教师信息化教学的习惯，知识呈现方式、教学评价方式、组织差异化教学等方面的变化，以及学生多样化、个性化学习的改变；③ 信息化环境下学生自主学习能力全面提升，包括使用信息技术学习的意愿，运用信息技术发现、分析和解决问题的能力，以及健康使用信息技术的自律性。此外，规划将“优质数字教育资源建设与共享行动”作为教育信息化行动计划之一，包括 ① 建设国家数字教育资源公共服务平台，帮助所有师生和社会公众方便选择并获取优质资源和服务，实现优质资源共享和持续发展；② 建设各级各类优质数字教育资源，针对不同教育阶段和需求层次，建设优质网络课程和资源，建成动态生成的、与学科门类配套及动态更新数字教育资源体系；③ 建立数字教育资源共建共享机制。[①]

微课当前的建设方向与现状，与我国教育信息化发展规划有诸多契合。从微课的基本形式看，其围绕某一知识点、教学环节、学习主题开发，短小精悍，能够更灵活地嵌入整体教学过程中，且为学生个性化学习、教师差异化教学提供了有针对性的支持资源；从微课当前网络化、非结构化发展的趋势看，其能通过教师资源制作与应用、知识呈现方式、学生学习方式、教学评价方式的改变，促进教育、教学的内在变革，且能更大程度地满足不同学生学习的需求；从微课设计注重学习内容和学习活动的系统化设计来看，其内在指向了学生在精心的教学设计的引导下，运用信息技术提升发现、分析和解决问题的能力。

戴晓华、陈琳认为，我国中小学微课目前尚处于边建设边研究阶段，在建设层面存在建设水平不高，缺乏有效评价机制等问题。通过对广东省佛山市、河北省、深圳市、湖北省汉口市滑坡路小学、上海市嘉定区实验小学和山东省高青县等典型建设省市校的考察、研究，认为在取得一定成效的基础上，微课建设还停留在小范围的试用阶段，缺乏大面积的推广，普及程度不够。研究者还提出，相对于目前已有的微课网站而言，在移动客户端方面，微课的应用相对较少，甚至有些微课由于经费所限，质量普遍不高，

① 教育部发布《教育信息化十年发展规划（2011-2020 年）》[EB/OL] .http://www.edu.cn/html/info/10plan/ghfb.shtml，2015-4-2.

而一些以营利和考试为目的的微课，其所需的学习成本成为学习者的负担。①

基于目前可谓声势浩大的微课建设的热潮，有研究者尖锐地指出，目前，国内微课数量可以说是海量级，大量的微课往往只是单纯为了评比而制作。当前微课建设过程中存在的问题日益凸显，包括教师观念不明确、表现形式固定单一、时间太过固定、教学内容设计缺乏创新性，以及配套教学资源匮乏等。②

张一川、钱扬义将国内外具有影响力的微课网站进行了对比研究，从微课内容的呈现形式和微课配套资源的建设做了分析。比较研究发现，国内外微课资源建设有一些共同点，即微课内容精细化，呈现形式多样化；配套资源特色化，资源平台共享化。由于我国微课仍处于探索阶段，在资源建设上，研究者提出：首先，应丰富国内微课内容的呈现形式，微课的制作效果和质量有待提升，教师可应用一些简单易用的软件来丰富微课内容的呈现形式；其次，完善微课配套资源建设，即在设有练习、交流、教案、反思等基础上，增添自订课程计划、课程知识向导、数据统计、即时笔记等功能，增强教学评价和学生监督管理系统建设，开发与网页微课和配套资源相应的移动应用，实现在线学习、移动学习。③

三、微课的教学应用

微课的建设和开发，最终目的在于教学中的有效应用以促进教学。翻转课堂就是微课教学应用的一种广泛的形式。翻转课堂的发展，可以回溯到哈佛大学埃里克·马祖尔（Eric Mazur）教授1990年创立的同伴教学法（Peer Instruction，提出学习的步骤包括知识传递与吸收内化）；2000年，美国迈阿密大学莫里·拉吉（Maureen Lage）和格兰（Glenn Platt）介绍的“翻转”课堂④（Inverting the Classroom，讲授经济学入门时的实践）；2007年，美国林地公园高中的两位化学老师乔纳森·伯尔曼（Jonathan Bergman）和亚伦·萨姆斯（Aaron Sams）成功实践的翻转学习（Flipped Learning）。此后，翻转课

---

① 戴晓华，陈琳. 我国中小学微课发展现状及其优化策略研究［J］. 中国电化教育，2014（9）：78–83.

② 周贤波. 基于学习者角度的微课建设策略研究［J］. 中国电化教育，2015（4）：81–84.

③ 张一川，钱扬义. 国内外“微课”资源建设与应用进展［J］. 远程教育杂志，2013（6）：26–33.

④ Maureen，J. L. Glenn，J. P.. Inverting the Classroom：A Gateway to Creating An Inclusive Learning Environment［J］. Journal of Economic Instruction，2000（1）：30–43.

堂的理念与教学形式在美国中小学广为传播。[①]

美国哈佛大学物理系埃里克·马祖尔（Eric Mazur）教授的《同伴教学法：大学物理教学指导》(《Peer Instruction》) 一书中，介绍了他自 1984 年起在哈佛大学任教时在教学改革方面所做的探索和研究，并于 20 世纪 90 年代创立且逐步向全世界多所学校推广了同伴教学法。同伴教学法使用专门设计的用于揭示学生概念错误和引导学生深入探究的概念测试题，借助计算机应答交互系统或选项卡片，引导学生参与教学过程，变传统单一的讲授为基于剖析概念的自主学习和合作探究，在大学课堂教学中构建了一种学生自主学习、合作学习、生生互动、师生互动的创新教学模式。同伴教学法取得了很大的成功。成千上万不同学科领域的教师在课堂上采用了这一方法。许多教师指出，相对于更加传统的讲授式教学方法，这种基于问题的教学方法更具优势。[②] 基于同伴教学法的学习分为两个步骤：首先，知识的传递，其次，知识的内化。这一观点成为翻转课堂的重要理论基础，翻转课堂的独特之处正是知识传递与知识内化的颠倒。[③] 由此给微课教学应用带来启示，微课在翻转课堂中可用于课前的知识传递环节，它所呈现的信息应指向学习者最易产生模糊和错误的知识要点，并能为学习者课堂知识内化做好信息的铺垫；微课也可用在课后评价与检测环节，这时学习者已经完成了课堂知识内化的过程，此时微课既是课堂知识内化的巩固和延伸，又应为学习者的概念反思、自主学习和探索合作提供更多开放性的选择。如此，短小而碎片化的微课才有可能深度整合到教学过程中，在知识传递与知识内化的教学环节才能达成应有的教学效果。

2010 年，胡铁生针对教育信息资源利用率低的现状提出了微课（Micro-lecture）的概念，并在佛山市中小学中组织了微课大赛[④]；2012 ~ 2013 年期间，教育部举办了面向中小学教师的“中国微课大赛”和面向高校教师的“首届全国高校微课教学比赛”。[⑤] 短短几年时间，借由教育主管部门推动的微

① 祝智庭，管珏琪，邱慧娴．翻转课堂国内应用实践与反思［J］．电化教育研究，2015（6）：66–72．

② ［美］埃里克·马祖尔．同伴教学法：大学物理教学指南［M］．朱敏，陈险峰，译．北京：机械工程出版社，2011．

③ 宋艳玲，孟昭鹏．从认知负荷视角探究翻转课堂——兼及翻转课堂的典型模式分析［J］．远程教育杂志，2014（1）：105–112．

④ 胡铁生．“微课”：区域教育信息资源发展新趋势［J］．电化教育研究，2011（10）：61–65．

⑤ 郑炜冬．微课情感化设计：理念、内涵、模型与策略［J］．中国电化教育，2014（6）：101–106．

课教学应用，以及教师们对微课的理解和关注，微课在国内掀起热潮。

由中央电教馆主办的国家教育资源公共服务平台，为基础教育提供大量教学资源、应用于教研指导、教师交流等，开展“一师一优课、一课一名师”活动，并以教师网上“晒课”“优课”评选等活动，带动优秀课程资源的建设和应用，以及网络教研、校本教研活动的开展。通过活动的开展，力争使每位中小学教师能够利用信息技术和优质数字教育资源至少上好一堂课，使每堂课至少有一位优秀教师能够利用信息技术和优质数字教育资源讲授，力求达到：上好一堂能够利用信息技术和优质数字教育资源的课；建设一支善于利用信息技术和优质数字教育资源开展教学活动的教师队伍；形成一套覆盖中小学各年级课程的生成性资源体系。①

广东佛山市开展中小学优秀微课拍摄制作与应用研究活动，通过专家培训、课题引领、微课制作、试点实验和应用推广的方式，组建项目示范学校，培养优秀主讲教师，有计划地拍摄制作一批与本地教材相配套，成体系（专题）的“交互式微课”。活动网站平台中为教师创建微课资源与应用研究提供了学习指引、详细的在线课程和配套资源，为一线教师设计制作微课提供了有力的支持。②

然而，微课的大规模建设和实际教学应用效果是否成正比，我国的微课应用是否存在一些瓶颈问题，这也成为诸多学者讨论和研究的热点问题。

有研究者指出：“我国微课目前还主要处于建设状态，各学校缺少从学习者角度建设的微课，大部分微课只是用来展播，在教学上应用不广，或者几乎没有，虽然有极少数学校有日常教学应用案例，但是只是处于阶段性的探索应用，并没有完全融合到日常教学中，从学习者视角进行的微课应用研究几乎是零，更多的微课只是教师间相互交流或教师专业能力提升的一种手段。”③针对大规模的建设和极少的教学应用的现状，教育者和学者们尝试探索突破问题瓶颈的解答。

戴晓华等认为，大量的微课资源建而不用是资源的极大浪费。并不是所有的课程都适合以微课的形式讲授，微课的应用应有针对性，而非盲目应用。研究者提出了研究引领、积极适应、优化平台、组织竞赛与创新评

---

① 国家教育资源公共服务平台．2014 年度“一师一优课、一课一名师”活动指南［EB/OL］.http://tz.1s1k.eduyun.cn/1s/ddzn2014/20141128/20968.html，2015-6-15.

② 佛山市教育局中小学优秀微课拍摄制作与应用研究活动培训专题网［EB/OL］.http://fswk.seeworld.org.cn/login.html，2015-6-15.

③ 周贤波．基于学习者角度的微课建设策略研究［J］．中国电化教育，2015（4）：81-84.

价和优化技艺等几项优化策略，尝试解决微课应用中存在的问题。①

钟绍春等认为，目前国内中小学微课基本上是以支撑“翻转课堂”为主要应用，相应的微课资源也是按照这样的方向设计和开发的。这种做法不太适合于在课堂上让学生通过自主协作方式完成知识的学习任务，对于课后巩固和提高也不是很合适。此外，大多数教师所制作的微视频中，信息技术与内容讲解的深度融合还差很远，微视频的讲解质量还不是很高，微课资源的建设和应用普遍存在非常大的盲目性。②

苏小兵等结合当前微课教学实践应用的情况，认为微课在实际教学中应用情况不尽如人意的原因，可能与教师在微课设计与制作中存在一些问题有关，如微课的“教学对象不清，不知道给谁用”“教学主题不准，题大内容小”“对微课的理解偏差，有的是说课，有的是示范课，都不是为学生学习而设计的”③ 等。研究者分析了微课教学应用目标的三个层面：学习新知、难点处理和巩固拓展，归纳了微课的三种教学应用模式，即支持翻转课堂教学、课内差异化教学和课外辅导答疑等，对微课的教学应用做了较为系统的探讨。④

张一川等对比了国内外微课资源的应用现状，认为国外已将微课应用于日常教学并取得了良好的效果，而与微课相对应的教学模式也成为研究热点；我国微课正处于征集评选阶段，虽有数量繁多的微课，但日常教学应用极少，更多是将微课应用于教师专业发展、教师间相互交流、评课等。因此，拓展微课在教学上的应用研究，需聚焦微课应用于教学的过程与效果进行分析、评价等方面的研究，关注学生对微课资源的应用情况和学习体验，构建适用于微课的教学模式。⑤

“翻转课堂”是微课教学应用的主要教学模式，祝智庭等探讨了翻转课堂在国内的应用实践与反思。研究者认为翻转课堂教学流程的逆序创新带来知识传授的提前与知识内化的变化，其实践本质是帮助学生实现深度学习、

---

① 戴晓华，陈琳．我国中小学微课发展现状及其优化策略研究［J］．中国电化教育，2014（9）：78–83.

② 钟绍春，张琢，唐烨伟．微课设计和应用的关键问题思考［J］．中国电化教育，2014（12）：85–88.

③ 张一春．小“微课”，大世界——揭秘“微课”建设内核的十个问题［EB/OL］．http://blog.sina.com.cn/s/blog_8dfa9ca20101shz2.html，2015–6–15.

④ 苏小兵，管珏琪，钱冬明，等．微课概念辨析及其教学应用研究［J］．中国电化教育，2014（7）：94–99.

⑤ 张一川，钱扬义．国内外“微课”资源建设与应用进展．远程教育杂志，2013（6）：26–33.

聚焦问题解决、培养高阶思维能力。反思国内实践现状，微课在翻转课堂中的应用、课前学生的“先学”质量、课内学生高阶思维能力的培养、教师的专业素养储备等成为实践面临的难题。[①] 由此可见，微课教学应用的一个最基本的前提条件，就是微课教学设计的质量。短小的、碎片式的微课是否能适切地嵌入教学环节（课前、课中或课后），是否能与其他课堂资源和课堂教学活动产生有意义的关联，是否能针对教学的重点、难点、疑点等知识内容和关键的教学环节起到实质的教学应用效果，教师精心的教学设计就是贯穿于始终的最核心的因素。

有学者跳出课内整合的既有框架，对微课应用进行“再思考”，提出微课勿走“课内整合”的老路。研究者清晰地指出，试图用微课改变学校内的课堂教学模式是当前微课研究陷入的误区。微课是为在线学习而生的，是一种在线学习资源，应对现有的网络视频资源进行微课化改造，教育变革可能不是通过改造课堂而实现的，而是通过发展网络教育与在线学习才能取得突破。[②] 这无疑引发了对微课课堂教学应用的更深层的思考，应用信息技术与课堂教学进行深度整合，期待教学模式的优化带来教育的变革式的发展。微课的特征和教学应用可能产生的效果给予了教育变革新的企盼。然而，微课当前的课堂教学应用效果并不如前所预期，是微课建设本身出现的问题，还是微课教学应用的模式没有建立，抑或是微课原本就不是改变课堂教学模式行之有效的途径？跳出微课课堂教学应用的思维，重新考虑微课应用的问题，可能会找到微课这一新的信息资源形式用以变革教育的最佳方案。

第二节　微课的价值

在前期研究中，有不少研究针对微课的概念和内涵进行了争论和辨析，当前研究不乏关于微课的理念、资源建设、应用前景的研究，但也反映出在教学实践中微课的设计、实施过程、应用与教学效果评价的缺失，也较少

① 祝智庭，管珏琪，邱慧娴．翻转课堂国内应用实践与反思［J］．电化教育研究，2015（6）：66-72．

② 王竹立．微课勿重走“课内整合”老路——对微课应用的再思考［J］．远程教育杂志，2014（5）：34-40．

出现微课的有效应用与评价模式、学生微课实际学习效果和学习体验的相关研究。随着对微课概念和建设标准的逐渐明晰，加上借鉴国外已有成功的教学实践，以及微课在国内教育实践和研究引起的广泛关注，对于微课本身逐渐形成一种较为稳定的设计思路、制作方式、评价方法，即微课对教学的实际助益是既定合理的。要开发出大量的微课，先进的制作方法和技术、细化的评价指标是最需要关注的问题。当微课应用的效果暂未显现时，便会自然地诉诸一种设想：与技术结合的新的课程形式可以变革教育。但微课本身的价值却很少被论及。

胡铁生等针对中国微课网平台上教师资源使用情况的调查显示，目前微课资源应用情况很不乐观：仅31%左右的教师会“经常”点播或查看自己的微课，35%左右的教师会“经常”点播或查看他人的微课，而“经常”下载他人微课的教师为17.5%，评论他人微课的仅为12%左右，在自己课堂教学中主动运用微课的比例也很少，仅为16%。研究者指出，通过以建设促进教学应用，以教学需求与应用实践来引领微课建设的有序发展，切忌走上“重建设轻应用无研究”的老路。①

王竹立研究发现，尽管微课在各种竞赛中风生水起，但微课教学应用的相关调查很少，特别是具有说服力的实证研究报告目前尚未见公开发表。从一些学者的文章中可以看到微课的课堂应用还比较少，课外应用多一些（有教师甚至直言不讳地说微课目前主要热在各种大赛和评奖上）。比如赵小蕊在2014年对微课在银川市小学语文教学中的应用现状进行调查时发现，一半以上的教师偶尔在自己的语文教学中使用微课，几乎没有教师一直使用。经常在其教学中使用微课的人数仅占2%，一半的语文教师认为，在语文课上使用微课对提高学生的学习效率不太明显；27.5%的教师认为，使用微课与之前对比基本没有什么变化；仅有21%的语文教师认为，在语文课上使用微课可以提高学生的学习效率，但是提高的幅度不大。没有人认为微课对学生的学习效率提高很大。②

唐烨伟等对国内近年来微课研究进行分析，发现在日常教学当中的微课应用案例不多，即一线教师并没有真正在自己的课堂上使用微课。为什么教师热衷于微课但使用不多，研究者从以下三点进行探讨：① 微课究竟如何

---

① 胡铁生，黄明燕，李民. 我国微课发展的三个阶段及其启示［J］. 远程教育杂志，2013（4）：36-41.

② 赵小蕊. 微课在银川市小学语文教学中的应用研究［D］. 宁夏大学，2014：13-14.

在课上或课下供学生使用时能发挥最大功效值得深思；② 微课究竟是什么，微课的设计制作流程、方法等，需要对教师进行系统理论和实践、思路应用培训；③ 需要展开成体系的微课与各学科教学深度融合的案例研究。①

钟绍春等在研究中提出，微课到底是什么，微课能够解决哪些问题，什么情况下需要微课，不同情况下需要什么样的微课，微课到底应做成什么样，如何制作，如何使用等众说纷纭，没有一个明确的答案。②

如果把微课界定为以微型教学视频为载体，辅以其他配套学习资源与学习过程系统化设计的新型网络视频课程，那么，我们可以尝试以课程价值研究的视角来讨论微课的价值。微课的教学应用效果与预期的差距，是微课这种课程形式本身的问题，还是在教学中应用的方向和策略的问题。"社会上各种不同的价值取向已经开始对学校课程活动产生实际的影响，造成教师工作的迷惘。教育者若要在价值日渐多元的社会形势下担负起价值整合和理想重建的使命，就必须成为理性的行动者。"③ 这促使了对微课的价值的追问：微课有什么价值？微课对谁有价值？

一、微课有什么价值

（一）连接教育理论与教育实践

理论在现实中有两种不同的存在形态，一种为群体所共有的普遍形态，它脱离于产生理论的主体，以文字、各种符号形式存在；一种为个人或部分特殊群体所拥有的私我和局部形态，其中包括个体因学习而内化的个人理论，还包括尚未完全脱离产生理论主体的，以言说和一定范围内的共同经验的存在形态。④

从教育理论与教育实践的逻辑关系看，首先，由于理论是经过推理、判断、分析而形成的一个完整体系，因此，教育理论同样具有自身内在的逻辑，即教育认识和思维的逻辑。教育理论的逻辑包括形式上符合思维的逻辑外，还要符合实践活动本身的逻辑，即认识逻辑应与客观事物的存在逻辑相一致。真正有价值的理论必须经过实践的检验，以教育存在的

---

① 唐烨伟，樊雅琴，庞敬文等．基于内容分析法的微课研究综述［J］．中国电化教育，2015（4）：74–80.

② 钟绍春，张琢，唐烨伟．微课设计和应用的关键问题思考［J］．中国电化教育，2014（12）：85–88.

③ 施良方．课程理论——课程的基础、原理与问题［M］．北京：教育科学出版社，1996：285.

④ 叶澜．思维在断裂处穿行——教育理论与教育实践关系的再寻找［J］．中国教育学刊，2001（4），1–6.

逻辑为内容，体现一定的实践观。其次，任何实践活动都以一定的认识为基础。因此从本质上说，实践都具有理性的意义。教育实践工作要针对教育各要素联系的把握而展开，而各要素间又是复杂的、活动的。因此，教育实践也蕴含着教育认识和思维的逻辑。

从教育理论与教育实践研究主体的关系看，首先，对于教育理论研究者，他们多指向既有理论，对其进行系统的分析、批判、重建等一系列思维活动，发展并完善理论。然而，理论的形成和发展不仅依靠个体内在的对话，还包括个体与现实之间的对话，如此，所形成的理论才是开放的、生动的、发展的。因此，教育理论研究者是从生动、综合的实践活动中，提炼、抽象出合理的影响要素，把握它们相互之间的关系，预测变化趋势，再对其加以批判论证，实现理论的综合性与整体性。此外，对于理论研究者而言，需要具有一种生成性思维方式，既是一种虽有框架，却又非凝固化的，十分善于捕捉变革中涌现出的事物，敏锐判断其具有的整体性价值，进而修正原有理论框架的能力。[①]教育理论研究者要从变革的环境中吸取精神的滋养，进行视角和理论的更新，才能获得理论研究的驱动力。

其次，对于教育实践工作者而言，他们直接接触到教育工作的第一线，一方面他们了解教育工作中出现的实际问题，另一方面也有可能把对实践的改变寄托于理论所提供的可操作性的指导上。然而不可忽视的是，他们是推进教育发展最有决定性影响的群体，其在个体实践中形成的个人内在理论亟待发掘。因此，教育实践工作者通过对自己的实践达到理性的自我反思、自我发展，既遵循科学的逻辑发展规律，摆脱琐碎的教育、教学事物的干扰，又能进行实践域内的更新，反映实践，超越当前，实现实践中的变革。

由此，以解蔽的视角，透过教育理论与教育实践的脱离的表面现象，可以看到二者在逻辑与实践主体上存在更深层次的联系。

微课作为一种新的课程形式，实现了教育理论与教育实践的连接，一方面，教育理论研究从丰富、生动、变化的教育实践中吸取养分，教育活动的问题与答案都来自于教育实践活动本身；另一方面，教育实践领域充分挖掘实践个人的内在理论的价值，吸纳理论中理性的价值，形成批判性的理解，使实践活动更为健康、有序。对于微课这一问题域的研究与实践，拓展了教育理论与实践的视野，二者互为基础、补充，共同推进教育的变革。

---

① 叶澜.思维在断裂处穿行——教育理论与教育实践关系的再寻找[J].中国教育学刊,2001(4):1-6.

（二）有限的知识教育向无限的教育内涵的延伸

传统的知识观认为，知识是客观的、抽象的，它具有绝对的、永恒的、普遍的价值。当前学校教育中更多是基于这种传统的知识观念，学生对客观世界的认识停留在抽象意义的认知上，而缺乏个人对知识的鲜活生动的感受，没有展现出教育之于生命的活力。

生命是知识教育的原点。学校教育应从知识教育出发，但由于受到时间、空间以及个体不同发展水平的限制，因此，在走向生命化教育的过程中，不管是在激发学生的生命意识，还是构建学生的生命形态，知识教育都存在一定的局限性。首先，知识教育受到时间的限制。从历史的角度来看，在具体的社会和文化条件下，知识教育的内容必然与某一特定的环境相结合，表现出一定的历史局限性；从个人发展的角度来看，人的生命有限性决定了知识教育的时间局限。其次，知识教育受到空间的限制。当前学校教育通常是在一定的环境中开展的教学活动，教育、教学的空间仅局限在学校范围内，很少涉及社会、家庭以及其他学校以外的环境，或者，一些在学校以外开展的知识教育活动仍然缺乏一定的深度，这体现了知识教育所受到的空间限制。再次，知识教育受到不同个体发展水平的影响。不同个体的价值取向、已有经验水平、对知识的理解和领悟能力，以及对不同知识的兴趣和期望，都给知识教育达到最终效果带来了限制。

然而，从教育生命化的角度来看，教育内容具有无限性，这是个体全面发展的内在需求，同时也是进行人类文化传承与超越的客观要求。也就是说，在人追求自身全面发展的同时，其实也是在用较短的时间去接受人类文化长期积累下来的知识、经验，然后进行有意识的理解、利用、传递、创造；与此同时，人类的文化成果也将在其深度和广度上得以极大的扩充。由此，人将不局限于传统知识教育的窠臼中，而是在更为广阔的教育内容的视域下，为实现个体发展的需要，随着历史时空的变化和个体生命的展开去接纳更为宽广的教育内容，在与不断发展的人类文化的相互作用过程中，实现二者价值的扩展。

在当前的技术理性、工具理性的束缚下，知识教育受到空间、时间以及不同个体发展水平的制约，体现出其效果的有限性。这样，一些关于生命、感悟等被视为非理性的教育内容，常常被教育者所忽略。正如日本教育家井深大所说的："唯理"的教育"忘记了方向"，是"丢掉了另一半的教育"。①

① 王帅．知识教育的生命特质及其有限性［J］．教育科学论坛，2007（1）：16-18.

这种生命化的教育内容对于个体发展来说，恰恰是具有其更深的教育蕴含，它所包含的时空范围也是无限的。

微课的短小精悍、基于网络共享与便捷，突破学习者所处的时间与空间维度，使有限的知识教育有可能向无限的教育内涵延伸。从个人发展的需要来看，客观、抽象的知识教育可以教给人现有的知识、经验、文化，但却缺乏个人全面发展所应有的素质、教养、理想。教育的价值在于使个体的生命更加圆满，而单一的知识教育则不能体现这种丰富的教育价值，使人走向片面的发展。从历史发展的需要来看，由于在特定的历史条件和有限的时空限制下，个人只能在某一阶段内接受含有某一历史范围内的知识内容，而这些知识教育的成果也有可能已经满足了个人维持其生存的基本需要。

从有限的知识教育延伸至无限的教育内容，它体现在：① 由个体接受知识的呈现转化到个体对知识的主动理解和有意义的建构；② 知识内容由已有的经验知识传授转化到关注生命发展，使个体能以不断丰富的智慧成为知识获得的积极应对者。

在实际的教育过程中，要理解并处理好知识教育的有限性与教育内容的无限性，或许要经过一个较长的转化过程，也需要参与教育、教学的个体具有突破条件限制的勇气。例如，对于教学目标，要以促进个体立体发展的视角使目标更为精当；对于教学内容，要在目标的指导下进行大胆的取舍，敢于删繁就简，在真正有意义的教学内容上拓展深度，深化教育内涵；对于教学方法的运用，要对时间和环境进行统筹安排，同时也使参与教学的个体能充分发挥其价值。微课对教学目标的聚焦、核心教学内容的提炼，以及在系统的框架内对教学过程进行精致的切分和安排，使受教育者在积极沉浸的过程中感受知识体悟的愉悦，更深入地投入到科学的思维方法、分析事实、综合事实的能力提高过程中。

（三）兼顾教育的公平与效率

在我国经济发展的当前阶段，教育的地区差异、民族差异、性别差异、阶层差异，暴露出当今社会人与人在教育资源的占有、教育机会和教育起点上并不平等，并直接制造了人与人之间生存质量的差距。然而，不能实现的绝对平等，并不意味着我们不能对相对地公平进行调和，例如，包括对教育欠发达地区给予政策的倾斜，或是对这些地区政府的教育制度给予相应的保护和尊重。因为公平体现了人与人之间利益关系的调和，它不仅包括经济利益，还包括社会关系、权利与义务、资源配置等方面。

效率的制约因素甚多，择其要者，一是作为实践主体的劳动者的知识、技术、能力状况及其发挥；二是作为实践客体的生产设施的科技含量、原材料的质量优劣；三是作为实践环境的生产方式，包括社会收入分配公平与否。[①] 因此，可以这样理解教育中的效率问题，它既体现于受教育者在参与社会活动中知识、技术、能力的状况及其发挥，又体现于所配置的教育资源的投入与产出的比值，还包括教育力量的分配公平与否。由此，当某一具体教育条件和教育环境中的资源发挥了其应有的价值，受教育者充分发挥了其教育经历所产生的能量，教育资源实现了公平分配，那么，这就产生了较好的效率。

因此，考察教育中的公平与效率问题时，不能仅以经济利益的角度来看待二者的关系。在接受教育的过程中，受教育者的最终目的是充分利用一切可以利用的教育资源，发展自身的知识、技术和能力结构，这是带有强烈自主完善意识的过程。甚至越是面临教育相对不公平的环境，越能激发受教育者充分发挥现有资源和自身能力的作用，追求产生更好的效率。

基于现代信息技术和课程深度整合而产生的微课，体现了对教育公平与效率的调和。微课激发了教育过程中主体自我完善的主动性，使教与学的关系突破了区域、经济等条件的限制，以网络环境为载体的新型在线课程，使教育资源有可能惠及更广泛的学习者，也促使了教育资源使用效率的最大限度发挥。

（四）支持知识经济社会实现终身教育

知识经济是促进人与自然协调、可持续发展的经济，是以无形资产投入为主的经济，是在世界经济一体化条件下的经济，是以知识决策为导向的经济。[②] 知识经济社会对于人才的需求包括了应用现代技术和媒体获取、分析、处理、创造信息的能力，以及将信息进行知识转化和创新的能力，其中的核心在于以综合素质为基础的创造与创新。

终身教育是现代社会发展和进步的必然产物，是教育服务于知识经济社会的必然要求。终身教育是从与学习者相对的客体性出发，不断扩展人的知识和才能以及不断培养其判断能力和行为能力的过程。终身教育从更深、

---

① 郑国玺 . 从哲学层面看效率与公平的辩证关系及运转规律［J］. 中共成都市委党校学报，2007（4）：25–27,40.

② 金一鸣 . 教育社会学［M］. 南京 ：江苏教育出版社 ,2000 ：187.

更高的意义上注重了人及人的可持续发展，是对“教育”的意义从广泛的时空观念上予以了整合，可以说，是社会所有有目的、有计划的教育的总和，是对传统教育观念、教育体制在认识与理解上的一种超越。它是一种教育理念、一种教育思想。[①]终身教育的目的取向在于：①走向“科学的人道主义”；②培养创造性；③培养承担社会义务的态度；④培养“完善的人”。[②]

终身教育是契合知识经济社会发展的教育理念。随着科学技术的发展，人们在工作和生活中的科技含量增高，同时知识更新的速度加快。社会对教育提出了新的与社会发展相适应的要求，终身教育就在这样一种社会基础上产生。在终身教育的理念下，人一生中的任何阶段都需要学习，且人在一生中任何阶段都有学习的权利。终身教育体系将为人在一生中的教育创设充分的条件与机会，它在注重对人进行知识传授的同时，也注重人在德行、个性、心理、精神等方面能力的全面发展。

二、微课对谁有价值

作为一种教育实践活动，微课的设计、实施、应用与评价过程涉及的最关键的两个对象就是教与学的双方。对微课的价值主体的讨论需基于对这二者的关系辨析。

（一）教育实践对人的基本假设

马克思所说的人“是一切社会关系的总和”，说明人本质受到社会的制约与改造，它不是自然性，而是社会性。由此，教育存在的价值取决于作为客体的教育在多大程度上满足作为主体的社会与个人发展的需要，一方面，教育要通过一定的组织形式和内涵推动社会的整体进步，另一方面，教育必须设计和实施相应的实践活动以促成作为社会成员的个体的全面发展。[③]

在教育实践中，在教学目标制定、教学活动开展、教学评价实施等各个环节都渗透了对受教育者社会性发展的教育，例如，使其明确作为社会公民的权利和义务；让学校教育走向社会，强化公共意识，提升公共伦理道德；参与社会实践，体验社会生活；在课堂教学活动中，设计以活动为中心的教学过程，让学生在情境式的教学活动中体验社会性认知等。

① 宋永泽．终身教育、终身学习和学习化社会的社会基础与逻辑关系［J］．教育理论与实践，2007（3）．

② 陈桂生．教育原理（第二版）［M］．上海：华东师范大学出版社，2000：215-217．

③ 孙杰远．论学生社会性发展［J］．教育研究，2003（7）：67-71．

（二）教育活动中的教学双方

1.教学活动中的主体与客体

主体与客体是用于阐明实践活动中活动者与活动对象关系的哲学范畴。在教学活动中，厘清主体与客体的含义，才能进一步探讨二者的相互关系。所谓主体，指那些具有健全意识并能够从事认识和实践活动的人，除了人之外，其他任何物质形态的东西都不能称为这里的主体。所谓客体，指与主体相对应的那部分客观事物或认识和实践所指的对象，这自然也包括了客观存在的人在内。①

作为活动参与双方的教师和学生，都可能成为教学活动中的主体或客体。教师进行教，不仅是按照教学目标、教学计划、教学内容安排教学活动的开展，同时也是依据学生的认知能力和认知需求，给予学生适当引导的过程；学生进行学，不仅是接受固定的教材和教师所讲授的内容，同时也是主动理解、批判接受知识的过程。因此，在教学活动中，教师既是教学内容授导的主体，又是学生认知活动的客体；学生既是教师教授活动的对象，作为客体而存在，又是主动求知的主体。

正如马克思认识论所认为，当主体和客体表现在人与人之间的关系时，双方就会总是以主体的身份自居，而把活动的对象时常指向对方。可见，教学活动中教与学的关系是随不同教学活动阶段而变化的，固定地认定某一方为主体或客体都是不全面的。

2.教与学双方是矛盾的对立统一

学校教育中存在多种矛盾，而教与学二者的矛盾是最关键的。然而，由于教学活动中具体教学目标、教学内容、教学方式以及教师、学生作用的多样化，因此在教与学二者的矛盾体中，矛盾的主要方面与次要方面也将会在不同阶段呈现相互转化。例如，在进行讲授式教学时，教师作为活动的主体，其对教学活动及其各个环节的把握则决定了活动的效果。此时，应当将教师的教作为矛盾的主要方面进行考察。又如，在学生开展自主学习活动的过程中，教师充当活动引导者的角色，而对知识的理解和批判性接受，以及由其所带来的活动效果，则由学生来把握。学生此时成为活动的主体，学生的学是矛盾的主要方面。

矛盾双方互以对方的存在为前提，而双方各自又是在与对方的相互作

---

① 于珍彦，刘东敏．论教与学的相互关系——关于如何把握教学关系的哲学思考[J]．高等师范教育研究，1994（3）：48-50.

用中才获得了自身的意义。教学活动开展的过程中，没有教师的教就无所谓学生的学，没有学生的学也就无所谓教师的教。学受到教的制约，教也反映了学的实际需求。教与学两方面是相互依存、相互对立、相互制约的，二者是矛盾的对立统一体。

3.教与学之间主体地位的转化

教学活动中的主客体、矛盾的主要及次要方面都是动态变化的，二者随着教学活动各环节的展开而不断转化，二者的对立统一、相互补充共同构成了丰富生动的教学过程。从教学活动中教师与学生的主客体地位的外在表现来看，承认二者互为客体指向并在不同的教学阶段中存在关系的转化，这就把握了教学参与双方的动态关系；从教学活动开展过程中的矛盾主次方面来看，随着具体教学需求、教学情境对矛盾主要、次要方面进行分析，这就能更准确地把握影响教学活动整体推进的关键因素。

总之，辩证的方法为我们客观地认识事物，把握事物发展的状态及规律提供了有效途径。教学活动的开展是一个复杂的过程，从活动者与活动对象的关系把握，再到对二者矛盾发展进程的分析，并将这一思维过程置于多样的、具体的教学情境中，这将为我们更好地设计、管理、评价教学提供清晰的思维指向。

（三）教育实践中个体的生存与发展

随着现代社会技术的飞速发展、社会环境日新月异，人的生存面临着新的挑战。教育更需要敏锐地洞察这种转变，从对人的生存的关怀出发，努力追求人生存的意义，实现教育价值的最大化。从学校教育的视角来看，当今教育的价值、目标、模式、评价等方面，从一定程度上说，存在与人生存的疏离。不可否认，制度化的学校教育的确以一种优化的结构培养着人的知识和技能的发展，使受教育者掌握了获取物质生活条件的能力基础。但是，由于缺乏从人的生存意义的层面去追求教育的价值，使当今教育遗忘了人之为人的“生存”的意识。

从学校教育来看，当今教育对人生存意义新的追求可以体现在以下两个方面：

1.寻求个体主动的发展

个体进行自我发展、自我完善是一个无止境的动态过程，学校教育只是此过程中的一部分。人的生存可分为追求物质满足和寻求心灵、精神的解放与安顿。而在物质需求极大丰富的当下，技术理性对人的束缚，现代生存危机给人的压抑，使人在盲目追求物质满足之后，导致了情感和文化品格的肤浅，丧失了个体主动发展的动力，迷失了人之为人的生存意义。教育对人生存意义的永恒追求，使得我们能从教育的理想中寻找答案。

首先，教育使人寻求内心充实。当今的教育对人生存的关怀，就是要从个体的内心去体察其内心与自我、社会、环境的沟通状态。个体在接受教育和自我教育的过程中，摆脱生活的游离感，秉持自身独立的人格，坚持自我意义实现的途径。其次，教育使人在变化的环境中保留精神的宁静。教育使人在纷繁的变化中，把握自我，生活在由自控而非他控的状态下，获得心灵的自由。用精神的宁静寻来心灵的灵动，从而使人始终能以批判的眼光去考虑理所当然的一切，保持好奇、敏感、求知，在这种宁静中得到平衡的发展。再次，教育使人用心体会文化的蕴含。文化的传承包含着生命的延续和更新。教育对人生存意义的追求，亦体现在对个体这种文化需求的关怀中。现代人们对利益的追求，使其逐渐失去进行文化蕴含体悟的能力，而文化底蕴则能为个体的发展提供深层的动力。当人们狂热地去追求所谓的流行，在繁杂的流行文化中迷失时，教育则应清醒地引导人们去体会一种真正鲜活而生动的文化，不是在对看似繁华的文化的体悟中深感疲惫，而是找到自身发展的深层动力。

2.体现教育者与受教育者二者的生存意义

如今教育更多提倡的是以学生为中心，将学生作为教育的主体，张扬个性，自由表达个人的意见和主张。教师要用一种更为包容的心态，用细腻的感情去体会学生最质朴的感情，使学生在与环境互动的过程中丰富自我，发展自我。但是，作为与学生平等的个体，我们却很少从教师的角度考虑其生存的意义。在新型的、提倡平等开放的教育活动中，关注个体精神和心灵的发展，同样包括对教师生存和发展状态的关怀，体现人与人互动的平等，并用实践去尊重这种平等。只有对教师与学生双方作为人的生存意义的平等关注，才能达到教育对人的生存意义之追求的平衡。

第三节　微课的未来与挑战

课程是教育的载体，教育的价值借由课程得以传递和阐释。微课的研究与发展承载了人们对于信息技术与教育深度融合的期待，并希望通过这种新型的课程形式带来教育的变革。因此，微课仍将是一个值得探讨的课题。在面对理论或实践研究领域的争论、挑战、迷惑或失落时，我们还在不断深入或重新理解教育、学习、课程和技术。还需不断追问，当前的技术环境为学校教育和校外学习提供了什么支持？是微课能够制造出教育和学习的价值，还是教与学的价值借由微课而体现？我们是让复杂的信息技术变为教学的羁绊，还是通过可为我们灵活掌握的技术手段设计出更丰富生动和有效的教学方式？

一、微型学习

李龙从“微型学习”这一上位概念展开论述，将微课、微课程、微视频、可汗学院、颠倒课堂、大规模开放在线课程等诸多概念放在同一语境下进行考察，以期对学科教师的教学实践和专业发展以系统的、明确的辨析。他提出，微型学习（Micro-Learning，M-Learning or ML）是以特定的学习目标为依据，具有时间短（一般在10分钟左右或更短）、内容精练（一般只涉及一个知识点或一个具体问题）等特点，在信息化环境（网络环境或移动学习环境）下，充分发挥学习者主体作用的一种学习活动。①

课程价值的关键主体是学习者，学习者知识、技能、情感与态度的发展是课程设计的原点，课程的展开和课程的评价也是围绕学习者而进行。借由课程实现的学习者个体主动的发展，包括知识和智慧的获取、内心的充实、精神的宁静和文化的汲取，并在具体的学习和体验中实现个人生存意义的构建。关注微课的“微”，是从细微之处体察学习内容和学习进程的系统安排，也是关注学习者在课程的自主学习中的微小学习体验和进展。“对于老师而言，最关键的是要从学生的角度去制作微课，而不是在教师的角

① 李龙．论“微型学习”的设计与实施［J］．电化教育研究，2014（2）：74-83.

度去制作，要体现以学生为本的教学思想。”[①] 因此，对于微型学习的关注，不仅是对微课价值主体的关注，也体现了微课教育功能的本质内涵。

李龙总结了微型学习的主要特点和优势：

微型学习的特点主要有以下五个方面：① 微型学习容量小，目标明确，具有相对独立性；② 微型学习时间短，使学习者可以集中注意力解决一个问题；③ 微型学习内容的选择范围广泛，可以涵盖人生的不同发展阶段；④ 微型学习以学生为中心，重视学习情境、资源、活动的创设；⑤ 微型学习是在信息化环境的支持下进行的。

微型学习的优势主要有以下五点：① 便于学习者随时随地利用各种终端进行学习，有利于提高学习效率；② 便于学习者自定步调，真正实现自主学习，有利于学习能力的提升；③ 便于学习者组成小组，进行研究型的合作学习，有利于创新思维和创新能力的培养；④ 便于教师对各种学习者分类指导，真正进行个别化教学，促进学习者个性化发展；⑤ 便于形成开放性的资源库。[②]

从人本主义心理学的观点看，教育工作者往往认为，只要把课程设计好，教学方法合适，学生就会很好地学习。其实，意义不是在于课程之中的，而是个人赋予其上的。所以，怎样呈现课程内容并不重要，重要的是要引导学生从课程中获取个人自由发展的经验。因而，学生的自我实现是课程法定的核心。[③] 将对微课研究的重点转向微型学习，即是将重点从对微课这种形式的关注转向学习者本身。微型学习的设计将导向满足学习者发展和个性化学习需求的目标，因为关注学习的内容和进程的作用，是让学习者在学习活动体验中自主去寻找知识的个人意义。

有学者提出基于学习者角度的微课建设策略。调查研究发现，微课建设过程中存在的问题日益凸显。① 教师观念不明确。一部分教师为了评比而建设微课，比完后微课就成为摆设，没有真正应用到日常教学中；还有一部分教师把传统的课堂实录当作微课，而不是根据学习者学习需要去设计与建设，课堂实录式的微课枯燥，内容针对性不强，以至于学习者想用却用不起来。② 表现形式固定单一。③ 时间太过固定。④ 教学内容设计缺乏创新性。⑤ 配套教学资源匮乏。由此提出从学习者角度为出发点的微课

---

① 张一春. 小“微课”，大“世界”——揭秘“微课”建设内核的十个问题［EB/OL］. http://blog.sina.com.cn/s/blog_8dfa9ca20101shyl.html，2015-5-10.

② 李龙. 论“微型学习”的设计与实施［J］. 电化教育研究，2014（2）：74-83.

③ 施良方. 课程理论——课程的基础、原理与问题［M］. 北京：教育科学出版社，1996：37.

建设策略，包括多种途径转变教师微课观念、从学习者角度考虑微课的表现形式、合适的时间控制、合理的微课内容设计、巧妙的动画引用和丰富的微课配套资源。[①]

有研究者引借产品设计领域的情感化设计的设计哲学，提出对微课进行情感化设计的理念。基于人们对微课达成的一些共识，如以微视频为主要载体、围绕学科知识点进行设计制作、时间短、内容精、支持多种形式的自主学习等，研究者提出微课情感化设计的内涵在于“基于情感化设计的理念，在微课的设计、制作与应用等环节中设计能够激发学习者积极情感的方案的过程，目的是使学习者在学习过程中获得积极的情感体验，提高微课的应用效果”。因此，微课情感化设计关注学习者的大脑在加工学习信息时所获得的情感体验，可以分成三个层次：本能层的情感、行为层的情感和反思层的情感，与之对应，微课情感化设计也可以分成本能层的设计、行为层的设计和反思层的设计，研究者对此阐述了设计的具体策略。[②]

此外，从微课概念的演化，以及对微课认识与实践的三个阶段，从“微课的资源构成”到“微教学过程”，再到“微网络课程”[③]，可知微课从一种单一的教学资源形态，逐渐到关注其作为系统教学过程的有机构成。“以‘微视频’为核心，包含与教学相配套的‘微教案’‘微练习’‘微课件’‘微反思’及‘微点评’等支持性和扩展性资源，从而形成一个半结构化、网页化、开放性、情景化的资源动态生成与交互教学应用环境”[④]，再到“以微型教学视频为主要载体，针对某个学科知识点（如重点、难点、疑点、考点等）或教学环节（如学习活动、主题、实验、任务等）而设计开发的一种情境化、支持多种学习方式的新型在线网络视频课程”[⑤]，人们对微课的认识逐渐从微课资源的形式，关注到参与微课之中的价值主体——学习者，微课的设计也趋向于为学习者提供更有效的学习支持。

微课的研究与实践转向对学习本身的关注，有助于在进行微课设计的各种方法、技术与流程层面的探讨之前，厘清诸多干扰因素，明晰微课价

---

① 周贤波．基于学习者角度的微课建设策略研究［J］．中国电化教育，2015（4）：81–84.

② 郑炜冬．微课情感化设计：理念、内涵、模型与策略［J］．中国电化教育，2014（6）：101–106.

③ 胡铁生，黄明燕，李民．我国微课发展的三个阶段及其启示［J］．远程教育杂志，2013（4）：36–41.

④ 同上。

⑤ 同上。

值主体的需求和微课本身的教育功能内涵，在此基础上形成的信息技术支持的、具有丰富表现力的微课，才能最终回归微课的内在价值，使学习者在充分的学习体验过程中，更深层次追求有限的知识教育向无限的教育内涵的延伸，实现知识经济社会中的终身教育。

二、教学实践模式研究

已有研究中，关于微课的理念阐释和应用前景分析的相关研究讨论比较充分，相关的应用研究也涉及基础教育和高等教育领域的科学教学、教师培训、校本研究和职业培训等，但对于微课实践成果的提炼与总结的成果不多。有研究表明，在日常教学当中应用微课的案例并不多，也就是说一线教师并没有真正在自己的课堂上使用微课。①

为什么教师和研究者热衷于微课的制作和开发，但微课在实际教学应用中的有效成果却很少？微课实践应用模式，无论是课堂教学应用还是课外应用模式的提炼与总结的研究还很缺乏。问题的焦点，在于关于微课的有效应用的教学设计和教学实施的研究，还需进行深入的审视与总结，在系统化的微课程设计框架内，提炼出微课的“微教学设计”模式，以期微课的理念与实践能更好地促进学习。

值得一提的是，微课的教学设计与教学实施的主体是教师，因此，对此的讨论必然会涉及教师专业发展的问题，包括教师的微课理论、知识、技能与态度的研究。

（一）教学设计

由于微课微小、碎片化的形式，其教学设计的系统化内涵则更为凸显。“‘微教学设计’是微课程建设的起点和基础，要加强对教师信息化环境下的‘微课程’设计的理论、理念、策略、方法和模式培训。”因此，微教学设计也是微课教学实践研究的核心和难点。

有研究以教学设计理论、全球学习联盟的学习设计规范、学习共同体理论和学习活动理论为指导，设计了泛在学习环境下微课的学习模式，“学习共同体设计—学习活动设计—学习资源与工具设计—学习过程设计—个性化学习设计”，并通过实证研究验证了泛在学习环境下微课的学习模式在高校教学中的应用效果，验证该学习模式能够改善学习方法，优化学习过程，

---

① 唐烨伟，樊雅琴，庞敬文，等. 基于内容分析法的微课研究综述［J］. 中国电化教育，2015（4）：74–80.

提高知识掌握率、应用技能、学习质量，提升情感态度与价值观方面的信息素养。①

在微课的高校课堂教学应用研究方面，有研究者通过对参赛课例的对比分析，发现目前高校微课设计存在的主要误区，例如，微课“不微”，传统教学新包装，微课教学设计中教学目标分解不清晰、选题价值不高、微课资源准备不充分、学习者分析不足、微课摄制技术不规范、摄像制作存在问题，评价指标容易误导教师等，由此引入生物学中的“趋同进化”理论，进行了“趋同进化”教学应用环境模型，创设微课趋同教学环境，并提出了有效微课趋同设计的方法和实施策略，为高校翻转课堂教学模式的构建研究提供借鉴。②

胡铁生提出微课的应用及研究（包括应用培训指导、应用模式和策略、应用机制措施的建立、应用效果评价研究等）的紧迫性，并提出了“微课‘非常 6+1’的资源构成与应用环境”模型（图 6–1）。

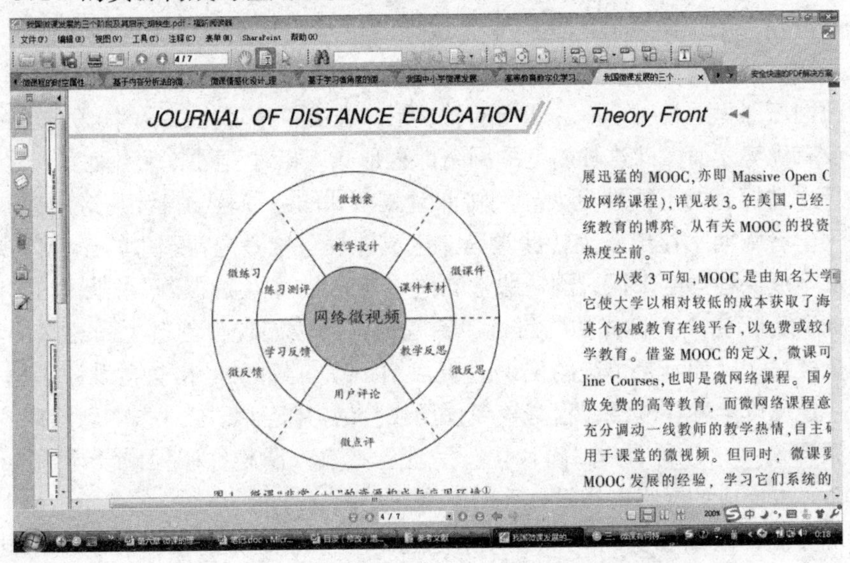

图 6-1 微课“非常 6+1”的资源构成与应用环境 ③

微课以微视频为核心，图中上半部分的微教案、微课件、微练习是教

① 林秀瑜. 泛在学习环境下微课的学习模式与效果研究[J]. 中国电化教育，2014（6）: 18–22.

② 郭绍青，杨滨. 高校微课“趋同进化”教学设计促进翻转课堂教学策略研究[J]. 中国电化教育，2014（4）: 98–103.

③ 胡铁生.“微课”: 区域教育信息资源发展的新趋势［J］. 电化教育研究，2011（10）:61–65.

师提供的相对静态型的技术化资源，图中下半部分的微反思、微点评、微反馈是教师在组织微课教学活动和应用过程中动态生成的智慧型资源。基于此，以上资源构成与应用环境的模型，有研究者通过对学习者的访谈，归纳了基于学习者角度的微课的配套资源建设策略，资源主要包括以下几类：教学设计、微课任务单、相关练习、相关知识解答、相关课件、过关测验和相关延伸知识。① 这些配套资源与学习进程是有机结合的，因此，体现以学习者为中心的微课教学设计需要结合明确的学习任务说明（学习清单）、学习活动安排、及时学习评价与反馈、学习服务与支持。微课虽“微”，但其内在的系统设计的理念贯穿始终。

此外，针对微课进行的微教学设计，它与传统课堂的教学设计、网络课程的教学设计有何联系与不同，原有的教学设计理念、方法与技术在多大程度上可以直接迁移到微课的教学设计中？这是有关微教学设计有待深入探究的问题。

首先，由于课堂教学是一个生成性的过程，而就网络课程而言，它是需要预设的，包括对学习需求、学习重点、难点、学习效果和评价反馈等。因此网络课程的相对单一、冗长的教学形式在支持情境化、案例化的教学上并没有优势。而微课这种新型的网络课程形式，相对于网络课程而言，学生进行主动探究的可能性更大。翻转课堂是微课的一种教学设计与应用模式。我国学者陶西平提出，翻转课堂是“生成课程”这一全新理念的充分体现，并从生成课程角度来探讨翻转课堂的作用与效果。“生成课程”把课程的“既定的”目标变成“将成的”目标，课程成为师生展现与创造生命意义的动态生成过程，而不是单纯的认识活动。② 因此，微课的“微教学设计”是否能一定程度上弥补网络课程有较多预设成分的劣势，以“微小”的教学内容、资源容量，充分利用其“碎片化”呈现的特点，调和好课程预设与生成的关系，在原有的网络课程设计策略上有所创新。

其次，微课本身的教学目标指向与课堂中系统化的学科教学的不同，也决定了微教学设计的原点与课堂教学设计的差异。有学者认为，微课“不应该只是为了帮助学习者构建以学科知识体系为中心的知识结构，而应该帮助学习者建立以个人兴趣和问题解决需要为中心的个性化知识结构……我

① 周贤波．基于学习者角度的微课建设策略研究［J］．中国电化教育，2015（4）：81-84.

② 何克抗．从“翻转课堂”的本质，看“翻转课堂”在我国的未来发展［J］．电化教育研究，2014（7）：5-16.

们把学校里的系统学习称为‘学科导向的系统学习’，而这种零存整取式的学习，可以归入‘个人导向的系统学习’范畴。”① 这一教学设计原点的差异，使我们需要考虑微教学设计对课堂教学设计原理的重整与突破。

再次，微课可以独立于课堂的系统化教学，也可以是课堂教学的拓展与延伸。当前广大教师积极参与微课的设计与开发，也要求教师具备一定的网络学习理论和网络课程设计原理，善于把课内的教与课外的学有机结合，基于学生课内外的学习进行系统化的教学设计。当前 MOOC 系统化的设计理念，为学习者提供了全面而有效的学习支持服务，也可以为微课的教学设计所借鉴。

（二）教学实施

有研究对国内外微课资源建设情况及其应用研究进展进行了对比分析，指出国外已将微课融入日常教学中，供学生进行自主预习、复习，并取得了一定成效，而国内微课在该方面的应用研究极少。②

钟绍春等研究提出教学模型决定了教学活动的安排，而教学活动的安排直接决定了是否需要微课，需要什么类型的微课。依据现有的三种教学模型：讲授型、自主与协作型和智慧型，研究者归纳了微课的两种主要用途，一是帮助学生开展自主、个性化学习，二是帮助教师提高教学能力。因此，微课资源的设计与制作应统筹规划、设计和制作，并按照两种不同用途分别集成应用。③ 微视频课程资源可作为信息化教学的内容资源、翻转课堂的自学资源、个体差异学习和自定步调学习的支持性资源等，为学生提供易用、易得、适用、实用的学习资源，为教师提供优质的教学辅助资源，为学习模式的创新运用提供有力的支持。④

因此，微课的设计与实施是否在各种类型的教学目标中都适用，这是微课应用研究要考量的前提。换言之，我们还需要考虑：微课能够塑造学生各类知识、技能、情感与态度的习得吗？微课这一新型网络课程形式，它更加凸显了学习者作为个人知识和意义构建主体的地位。对于学习者而言，通过微课的学习，主要实现了个性化学习的需求、学习观摩和掌握的学习。

---

① 王竹立. 微课勿重走“课内整合”老路——对微课应用的再思考［J］. 远程教育杂志，2014（5）: 34-40.

② 张一川，钱扬义. 国内外“微课”资源建设与应用进展. 远程教育杂志，2013（6）: 26-33.

③ 钟绍春，张琢，唐烨伟. 微课设计和应用的关键问题思考［J］. 中国电化教育，2014（12）: 85-88.

④ 王觅，贺斌，祝智庭. 微视频课程演变定位与应用领域［J］. 中国电化教育，2013,（4）: 88-94.

对于教师而言，微课是一种教学方法的选择，一种更为精细化的教学资源开发和教学进程设计。

有研究从微课应用的教学阶段、组织形式、教学目标三个维度梳理了微课的教学应用，依据学习新知、难点处理和巩固拓展三个层面的教学目标，结合课前、课中、课后三个教学阶段，分析了独立学习、协作学习和集体学习三种教学组织形式中微课如何促进学生个别化学习。研究归纳了当前微课教学应用模式常用的有支持翻转课堂教学、课内差异化教学和课外辅导答疑三种。三种教学应用模式的教学环节和微课的作用都有差异。总体而言，微课教学应用有两大特点：一是微课的学习一般适合学生的独立学习，无论课内或课外；二是微课的学习一般适合安排在课前或课后，课中由于受时间限制，一般较少安排。①

祝智庭等通过对六所学校翻转课堂实践案例的分析，归纳了不同翻转课堂案例的学习阶段、教与学活动和技术支持等几个方面，并分别从中观、微观视角分析了翻转课堂的过程模式。中观视角看，翻转课堂是教学过程的变化，即突破教学全流程的翻转，根据学习场所不同，分为以课前、课中为分界的家校翻转及校内翻转。微观视角看，翻转课堂是课内教学活动的调整，即在一个课时的课堂教学中进行翻转。前半节课由学生借助微视频、学案等自定进度完成学习，并整理学习收获，提出学习困惑；后半节课则通过自主探究、协作讨论、展示交流、巩固练习等活动完成师生交互、问题解决。②

王竹立认为微课是为在线学习而生的，是一种在线学习资源，应对现有的网络视频资源进行“微课化”改造，教育变革可能不是通过改造课堂而实现的，而必须通过发展网络教育与在线学习才能取得突破。研究者认为微课不大可能改变传统的课堂教学模式，原因在于：第一，课堂教学形式本身是在有限的时间、封闭空间中进行的，教师讲授是最有效、最经济的方式；第二，教学是一个生成性的过程，而不是一个预成性的过程；第三，由于网络环境下人们很难长时间地观看一段教学视频，让微课主导课堂是

---

① 苏小兵，管珏琪，钱冬明，等. 微课概念辨析及其教学应用研究［J］. 中国电化教育，2014（7）：94-99.

② 祝智庭，管珏琪，邱慧娴. 翻转课堂国内应用实践与反思［J］. 电化教育研究，2015（6）：66-72.

一种错误的定位。[①]

微课的教学模式没有特定的局限，相关研究可以是灵活而开放的，是依据教学目标和学习需求生成的，因此还有待研究者和教师在教学实践中结合实际，寻求适合、有效的微课课堂教学或课外学习的应用模式。

三、微课的评价框架

如何评价微课的教学效果、学习者的学习绩效？如何让评价有效促进学习绩效和微课优化？微课这一新型在线网络视频课程，使用网络课程的设计与评价是否适合？设计针对微课这一新型的在线网络视频课程的有效评价框架，是微课研究与实践迫切需要解决的问题。

有学者提出，教育评价的心理测量学基础被动摇，新的教育评价文化正在兴起。

它强调真实的情境化的测验，强调运用多元评价，强调对高层次技能而不是知识的再生产的评价；不仅关注对认知的评价，而且包括对元认知、情感和社会维度以及心理动力技能的评价；关注将评价整合到学习之中；并使学生越来越多地承担评价过程中的责任；“对学习的评价”与“为学习的评价”的整合。在这种新的评价文化中，传统的智慧正被超越，新的智慧正在出现：

教学智慧——关注学习；

学习智慧——反思性的、主动的知识建构；

评价智慧——情境化的、解释性的、基于表现的。[②]

学习者在新型在线网络视频课程中的学习，处于互动的、多元的、情境化的信息化环境，有丰富的学习资源和多样化的学习方式，学习效果既涉及个人学习的发展，又关系到在互动信息环境中个人与群体组织的相互促进、提高。以学习绩效为考量，结合信息化环境的特征，运用绩效技术系统的评价方法，建构微课学习绩效评价方案，这既是对学习结果进行评价、反馈、完善的重要依据，也是学习者有效学习的导向。

---

① 王竹立．微课勿重走“课内整合”老路——对微课应用的再思考［J］．远程教育杂志，2014（5）：34-40．

② 崔允漷，王少非，夏雪梅．基于标准的学生学业成就评价［M］．上海：华东师范大学出版社，2008：7．

（一）学习绩效

研究普遍认为，学习是认知或行为的改变。在绩效评价的视角下，也有研究认为，学习是指“通过评价、研究、体验和创新而获取的新的知识和技能。”[①] 绩效技术之父 T. F. Gilbert 认为，绩效指与组织总体目标及价值追求相一致的行为倾向和业绩成就。绩效，从字面上理解，即业绩和效率，它包括了过程和结果两个方面。在学习实践中，过程为学生提供了经历和体验，这种体验本身就是一种结果；而结果以其客观性和可操作性的特点，为改进和完善学习过程提供了可能，积极的结果可以促进过程的良性循环。因此，从一定程度上来看，过程与结果并重。

认知和行为的改变是学习的客观产物，绩效则是对这一过程和结果的主观评价，二者不断交互、相互影响。美国教育传播与技术协会（AECT）认为学习绩效的含义，即学习者运用新获得的知识与技能的能力。它不仅仅指基本知识与基本技能的习得，而且还包括灵活运用它们的能力。[②]

由此，学习绩效可界定为：学习绩效是学习倾向和学习业绩的总和。

（二）信息化学习环境的主要特征

信息技术的飞速发展营造了一个全新的信息化环境，其主要特征体现为：① 信息技术的广泛应用；② 知识成为信息时代最重要的生产要素；③ 适应变化与创新是信息时代的生命线；④ 合作 / 协作是信息时代的主要生存方式与发展方式；⑤ 科学范型走向非决定论。[③]

信息技术带来的是一个更为开放的信息环境，它引发了教育领域的变革，也使我们对信息化环境中学习的含义有了新的诠释。信息资源全方位的开放，表现为信息分布的网络性、信息形式的多媒体性、信息获取的便捷性、信息的共享性、时效性以及互动性，使自由的、多样化的、个性化的学习成为可能。

（三）信息化环境中微课学习绩效评价的意义与原则

在挑战与机遇并存的信息化环境中，合理的学习绩效评价既是对有效学习的导向，又是学习成果评价的重要指标。

---

① 焦叔斌，译. 教育类卓越绩效准则［M］. 北京：中国人民大学出版社，2005：75.

② 衷克定，梁玉娟. 网络学习社区结构特征及其与学习绩效关系研究［J］. 开放教育研究，2006（12）：71.

③ 南国农. 信息化教育概论［M］. 北京：高等教育出版社，2004：3-4.

首先，学习绩效评价可以明确学习成功的前提及关键因素，设定学习的最佳结果。信息化环境对学习能力和学习目标提出了新的要求，明确这些知识、能力、态度等方面的要求，找出存在的差距，是进行学习的前提。

其次，学习绩效评价分析了学习期望与现实之间存在的差距。信息环境中知识广泛分布于参与环境互动的个体、组织或工具中，因此，差距的来源和层次更为复杂，明确有条理地进行差距分析，并据此提出针对性强的解决策略则更显必要。

再次，学习绩效评价为完善学习过程并达到最佳学习结果提供了方案。相比之下，传统的学习评价模式已经不能适应信息化学习的需要，复杂的信息化环境决定了学习及其评价必须是多元的、互动的、系统的、动态的、情境化的，不仅仅基于基本知识的掌握，更重要的是关注个体差异，面向学习者问题解决能力、持续发展能力、创新意识和社会责任感等综合素质的提高。信息化环境下的学习绩效评价方案可以为学习活动的开展提供有力导向。

随着信息文化的形成与发展，结合现代教育理论的完善，以及学习者面对信息化环境所产生的心理适应方面的问题，基于网络的微课学习绩效评价遵循以下原则：

（1）以人为本。绩效技术也被称为“人类绩效技术”，强调了其研究对象是人的行为和业绩。学习绩效评价，应关注个体能动地参与学习，在此过程中实现自身知识、技能、情感的发展，实现自我规划，体现个人价值，从而淡化评价的甄别作用，关注个体的发展。

（2）以学习为中心。以学习为中心体现在将学习绩效评价的系统过程的焦点放在学习者的实际学习需求上，并通过支持、引导策略促使教育目标的达成。在这一过程中，学习绩效评价要帮助学习者确立学习期望和标准，理解不同学习者的学习方式和速率，觉察学习中出现的问题，调整评价进程，使学习者体验到学习的兴趣，进行自主学习。微课的“微”小精炼，在实现学习内容的微步调整、学习需求的个性化关注等方面具有其明显优势。

（3）注重多元智能评价，促进学习者综合素质的发展。信息化环境中的学习注重具有综合素质结构的人才培养。依据加德纳（Gardner）的多元智能理论，教育必须关注个体独立的发展，使每个学习者在自身强势智能得以充分发展的基础上，得到各项智能整体和谐的提高。信息环境的开放性，为学习者独立、批判、创新、协作、共享等能力的培养提供了契机，同时也给学习者已有的知识、技能和态度基础带来了挑战。因此，学习绩效评价绝不能只停留在传统的学习评价模式上，要有对学习过程和结果做出系统的评估。

（4）关注群体组织与个人学习的互动。绩效评价关注组织与个人的行为倾向和业绩成就。信息化环境所提供的多元的、互动的学习，决定了学习者不是一个个孤单的个体，组织与个人、个体与个体之间相互沟通，砥砺共进，教学相长。同时，知识分布式地存在于互动的实践共同体中，也存在于互动的工具或网络之中。心理学场理论认为，个人的行为受到个人特征和社会环境的影响。因此，信息化环境中的学习绩效评价考虑个人与组织的互动水平，个人的学习是否融入组织的学习中，是否有交流、分享，并且承担了相应社会责任，实现了组织与个人学习的共同发展和持续创造的活力。基于网络环境的微课的学习者学习的持续性，很大程度也依赖于学习群体的文化氛围和相互激励。

（5）体现评价的多样性和可行性。以学习为中心的绩效评价，应围绕学习者的认知历程、多元智能的发展情况，以及个人与环境互动的水平进行动态评价，可以基于具体学习任务评价、基于情境的评价，采用自评、互评的方式等。在绩效评价中，价值观、能力、态度等通常不能形成可直接衡量的评价标准，但是它们对学习者的发展来说又是至关重要的因素。因此，评价的标准应尽可能地将学习者和学习内容进行细致的分类，更大程度上保证评价的可行性。例如，对于学习动机较强的学习者，主要关注对其学习能力和创新发展水平的评价，对动机较弱的学习者，主要侧重于对其学习行为和个人发展情况的评价。又如，对于良构性的知识，采取定量评价，而对于考察学习者能力的非良构性的知识可以采用定性评价。因此，信息化环境的学习绩效评价也是一种灵活的、动态的评价。

（6）运用系统的方法。学习绩效评价应具有一个系统的视野，将影响组织和个人学习的各个因素和环节以系统考量。信息化环境的复杂多样性，更凸显了在评价中运用系统观的重要价值。

（四）评价步骤与方法

国际绩效改进协会（ISPI）提出的“人类绩效技术模型”包括五个基本过程：绩效分析、原因分析、干预、变革管理和结果评价。[①] 依据评价原则，

① 梁林梅．教育技术实践发展中一个活跃的领域：绩效技术［J］．教育发展研究，2002（7-8）：71．

制定微课学习绩效评价的步骤和环节。

1.绩效分析

以学习者的技能与知识、态度、信息素养等为参照指标，找出学习者的初始能力与信息化环境中的学习目标之间的差距，识别影响学习者学习绩效的显性及隐性因素。

2.差距分析

将产生差距的原因分为兴趣、激励、环境、技能、知识、能力、其他智能、机会、目标设定、过程控制等几个方面，围绕学习者知识与能力的提高，考虑多元智能的和谐发展，从深层次发掘造成差距的原因。

3.策略制定

策略的制定即针对差距产生的原因项目提出解决方案。策略方案应该是建立在系统分析的基础上，综合各种内部因素而制定的。对于技能、知识、技术应用能力等因素造成的差距，以学习者不同的学习特征和学习需求进行分类，运用任务驱动策略，并为学习者架构明确的知识框架。对于学习者学习兴趣、动机、风格等因素产生的差距，运用情境创设策略，使预设目标逐渐转化为学习者自身的学习期望，主动参与学习。

4.变革管理

变革管理是实现绩效评价方案价值的重要环节。在这一阶段中，要特别关注学习过程的进展，灵敏地觉察问题，并加以协调解决，这些问题既来自于个体在微课中的学习进展，也来自于个体与群体的互动过程。其中，自主学习包括知识获取、理解应用信息、新技术应用、解决问题、灵活性、提出疑问、学习成果；协作学习包括共同目标、互动水平、责任感、知识共享、沟通、创新、集体成果。

5.结果评价

结果评价为系统的绩效评价提供反馈，并为方案的循环改进提供参考，因此，必须运用多种方式进行全面系统的评估，以在线测验、作业提交等方式，确定是否消除了绩效分析中的差距。

信息化环境的不断变化发展为学习和发展的内涵做出了新的诠释。从当前基于传统学习评价方式和网络课程评价方式的微课评价研究中转换视角，进行基于绩效评价理论的微课学习绩效评价研究，可以针对学习者在信息化环境中所面对的机遇与挑战做出客观的分析和判断，让学习者体验有效的微课学习过程，获得丰富的学习成果。

四、信息技术与教育深度融合

微课是传统课程的补充，还是网络课程的延续，或是一种基于信息技术环境的全新的课程形态，并将对传统课堂带来挑战？为了促进教育的创新与变革，培养创新型的人才，我们应该为信息时代的学习者设计怎样的课程？

托伯特认为："真正的危机在于认为信息技术能带给我们知识或使我们获得智慧。信息技术让我们通过像因特网这样的东西而获得大量的信息。然而，每个人必须有自己用以从信息中理解或构建意义的策略。每个人必须有用以评估信息的确实性和社会价值的方法。他们必须认识到，在使用电脑时，他们实际上是在进行人和人之间的联系。"①

课程中运用技术可能面临的挑战，提醒我们需要合理地使用技术。微课不是唯一获得知识和智慧的教学形式，也不是信息技术与课程教学深度融合的唯一方式，信息技术融入课程可能有不同的产出。如果没有教师对课程与教学内容的深刻理解，没有针对教学对象实际学习需求的精心设计，大量的微课资源只停留在浅层的信息聚合，大量的时间、精力、技术的投入并不会对教学产生价值。如果没有学习者对个人学习兴趣和学习需求的体察，以及对个人学习的评价与反思，只停留在与基于网络环境的微课简单机械的交互，或是社会网络空间中满足于与学习内容无关的娱乐和闲谈，而不是积极应对学习任务的挑战，再精致的微课资源和学习活动也无法与学习者个人的理解和意义构建相关联，并不会激发学习者经历真实环境的知识迁移和继续进行智慧地探求，更不会出现创造性的课程参与。如果微课只是个人信息和智慧的呈现，没有使其资源在网络空间中传递、共享和交流，则可能让信息技术与课程整合流于浅层，而由于没有受到足够的挑战，教师个人专业发展也不能获得深层的支持。

"科尔提出了在教育中运用技术时应考虑的四个问题。第一，技术应把人类价值和教育目标置于教育的经济目的或其他社会利益目的之上。第二，教育者必须明确使用技术的教育目的。软件和硬件都应使学生勇于承认他们在不断接受教育过程中遭遇的挑战。第三，我们在考虑技术的作用时，不应把它看作是寻求解决教育问题的捷径。如果学生不懂得怎样写研究性论文，这并不成问题。我们可以给他们提供有关这一过程的程序。但通过这种方

---

① ［美］艾伦·C. 奥恩斯坦，费朗西斯·P. 汉金斯 . 课程：基础、原理和问题［M］. 南京：江苏教育出版社，2002：400.

法写论文是一件很复杂的事情。同时，我们必须意识到，当我们在课程中使用更多的技术时，教师和学生不得不重新界定他们的角色。第四，经过认真的考虑后，我们需要发展关于如何收集及分享学校信息的方法。最后一点更多是指向教师，而不是学生。”①

对于学习者而言，学习的时间包括了教学时间、参与小组学习的时间、个人知识内化的时间、群体交流互动的时间和学习考核评价的时间。“计算机最大的优点是，它把人类从脑力劳动的机械活动中解放出来，使人们的思想可以专门致力于那些仍然还不能为计算机所代替的工作，如思考问题和做出决策等。”② 当信息技术更深层地融入学习支持服务体系中，学习者的各项学习时间应该得到最优化的分配，而其本质在于：信息技术支持学习者减除了简单加工、机械重复的环节，将更多的学习时间和精力用于高阶思维能力的形成。信息技术最核心的教育功能，应是带动了深层次的智力革命。

对于课程设计、开发和实施的主体——教师而言，教师如何理解信息技术支持下微课给自身带来的挑战和给教学带来的变革？如果把微课的设计、开发与实施简单地视作为教学增添一些信息和技术的支持，这个过程就容易变为一个教师课堂教学以外的负担。但实际上，微课的设计开发是教师对教学内容的重整，对教学核心的进一步提炼，并以精细化的进程安排优化教学的过程。教师可进行教学资源的合作建设。因此，这个过程实际上是教师教学的精进，也是教师在教育信息化背景下进行专业化发展的有效途径。“教师应该积极探索网络教育与在线学习规律，研究网络学习理论，开展零存整取式学习，使自已成为信息时代知识的加工者、创造者和集大成者。”③

教育部《教育信息化十年发展规划（2011—2020 年）》提出“深度融合”的观念。《规划》指出，“以教育信息化带动教育现代化，破解制约我国教育发展的难题，促进教育的创新与变革……教育信息化充分发挥现代信息技术优势，注重信息技术与教育的全面深度融合。”“探索现代信息技术与教育的全面深度融合，以信息化引领教育理念和教育模式的创新，充分发挥

① ［美］艾伦·C. 奥恩斯坦，菲朗西斯·P. 汉金斯 . 课程：基础、原理和问题［M］. 南京：江苏教育出版社，2002：401.

② 联合国教科文组织国际教育发展委员会编著，华东师范大学比较教育研究所译 . 学会生存——教育世界的今天和明天［M］. 北京：教育科学出版社，1996：162.

③ 王竹立 . 微课勿重走“课内整合”老路——对微课应用的再思考［J］. 远程教育杂志，2014（5）：34-40.

教育信息化在教育改革和发展中的支撑与引领作用。”“重点推进信息技术与高等教育的深度融合”，创新人才培养模式，其中维度之一是探索“信息技术与教学深度融合的教学模式、方法、内容创新应用情况”，“探索信息技术与教育教学深度融合的规律，深入研究信息化环境下的教学模式。”①

我国学者何克抗深刻阐述了“信息技术与教育深度融合”的确切内涵。“信息技术与教育深度融合”的全新观念与做法的特定背景在于：希望找到一种新的、真正有效的实现教育信息化途径的方法，以解决长期以来信息技术在教育领域的应用成效不显的问题。“深度融合”的根本在于，要在运用技术改善“教与学环境”和“教与学方式”的基础上，通过实现课堂教学结构的根本变革，进一步实现教育系统的结构性变革。具体而言，就是“教师要由课堂教学的主宰和知识的灌输者，转变为课堂教学的组织者、指导者，学生建构意义的帮助者、促进者，学生良好情操的培育者；学生要由知识灌输的对象和外部刺激的被动接受者，转变为信息加工的主体、知识意义的主动建构者和情感体验与培育的主体；教学内容要由只是依赖一本教材，转变为以教材为主，并有丰富的信息化教学资源（如学科专题网站、资源库、光盘等）相配合；教学媒体要由只是辅助教师突破重点、难点的形象化教学工具，转变为既是辅助教学的工具，又是促进学生自主学习的认知工具、协作交流工具与情感体验与内化的工具。”②

有学者在当前国内翻转课堂热潮的背景下，反观实践现状，对“翻转”的目的进行了反思：① 使用微课是否就是翻转课堂，需要强调，微课的教学应用模式除了支持翻转课堂教学以外，还可应用于课内差异化教学、课外的辅导答疑；② 课前学生的“先学”是否发生；③ 课内学生的思维品质是否提升，强调教育改革是让学生在本真环境中学习和接受挑战性任务，使学生变被动型学习为主动型学习，而翻转课堂实践中课内活动设计尤为重要；④ 翻转课堂中的精熟学习是否体现，即任何教师都能协助所有学生掌握知识，任何学生都不会掉队或成绩不佳；⑤ 教师对实施翻转课堂是否准备好，转变教学理念、跳出传统流程的应用框架是实现信息化教育中逆序

① 教育部发布《教育信息化十年发展规划（2011—2020 年）》[EB/OL] .http://www.edu.cn/html/info/10plan/ghfb.shtml，2015-5-6.

② 何克抗 . 学习“教育信息化十年发展规划”——对“信息技术与教育深度融合”的解读 [J]. 中国电化教育，2012（12）：19-23.

创新的核心，而教师是信息化教育应用的关键因素。[①] 与此同时也应该看到，“技术促进教育的实质是教育文化的变革；信息技术无疑会给教育的各个方面带来变化，但新型教育文化的形成是一个长期的过程”。[②]

也有学者主张对微课的应用研究要跳出学校和课堂的视野，探索技术促进教育变革的形式。“网络和信息技术改变教育教学，主要不是通过改变课堂、改变学校开始的，而是通过网络教育与在线学习的发展而壮大，最终以‘替代’的方式对学校和课堂进行改造。”“优秀的教师善于把课内有效地‘教’与学生课外自主地‘学’有机结合起来，促进教与学效率的最大化。”[③] 如此，微课的应用只是促进学习的一种可能，或是其中某一环节。促进学习的各种途径和方法不应彼此对立，而应该把这些方法所能提供的资源和优势聚合起来，然后系统地进行安排，相互补充，最终达到最优化的教学效果。

可见，微课在教育信息化的时代背景下产生，其技术的特征和教育应用的优势如何更有效地发挥，作为撬动教育发展与变革的一股力量，也有待信息技术与教育深度融合的研究和实践的验证。正如联合国教科文组织的国际教育发展报告《学会生存——教育世界的今天和明天》中所述：

“……如果不检修整个教育大厦，我们就不可能从教育技术中得到好处。问题不仅是从外部使教育现代化（虽然这是人们时常想做的事情），不仅是‘简单地解决设备问题，为运用这种设备并把它穿插到传统教育活动中去制订出计划，而是要系统地运用一切可能获得的资源，来发挥个人在获得与运用知识的方法方面所应有的科学精神……’教育技术绝不是强加于传统体系上的一堆仪器，也不是在传统的程序上增添或扩大一些什么东西。只有当教育技术真正统一到整个教育系统中去的时候，只有当教育技术促使我们重新考虑和革新这个教育体系的时候，教育技术才具有价值。”[④]

---

① 祝智庭，管珏琪，邱慧娴. 翻转课堂国内应用实践与反思［J］. 电化教育研究，2015（6）：66–72.

② 祝智庭，管珏琪 . 教育变革中的技术力量［J］. 中国电化教育，2014（1）：1–9.

③ 王竹立. 微课勿重走“课内整合”老路——对微课应用的再思考［J］. 远程教育杂志，2014（5）：34–40.

④ 联合国教科文组织国际教育发展委员会编著，华东师范大学比较教育研究所译 . 学会生存——教育世界的今天和明天［M］. 北京：教育科学出版社，1996：166–167.

参考文献

[1] 艾元元. 微课在高中信息技术技能课中的应用研究 [D]. 南京师范大学，2014.

[2] 陈桂生. 教育原理（第二版）[M]. 上海：华东师范大学出版社，2000.

[3] 陈向明. 质的研究方法与社会科学研究 [M]. 北京：教育科学出版社，2000.

[4] 陈晓菲. 翻转课堂教学模式的研究 [D]. 华中师范大学，2014.

[5] [德] 赫尔巴特，等. 普通教育学 [M]. 李其龙译. 北京：人民教育出版社，1989.

[6] [德] 雅斯贝尔斯. 什么是教育 [M]. 邹进译. 北京：三联书店，1991.

[7] 范翠丽. 会声会影视频制作入门 [J]. 影视制作，2009.

[8] 冯建军. 教育研究范式：从二元对立到多元整合 [J]. 教育理论与实践，2003（10）: 9-12.

[9] 甘永成. 虚拟学习社区中的知识建构和集体智慧发展——知识管理与 e-Learning 结合的视角 [M]. 北京：教育科学出版社，2005.

[10] [古希腊] 柏拉图. 理想国 [M]. 段至诚译. 北京：中国对外翻译出版公司，2006.

[11] 顾小清. 主题学习设计：信息技术与课程整合的实用模式 [M]. 北京：教育科学出版社，2005.

[12] 郭建才. 基于 Camtasia Studio6.0 的微课视频制作 [J]. 中国信息技术教育，2015（7）: 83-84.

[13] 郭元祥. 教育理论与教育实践关系的逻辑考察 [J]. 华中师范大学学报（人文社科版），1999（1）: 38-42.

[14] 郝苑. 论科学的人文目的 [J]. 自然辩证法通信，2007（6）: 1-7.

[15] 何克抗，郑永柏，谢幼如. 教学系统设计 [M]. 北京：北京师范大学出版社，2002 .

[16] [荷] 山尼 · 戴克斯特拉，等. 教学设计的国际观——解决教学设计的问题 [M]. 任友群，郑太年，主译. 北京：教育科学出版社，2007.

[17] 侯天香 . 基于网络教育的微课程设计与应用研究 [D]. 北京邮电大学，2015.

[18] 胡小勇. 问题化教学设计：信息技术促进教学变革 [M]. 北京：教育科学出版社，2006.

[19] 金生鈜 . 理解与教育——走向哲学解释学的教育哲学导论 [M]. 北京：教育科学出版社，1997.

[20] 黄济 . 教育哲学 [M]. 北京：北京师范大学出版社，1985.

[21] 李炳全. 文化心理学 [M]. 上海：上海教育出版社，2007.

[22] 李家成 . 回归生存——论 "人之生存" 语境下学校教育的价值 [J]. 南京师大学报（社会科学版），2002（3）：67–74.

[23] 李克东. 教育技术学研究方法 [M]. 北京：北京师范大学出版社，2003.

[24] 李兴 . 基于 Camtasia Studio 6.0 的物理微课制作要领 [J]. 中国教育技术装备，2014（19）：26–28.

[25] 廖诗艳. 文化哲学视野里的当代学习环境研究 [D]. 华南师范大学，2005.

[26] 联合国教科文组织国际教育发展委员会 . 学会生存——教育世界的今天和明天 [M]. 华东师范大学比较教育研究所译 . 北京：教育科学出版社，1996.

[27] 刘树安 . 音频编辑软件中的高手——GoldWave [J]. 电脑知识与技术（学术交流），2006（11）：212–213.

[28] 陆有铨. 躁动的百年——20 世纪的教育历程 [M]. 济南：山东教育出版社，1997.

[29] 罗小青. 科学与人文的融合：立足于实践哲学回归生活世界 [J]. 河南大学学报（社会科学版），2007（9），46–50.

[30] [美] 奥恩斯坦 . 课程：基础、原理和问题 [M]. 柯森主译 . 南京：江苏教育出版社，2002.

[31] [美] 鲍里奇，等. 有效教学方法（第四版）[M]. 易东平译. 南京：

江苏教育出版社，2002.

[32][美]博厄斯. 人类学与现代生活[M]. 刘莎，等译. 北京：华夏出版社，1999.

[33][美]布鲁纳. 教育过程[M]. 邵瑞珍译. 北京：文化教育出版社，1982.

[34][美]戴维·H乔纳森，著. 学习环境的理论基础[M]. 郑太年，任友群译. 上海：华东师范大学出版社，2002.

[35][美]戴维·乔纳森，等. 学会用技术解决问题——一个建构主义者的视角[M]. 任有群，等译. 北京：教育科学出版社，2007.

[36]美国温特贝尔特大学认知与技术小组. 美国课程与教学案例透视：贾斯铂系列[M]. 王文静，乔连全，等译. 上海：华东师范大学出版社，2002.

[37][美]J Amos Hatch. 如何做质的研究[M]. 朱光明，沈文钦等译. 北京：中国轻工业出版社，2007.

[38][美]John B Best. 认知心理学[M]. 黄希庭主译. 北京：中国轻工业出版社，2000.

[39][美]约翰·杜威. 民主主义与教育[M]. 王承绪译. 北京：人民教育出版社，1990.

[40][美]尼葛洛庞帝. 数字化生存[M]. 胡泳，范海燕译. 海口：海南出版社，1996.

[41][美]派纳. 理解课程[M]. 张华等译. 北京：科学教育出版社，2003.

[42][美]R M 加涅，等. 教学设计原理[M]. 皮连生，庞维国等译. 上海：华东师范大学出版社，1999.

[43][美]托宾·哈特. 从信息到转化：为了意识进展的教育[M]. 彭正梅译. 上海：华东师范大学出版社，2007.

[44]W 迪克，L 凯瑞. 系统化教学设计[M]. 庞维国等译. 上海：华东师范大学出版社，2007.

[45]南国农. 信息化教育概论[M]. 北京：高等教育出版社，2004.

[46]倪胜利. 大德曰生：教育世界的生命原理[M]. 桂林：广西师范大学出版社，2006.

[47]裴娣娜. 教育研究方法导论[M]. 合肥：安徽教育出版社，

1995.

[48] 皮连生. 学与教的心理学（第四版）[M]. 上海：华东师范大学出版社，2006.

[49] [日] 佐藤学. 课程与教师 [M]. 钟启泉译. 北京：教育科学出版社，2003.

[50] [日] 佐藤学. 学校的挑战 [M]. 钟启泉译. 上海：华东师范大学出版社，2010.

[51] Robert Heinich. Instructional media and technologies for learning [M]. 北京：高等教育出版社，2002.

[52] 盛群力. 现代教学设计论 [M]. 杭州：浙江教育出版社，1998.

[53] 孙杰远. 论学生社会性发展 [J]. 教育研究，2003（7）: 67–71.

[54] 孙杰远. 网络环境下的教学设计 [M]. 学苑出版社，2003.

[55] 田春利. 论基于生命有限性的教育[J]. 教育理论与实践，2003(2): 12–16.

[56] 王大慧.Camtasia Studio 在微课制作中的应用 [J]. 南昌师范学院学报（综合），2014（3）: 31–33.

[57] 王坤庆. 当代教育研究的价值取向与基本方法 [J]. 湖北大学学报（哲学社会科学版），2000（11）: 74–80.

[58] 王珉. 从注视到倾听——关于西方哲学演变的一个思考 [J]. 学术月刊，1998（3）: 40–45.

[59] 王庆福，胡海涛. 应用 GoldWave 处理多媒体课件中的音频信息[J]. 电脑知识与技术，2007（19）: 259–261.

[60] 王秋月. "慕课""微课"与"翻转课堂"的实质及其应用 [J]. 上海教育研究，2014（8）: 15–18.

[61] 王帅. 知识教育的生命特质及其有限性 [J]. 教育科学论坛，2007（1）: 16–18.

[62] 王婷. 发展性课堂教学评价研究 [D]. 山东师范大学，2006.

[63] 文萍. 现代教育思想的逻辑起点及因果链 [J]. 现代教育论丛，1998（4）: 7–9.

[64] 武法提. 网络教育应用 [M]. 北京：高等教育出版社，2003.

[65] 武法提. 国外网络教育的研究与发展 [M]. 北京：北京师范大学出版社，2003.

[66] 肖川. 教育的理想与信念 [M]. 长沙：岳麓书社，2002.

[67] 杨开诚. 以学习活动为中心的教学设计理论：教学设计理论新探索 [M]. 北京：电子工业出版社，2005.

[68] 杨南昌. 文化研究视域中的教学设计研究 [J]. 开放教育研究，2006（8）：83-87.

[69] 叶澜. 教育概论 [M]. 北京：人民教育出版社，1991.

[70] 叶澜. 思维在断裂处穿行——教育理论与教育实践关系的再寻找 [J]. 中国教育学刊，2001（4）：1-6.

[71] [英] 爱德华·B 泰勒. 原始文化 [M]. 连树声译. 桂林：广西师范大学出版社，2005.

[72] [英] 爱德华·B. 泰勒. 人类学：人及其文化研究 [M]. 连树声译. 桂林：广西师范大学出版社，2004.

[73] 詹春青，严启荣. 佛山市中小学教师开发与应用微课的调查研究 [J]. 教育信息技术，2014（2）：59-64.

[74] 张维光，郝德发，荆涛. 教学影片制作利器——Camtasia Studio [J]. 实验技术与管理，2006（5）：78-80.

[75] 张海钟. 解决教育内容无限性与教育时空有限性矛盾的途径 [J]. 教育评论，1998（3）：26-28.

[76] 张晓林. "公平与效率" 的哲学断想 [J]. 马克思主义与现实，1992（1）：31-39.

[77] 赵汀阳. 论可能生活——一种关于幸福和公正的理论 [M]. 北京：中国人民大学出版社，2004.

[78] 郑金洲. 教育文化学 [M]. 北京：人民教育出版社，2000.

[79] 郑燕林，李卢一，王以宁. "网络学习境脉" 的概念模型 [J]. 中国电化教育，2007（8）：17-21.

[80] 周晓英. 基于信息理解的信息构建 [M]. 北京：中国人民大学出版社，2005.